Andy Stanley

Das Geschenk der Gnade

SCM R.Brockhaus

SCM

Stiftung Christliche Medien

Bodenborn 43 · 58452 Witten
Internet: www.scm-brockhaus.de; E-Mail: info@scm-brockhaus.de

Deutsch von Wolfgang Günter

Umschlaggestaltung: Yellow Tree Kommunikationsdesign, www.ytdesign.de
Satz: Burkhard Lieverkus, Wuppertal | www.lieverkus.de
Druck und Bindung: CPI – Ebner & Spiegel, Ulm
Printed in Germany
ISBN 978-3-417-26442-5
Bestell-Nr. 226.442

Für Mary Gellerstedt:

Du sahst die Zukunft, als andere nicht über den Augenblick hinausblicken konnten.

Inhalt

Die Geschichte der Gnade

G n a d e .

Ich sehne mich am meisten nach ihr, wenn meine Schuld ans Licht kommt. Ich gewähre sie nur zögerlich, wenn ich mit der Schuld anderer Menschen konfrontiert werde – gerade wenn ich dadurch einer Sache beraubt wurde, die ich als wertvoll betrachte.

Darin liegt eine Spannung – es ist der Kampf um die Gnade. Dieser Kampf macht die Gnade eher zu einer Geschichte als zu einer biblischen Lehre. Er erinnert uns daran, dass Gnade größer ist als Mitleid oder Vergebung. Der Kampf liefert den Kontext für beides. Wenn uns Gnade entgegengebracht wird, belebt sie uns neu. Wenn uns jemand um Gnade bittet, verstört uns das oft. Doch wenn sie recht gewährt wird, scheint sie praktisch jedes Problem zu lösen. Im Gegensatz zu dem, was man manchmal hört, ist das Gegenteil von Gnade nicht das Gesetz. Gottes Gesetz ist im Grunde eine Ausweitung der Gnade. Das Gegenteil von Gnade ist Abwesenheit von Gnade.

Wer sagt, jemand *verdiene* Gnade, widerspricht sich selbst. Man kann sich Gnade ebenso wenig verdienen, wie eine Überraschungsparty für sich selbst organisieren. So wie die Planung die Überraschung zunichtemacht, macht die Behauptung, man *verdiene* sie, die Gnade zunichte. Man kann um sie bitten. Man kann um sie betteln. Doch in dem Augenblick, da man glaubt, man hätte sie verdient, handelt es sich nicht mehr um Gnade, sondern um etwas, das man sich erarbeitet hat.

Doch Gnade kann man sich nicht erarbeiten.

Sich etwas zu erarbeiten, bedeutet, einen Gegenwert zu finden. Doch in Bezug auf die Gnade gibt es keinen Gegenwert. Gnade wird aus einem hoffnungslosen Ungleichgewicht geboren. Gnade bietet das an, was wir gerade nicht verdienen. Daher können wir sie erst erkennen und empfangen, wenn wir verstehen, wie wenig wir sie verdient haben. Erst das Wissen, dass wir keine Gnade verdienen, versetzt uns in die Lage, sie wirklich anzunehmen – einfach so, nicht erarbeitet. Deshalb kann nur jemand Gnade erfahren, der zugibt, dass er sie nicht verdient hat.

Von Anfang an hatte die Kirche eine gespannte Beziehung zur Gnade. Trotzdem zeigt die Geschichte, dass es der Kirche und dem Christentum im Allgemeinen am besten geht, wenn sie von der Gnade geprägt werden. Die größte Anziehungskraft übt die Kirche dann aus, wenn die Botschaft der Gnade am deutlichsten hervortritt. Und doch spielt die Gnade in der Welt der organisierten Religion nur eine Nebenrolle. Tendenziell neigt die Kirche immer zur Gnadenlosigkeit. Statt sich darüber zu definieren, wofür sie steht, wählt sie oft den einfacheren und weniger fantasievollen Weg, sich darüber zu definieren, wogegen sie ist.

Bei der Lektüre des Neuen Testaments fällt auf, dass Jesus sich nur gegen eine einzige Sache konsequent wandte: die gnadenlose Religion. Die einzige Gruppe, die er erbarmungslos angriff, waren die gnadenlosen religiösen Führer. Es sollte uns also nicht überraschen, wenn wir am Ende der Evangelien entdecken, dass die Menschen, die ihn kreuzigten und doch von sich behaupteten, Gott zu kennen, kaum etwas über Gnade wussten. Damit bekräftigten sie alles, was er über sie gesagt hatte.

Wie wir gleich sehen werden, geht der Begriff der Gnade nicht auf das Neue Testament zurück. Gnade fing nicht mit Jesus an. Doch zweifellos verkörperte er sie. Johannes sagt uns, er sei »voll *Gnade und Wahrheit*« (Johannes 1,14; Hervorhebung des Autors) gewesen. Er lebte nicht eine ausgewogene Mischung von beidem, sondern war beides. In Johannes 1,16 steht auch, dass er uns »mit grenzenloser Güte überschüttet« hat (GNB). Dahinter steht die Vorstellung, dass wir nirgendwo klarer und deutlicher verstehen können, wie Gnade in einer ansonsten gnadenlosen Welt aussieht, als bei Jesus.

> *Gnade sieht die Sünde in ihrer vollen Tragweite und verurteilt den Menschen trotzdem nicht.*

Bei ihm gab es keinen Konflikt zwischen Gnade und Wahrheit. Doch genau dieser künstlich erzeugte Konflikt stürzt einen großen Teil der Christenheit in Verwirrung. Wir missverstehen die Gnade, wie sie von Jesus gelehrt und vorgelebt wurde, wenn wir das Gefühl haben, sie erlaube es Menschen, sich durchzumogeln und ohne Strafe davonzukommen.

Doch die Gnade verharmlost die Sünde nicht, um sie angenehmer erscheinen zu lassen. Das hat sie überhaupt nicht nötig. Gnade sieht die

Sünde in ihrer vollen Tragweite und verurteilt den Menschen trotzdem nicht.

Gnade versteht man am besten, wenn man sie im Kontext von Beziehungen betrachtet. Denn nur innerhalb des geheimnisvollen und komplexen Rahmens von Beziehungen kann man Gnade erfahren. Mir schien es daher am besten, dieses Thema anzugehen, indem ich die Geschichte der Gnade erzähle. Diese Geschichte beginnt ganz am Anfang. Sie lässt sich durch jedes einzelne Buch des Alten und Neuen Testaments verfolgen.

In der Geschichte der Gnade kommen viele verschiedene Personen vor – reiche, arme, mächtige und machtlose. In jedem Kapitel werden wir in das Leben einer biblischen Figur eintauchen, und zwar in einer Phase, in der ihre Zukunft in der Schwebe war. Doch immer beeinflusste Gottes Gnade die Waagschale zu ihren Gunsten. Wir werden beobachten, dass ihre Geschichten in gewissem Sinn auch unsere Geschichten sind. Denn wie die Menschen, die die Seiten der Bibel bevölkern, brauchen auch wir das Geschenk der Gnade.

Aber nicht irgendeiner.

Der Gnade Gottes.

Kapitel 1:

Am Anfang war die Gnade

Von Anfang an war Gnade die Grundlage unserer Beziehung zum Schöpfer.

Wer zum ersten Mal in der Bibel liest, mag darüber stolpern, wie unterschiedlich der Gott des Alten Testaments und der Gott des Neuen Testaments, wie Jesus ihn erklärte, dargestellt werden. Um ehrlich zu sein, macht dieser Gegensatz sogar Menschen zu schaffen, die mit der Bibel sehr vertraut sind. Vor einigen Jahren arbeitete meine Frau Sandra das Alte Testament im Rahmen eines Kurses durch, bei dem die historischen Bücher, Josua bis 2. Chronik, zur Pflichtlektüre gehörten. Wie viele langjährige Christen hatte sie von Kind an die Bibel in der Stillen Zeit gelesen und war mit den bekannteren Geschichten vertraut. Doch die erzählenden Abschnitte des Alten Testaments hatte sie noch nie in einem Zug durchgelesen.

Eines Morgens, als sie in der Bibel las, schaute sie mich an und meinte: »Ich bin froh, wenn ich damit fertig bin.«

»Wirklich?«, fragte ich. »Warum denn?«

Sie schüttelte den Kopf und sagte: »So stelle ich mir Gott nicht vor. Im Grunde duldet er Völkermord.«

Völkermord. Dieser Begriff hatte für uns gerade eine neue Bedeutung bekommen. Drei Monate zuvor hatten wir Ruanda besucht. Wir hatten mit Überlebenden geredet und das Völkermordmuseum in Kigali besucht. Schreckliche Fotos und Videos dieses Blutbades offenbarten das Ausmaß des Bösen, das dieses afrikanische Land einhundert Tage lang in Finsternis hatte versinken lassen. Während jener Zeit wurden mindestens fünfhunderttausend Männer, Frauen und Kinder hingemetzelt. Leichenberge, Massengräber, Schädelhaufen. Überlebende Kinder wurden zu Waisen und Heimatlosen. Wir sahen auch die Instrumente der Zerstörung. Die betrunkenen Zivilisten, die in Todesschwadronen unterwegs waren, den sogenannten *Interahamwe,* bevorzugten die Machete, eine Waffe, die Blutbäder von alttestamentlichen Ausmaßen anrichtete.

Nachdem wir einmal an diesem düsteren Ort gewesen sind, können wir das Wort *Völkermord* nicht aussprechen, ohne dass uns schlecht wird. Sandra hatte recht. Die Parallelen waren zu offensichtlich, als dass man sie hätte übersehen können.

In seinem Buch *Der Gotteswahn* erklärt der bekannte Atheist Dr. Richard Dawkins:

> Der Gott des Alten Testaments ist – das kann man mit Fug und Recht behaupten – die unangenehmste Gestalt in der ganzen Literatur: Er ist eifersüchtig und auch noch stolz darauf; ein kleinlicher, ungerechter, nachtragender Überwachungsfanatiker; ein rachsüchtiger, blutrünstiger ethnischer Säuberer; ein frauenfeindlicher, homophober, rassistischer, Kinder und Völker mordender, ekliger, größenwahnsinniger, sadomasochistischer, launisch-boshafter Tyrann.[1]

Doch er ist nicht der Erste, der zu diesem Schluss kommt. Im zweiten Jahrhundert war Bischof Marcion ins Auge gefallen, wie unterschiedlich Gott im Alten und Neuen Testament dargestellt wird, sodass er daraus den Schluss zog, es handele sich um ganz unterschiedliche Wesen. Er glaubte, der Gott des Alten Testaments habe die physische Welt erschaffen und durch das Judentum das Gesetz eingeführt, das auf Vergeltung beruht. Marcion charakterisierte den alttestamentlichen Gott als grausamen und eifersüchtigen Gesetzgeber, während er den Gott des Neuen Testaments als barmherzigen und liebevollen Vater sah, der sich um die ganze Menschheit sorgte. Dieser neutestamentliche Gott hatte sich seiner Auffassung nach durch Jesus Christus offenbart.

Die Kirche seiner Zeit verurteilte diese Lehre als Ketzerei und exkommunizierte Marcion schließlich, doch man muss seinen Versuch würdigen, die augenscheinlichen Widersprüche zwischen Gott, wie er im Alten und im Neuen Testament dargestellt wird, aufzulösen; dem Kriegsgott und dem freundlicheren, sanfteren Gott, der seinen Sohn sandte, um die Welt von der Sünde zu erretten.

Angesichts dieser Tatsachen scheint es sich anzubieten, mit dem Matthäusevangelium zu beginnen, wenn man über Gnade nachdenkt. Oberflächlich betrachtet sieht es so aus, als habe die Geburt Jesu ein neues Zeitalter eingeläutet. Wer das Alte Testament jedoch aufmerksam liest, entdeckt, dass die Gnade von Anfang an die hervorstechendste Eigenschaft Gottes war. Hier also wollen wir unsere Reise beginnen. Ganz am Anfang.

Das Alte Testament beginnt mit der Erklärung, wie die Welt entstanden ist. Leser von heute tauchen sofort in die Details des Schöpfungsprozesses ein, doch der Verfasser hatte noch viel mehr im Sinn. Bald nachdem die Israeliten der Sklaverei in Ägypten entkommen waren, schrieb Mose dieses beachtliche Buch, um sein Volk auf diese Weise mit Gott bekannt zu machen. Nachdem die Israeliten über vierhundert Jahre der ägyptischen Mythologie und einer polytheistischen Weltanschauung ausgesetzt gewesen waren, hatte sich manche Vorstellung von Gott in ihrem kollektiven Gedächtnis verzerrt. Die ersten drei Kapitel im 1. Buch Mose geben also weitaus mehr wieder als nur die Schöpfungsgeschichte.

Es handelt sich um die Bekanntmachung – oder Wiederbekanntmachung – Israels mit dem Gott seiner Väter. Es erhaschte so einen Blick auf das Wesen und sogar die Persönlichkeit *des* Gottes, der sie zu seinem Volk erwählt hatte. Nach allem, was die Israeliten gerade erlebt hatten – ihren wunderbaren Auszug aus Ägypten, die Teilung des Schilfmeers, erstaunliche Zeugnisse der Macht Gottes über Menschen und Natur – zweifelte nicht einer von ihnen an Gottes Fähigkeit, aus dem Nichts etwas zu erschaffen.

Sie suchten nicht in erster Linie nach einer Erklärung dafür, wie alles entstanden war, sondern wollten vor allem wissen, wer sie befreit hatte und wem sie nachfolgen sollten.

Den Schöpfungserzählungen anderer alter Religionen zufolge nahmen die Götter ihren Wohnsitz in einem seit Urzeiten existierenden Universum. Sie hatten die Welt nicht erschaffen, sie hielten sie nur am Laufen. Doch Mose behauptete, der hebräische Gott hätte vor allem anderen existiert. Er hatte Zeit und Materie aus dem Nichts erschaffen – nicht, weil er dazu gezwungen gewesen wäre, sondern weil er es offenbar so gewollt hatte. Und hier begegnen wir dem ersten Beispiel für die Gnade Gottes.

Schon seit vielen Generationen ringen Philosophen und Naturwissenschaftler mit einer grundlegenden Frage: *Warum existiert überhaupt etwas?* Oder, um es anders zu formulieren: *Warum gibt es etwas und eben nicht nichts?* Keine Sorge, wir werden uns nicht allzu lange an dieser Stelle aufhalten. Doch diese Frage verdient es, dass wir ihr nachgehen, bevor wir uns mit der uns vertrauten Schöpfungsgeschichte befassen. Es ist uns völlig unmöglich, uns das *Nichts* vorzustellen. Doch offenbar gab es nichts, bevor es etwas gab. In der Vergangenheit meinten Wissenschaftler, dass die Materie schon seit ewigen Zeiten existiere. Doch neue Forschungsergebnisse deuten darauf hin, dass Materie, Raum und Zeit einen Anfang hatten. Irgendetwas entstand aus Nichts. Doch warum? Warum etwas? Warum nicht nichts?

Am Anfang schuf Gott, und das war ein großartiger Akt der Gnade. Doch das war nur der Anfang.

Ich gehe einmal davon aus, dass Sie an Gott glauben, und möchte Ihnen diese Frage noch einmal in veränderter Form vorlegen. *Warum hat Gott überhaupt etwas geschaffen?* Manchmal hört man, er sei einsam gewesen, aber das glaube ich nicht. Doch selbst wenn das der Fall gewesen sein sollte, könnte man einwenden, dass der Schöpfungsakt von außerordentlicher Gnade zeugt. Gott schuf das Leben, und das wiederum bedeutet, dass Sie und ich heute existieren können. Die Schöpfung gab Ihnen die Möglichkeit zu *sein*. Gott war keineswegs verpflichtet, Ihnen oder mir diese Chance zu geben. Warum gibt es etwas und nicht nichts? Weil Gott es so entschieden hat. Und ein Teil von diesem Etwas sind Sie! Am Anfang schuf Gott, und das war ein großartiger Akt der Gnade. Doch das war nur der Anfang.

Mose schrieb, dass nach der Erschaffung von Zeit, Raum und Materie das Universum »wüst und öde« war. In diese Leere sprach Gott hinein: »Es soll Licht entstehen«, und es entstand Licht. Gott sagte über seine Schöpfung: »Und Gott sah, dass das Licht gut war. Dann trennte er das Licht von der Finsternis« (1. Mose 1,2-4).

Der Schöpfer ist nicht der Einzige, der Licht als etwas Gutes betrachtet. Auch Ihnen geht es so. Und mir. Gott aber war keineswegs verpflichtet, das Licht zu erschaffen. Die Welt hätte in tiefer Finsternis liegen können, und wir hätten den Unterschied nicht einmal bemerkt. Haben Sie jemals Gott für die Erschaffung des Lichts gedankt? Nein? Ich auch nicht. Wir nehmen es als selbstverständlich hin. Nur bei einer einzigen Gelegenheit bringe ich meine Dankbarkeit für das Licht zum Ausdruck: wenn nach einem schweren Schneesturm der Strom wieder da ist. Doch innerhalb weniger Minuten bin ich wieder in meinem alten Denken gefangen, sodass ich Licht für etwas Selbstverständliches halte.

Im Allgemeinen halten wir also die Erschaffung des Lichts nicht für einen Erweis göttlicher Gnade. Doch wenn Sie blinde Freunde haben, wissen Sie, dass ihnen ein Wunder, welches ihre Sehkraft wiederherstellt, Grund zur Dankbarkeit gäbe und es niemand für einen weit hergeholten Gedanken hielte, Gott die Ehre dafür zu geben, dass er ihnen *Gnade* geschenkt hat. Wo liegt der Unterschied? Für den Durchschnittsmenschen ist Licht eine Konstante. Für Sehbehinderte gilt das nicht. Dass Gott uns rund um die Uhr und sieben Tage in der Woche Gnade erweist, bemerken wir im Allgemeinen erst, wenn sie uns entzogen wird. In jedem Fall sind unsere Dankbarkeit und Wertschätzung kaum jemals von langer Dauer.

In der restlichen Schöpfungsgeschichte wird geschildert, wie Gott systematisch Ordnung in das »öde und wüste« Universum brachte. Er teilte den Himmel von der Erde ab, trennte das trockene Land vom Wasser, den Tag von der Nacht. Er warf Sonne, Mond, Planeten und Sterne an den Himmel, um die Zeit zu messen. Er erfüllte die Erde mit Leben – unendlich vielfältig, grenzenlos, belastbar und komplex. Nichts von alledem war notwendig. Gott war überhaupt nicht verpflichtet, sich solche Umstände zu machen. Doch genau das tat er. Und nach jedem Abschnitt, am Ende jedes Schöpfungszyklus, finden wir einen Satz, der kaum ins Auge fällt, aber Gottes Gnade subtil und doch kraftvoll verkündet: »Und Gott sah, dass es gut war« (Verse 10, 12, 18, 21, 25).

Ich glaube, die meisten Menschen verstehen das so, dass Gott sich ansah, was er geschaffen hatte, und sich dann selbst gratulierte: »Gute Arbeit!« Sie wissen schon, so wie wir es selbst manchmal tun, wenn wir ein Zimmer in unserem Haus gestrichen oder unser Auto gewaschen haben. *Das ist wirklich gut geworden.* Es klingt schon ein bisschen albern, wenn man darüber nachdenkt. »Gott sah, dass das Licht gut war« (1. Mose 1,4). Als ob er nicht gewusst hätte, dass es gut war, bis er einmal innehielt, um es sich genau anzusehen. Oder als ob es ein Experiment gewesen wäre. Vielleicht klopfte er sich auch gar nicht anerkennend auf die Schulter, sondern meinte es vergleichend. Möglicherweise hatte er das Gleiche vorher schon einmal versucht und es war ihm nicht so gut gelungen, aber dieses Mal stimmte alles.

Das glaube ich nicht.

Eine weitere Möglichkeit bestünde darin, dass die Schöpfung im moralischen Sinn gut war. Doch auch das funktioniert nicht. Trockenes Land ist in moralischer Hinsicht weder gut noch schlecht. Es handelt sich einfach um trockenes Land. Gott erklärte aber, dass es gut war. Eigenartig, oder? Gut wofür? Oder für wen? Für Gott etwa? Hätte Gott davon profitiert, Land und Meer voneinander zu scheiden oder Vögel und Fische zu erschaffen?

Als Gott mit der Schöpfung fertig war, bevölkerten mehr als dreihunderttausend Käferarten die Erde. Waren sie nur dazu da, dass Gott einen Nutzen davon hatte und sich an ihnen freute? Spielte es für ihn wirklich eine Rolle, dass sich Pflanzen durch ihre Samen vermehrten? Wurden für Gott manche Pflanzen als Nahrungsquelle geschaffen, andere nur ihrer Schönheit wegen? Würde Gott, der Geist ist, davon in irgendeiner Weise profitieren? In anderen Teilen der Bibel entdecken wir, dass die gesamte Schöpfung Gottes Herrlichkeit verkündet (vgl. Psalm 19,2). Aber wer hört das?

Sie hören es. Und ich.

Gott erklärte nach jedem Schöpfungstag, dass es gut war, weil es *für uns* gut war.

Sie kaufen mir das nicht ab? Klingt Ihnen das zu egoistisch? Einen Moment noch, denn was als Nächstes geschieht, wirft ein interessantes Licht auf alles, was vorher passiert ist.

»Dann ...« – also nachdem alles fertig war. »Dann ...« – nachdem das Bühnenbild aufgebaut war. »Dann ...« – als Gott alles so gemacht hatte, wie es sein sollte. »Dann sprach Gott: ›Lasst uns Menschen machen als unser Abbild, uns ähnlich.‹ [...] Gott schuf also den Menschen als sein

Abbild; als Abbild Gottes schuf er ihn. Als Mann und Frau schuf er sie« (1. Mose 1,26-27; EÜ).

Und was machte er mit den Menschen? Er sagte ihnen, dass sie es sich gut gehen lassen sollten. Alles, was er geschaffen hatte, hatte er für sie gemacht. Mose schildert es mit den folgenden Worten. Achten Sie einmal besonders auf die von mir hervorgehobenen Wörter:

> Und Gott sprach: »Seht her! Ich habe *euch* die Samen tragenden Pflanzen auf der ganzen Erde und die Samen tragenden Früchte der Bäume als Nahrung *gegeben*. Allen Tieren und Vögeln aber habe ich Gras und alle anderen grünen Pflanzen als Nahrung *zugewiesen*.« Und so geschah es (1. Mose 1,29-30; Hervorhebung des Autors).

Gott erschuf die Welt, füllte sie mit guten Dingen und verschenkte sie dann. Er übergab uns die Schlüssel. Er erschuf eine Welt, die perfekt dafür geeignet war, die menschliche Rasse am Leben zu erhalten. Was haben wir getan, um diese unglaubliche Fülle zu verdienen? Nichts. Absolut nichts.

Gnade ist niemals gerade genug. Gnade ist immer viel mehr als genug.

Das ist Gnade. Vom Standpunkt menschlicher Erfahrung aus gesehen war die Erschaffung des Universums und die Tatsache, dass Gott es den Menschen schenkte, der Beginn der Gnade. Majestätische Sonnenuntergänge – für uns. Die Jahreszeiten, damit wir säen und ernten können – für uns. Die vielen Sorten Obst und Gemüse, die wir unser ganzes Leben lang genießen – für uns. Lachs, Barsch, Forelle, Scholle – für uns. Strand, Berge, Seen, Flüsse, Regenwald, Dschungel, Savanne – alles für uns. Es gibt mehr Schönheit in der Welt, als ein Mensch allein sich vorstellen kann, größere Fülle, als ein Einzelner aufnehmen kann. Warum? Das ist das Wesen der Gnade. Gnade ist niemals *gerade genug*. Gnade ist immer viel mehr als genug. Von Anfang an sehen wir dieses Muster, dass Gott die Menschen, die er liebt, mit Gnade überschüttet. Doch das Beste sollte noch kommen.

So vieles war nach Gottes Aussage gut, doch eine Sache gefiel ihm nicht: »Dann sprach Gott, der Herr: ›Es ist nicht gut für den Menschen, allein zu sein‹« (1. Mose 2,18).

Wieder einmal fällt uns Gottes unendliches Engagement und seine Liebe zu den Menschen ins Auge. Warum sollte er die Frau erschaffen? Weil es nicht gut für den Menschen war, allein zu sein. Von Anbeginn der Schöpfung sehen wir, dass Gott für uns nur das im Sinn hat, was gut für uns ist. Das ist Gnade. Unverdiente Gunst. Gott wollte und will für uns nur das, was *gut* für uns ist. Gut für Sie. Als er sah, dass dem Menschengeschlecht noch etwas fehlte, handelte er. »Ich will ihm ein Wesen schaffen, das zu ihm passt« (1. Mose 2,18). Warum? Weil er dazu gezwungen war? Nein, der Text ist ganz eindeutig. Weil er es wollte.

»So schuf Gott die Menschen nach seinem Bild, nach dem Bild Gottes schuf er sie, *als Mann und Frau* schuf er sie« (1. Mose 1,27; Hervorhebung des Autors).

Es wäre ein Fehler, zu schnell über diese Worte hinwegzulesen. Warum Mann und Frau? Warum erschuf er nicht einfach ein großes Technikkaufhaus voller Männer? Oder eine riesige Boutique, in die er Frauen hineinsetzte? Den Unterschied hätten wir niemals bemerkt. Doch Gott hätte ihn natürlich bemerkt. Deshalb schuf er Mann und Frau. Auf diese Weise gab er uns auch die Fähigkeit, einander zu lieben und nahe zu sein, eine Erfahrung, die Adam, auf sich allein gestellt, nie hätte machen können. Gott gab uns die Möglichkeit, sexuelle Erfüllung zu erleben, Kinder zu bekommen und die Art von Liebe zu erleben, die nur Eltern kennen. Mit der Erschaffung von Mann *und* Frau geht die Fähigkeit einher, das Leben in seiner ganzen Fülle auszukosten. Warum ging Gott in seiner Schöpferkraft an solche Extreme? Weil er es wollte. An dieser Stelle offenbart Gott seine Gefühle gegenüber der Menschheit, vielleicht mehr als in jedem anderen Abschnitt des Alten Testaments. Er hat für uns nur Gutes im Sinn, und deshalb erfüllte er das Universum mit unzähligen Extras.

Gott segnete Adam und Eva mit allem, was sie zum Leben und Gedeihen brauchten, und zwar überreichlich. Er ermutigte sie, das Leben in vollen Zügen zu genießen. Den Garten füllte er mit einer verschwenderischen Fülle, damit sie nicht nur das Nötigste zu essen hatten, sondern sich daran freuen konnten. Er schenkte ihnen einen Partner und die sexuelle Beziehung, nicht nur zum Zweck der Fortpflanzung, sondern damit sie menschliche Nähe in ihrer reinsten Form entdecken konnten. Und er gab ihnen noch etwas: etwas zu tun.

Gott führte Adam und Eva zu einem besonders üppig bewachsenen Fleckchen der gerade erschaffenen Welt, und dort machte er zwei bemerkenswerte Dinge, etwas, das er für kein anderes Geschöpf getan hatte. Er segnete das Paar und übertrug ihnen Verantwortung. Gott sagte: »Seid fruchtbar und vermehrt euch, bevölkert die Erde und *nehmt sie in Besitz. Herrscht* über die Fische im Meer, die Vögel in der Luft und über alle Tiere auf der Erde« (1. Mose 1,28; Hervorhebung des Autors).

Gott gab Adam und Eva einen Sinn und ein Ziel für ihr Leben. Das ist ein weiterer Aspekt der Gnade Gottes. Er ernannte sie zu Vizeregenten über seine gesamte Schöpfung, im Rang direkt unter ihm stehend. Und er stattete sie nicht nur mit Autorität aus, sondern übertrug ihnen auch die Verantwortung, sich die Erde untertan zu machen. Oder einfacher ausgedrückt: Sie sollten die Ordnung, die er der Welt gegeben hatte, aufrechterhalten und ausweiten. Er gab ihnen jedoch keine Leitlinien an die Hand. Im Grunde gab es nur eine einzige Regel: »Du darfst jede beliebige Frucht im Garten essen, abgesehen von den Früchten vom Baum der Erkenntnis des Guten und Bösen. Wenn du die Früchte von diesem Baum isst, musst du auf jeden Fall sterben« (1. Mose 2,16-17). Viele erlaubte Bäume, nur ein verbotener.

Gott erwies den Menschen auf unzählige Arten seine Gnade, doch seine Anforderungen waren nur minimal.

Ist das nicht interessant? Zu Anfang gab es eine Menge Verantwortung und nur eine einzige Regel. Als Gott die Welt genau so gemacht hatte, wie er sie wollte, gab es nur ein einziges Gebot.

Wieder einmal stoßen wir auf einen scheinbar unwichtigen Aspekt der Schöpfungsgeschichte, den man leicht übersieht. Es hängt davon ab, wie Sie erzogen wurden und welche Gemeinde Sie besucht oder nicht besucht haben, ob diese Tatsache Ihr Verständnis von Gottes Gnade entscheidend beeinflussen wird. Am Anfang gab es keine Schuld. Am Anfang wurde niemand verurteilt. Am Anfang gingen die beiden ersten Menschen nie mit der Frage zu Bett, wie es um ihre Beziehung mit Gott stand. Gott erwies den Menschen auf unzählige Arten seine Gnade, doch seine Anforderungen waren nur minimal.

Das sagt sehr viel über Gott aus. Allerdings wird diese Wahrheit von unserem Leben schnell wieder ausradiert. In unserer Erziehung wird sie kaum betont. Im Rahmen unserer komplexen religiösen Systeme fällt es uns schwer, diese Einsicht immer vor Augen zu haben. Vielleicht sind Sie sogar zum entgegengesetzten Schluss gekommen. Vielleicht haben Sie aus Ihrer Perspektive den Eindruck, dass Gott unzählige Forderungen stellt und nur ein minimales Maß an Gnade gewährt. Wenn das der Fall ist, sind Sie nicht allein. Vielen geht es so wie Ihnen. Und ich hoffe, dass Sie, wenn Sie dieses Buch durchgelesen haben, diese skeptische Haltung zum großen Teil abgeschüttelt haben und Gott als den begreifen, der er ist: ein Gott, dessen hervorstechendster Charakterzug die Gnade ist.

Am Anfang gab es mehr Schönheit, als der Mensch in sich aufnehmen konnte. Am Anfang gab es mehr Nahrung, als man verbrauchen konnte. Am Anfang hatte das Leben einen Sinn. Am Anfang gab es Nähe und Intimität ohne Intrigen und Misstrauen. Am Anfang gab es vollkommene Gemeinschaft zwischen Gott und Mensch. Und am Anfang gab es Freiheit. Entscheidungsfreiheit. Genau wie Gott nicht verpflichtet war, die Welt zu erschaffen und die Menschen zu versorgen, war die Menschheit nicht verpflichtet, Gottes Liebe anzunehmen und zu erwidern. Gnade in ihrer reinsten Form stellt per Definition keine Bedingungen.

Dieses empfindliche System, das sich aus Gnade und Dankbarkeit speiste, hing entscheidend von einem weiteren höchst empfindlichen Ideal ab: Vertrauen. Gott vertraute den Menschen seine Schöpfung an. An jedem neuen Tag entschieden sich Adam und Eva, ob sie mit dieser Verantwortung in einer Weise umgehen wollten, dass Gott ihnen weiterhin vertrauen konnte. Eine Weile lang taten sie das auch. Wie lange, wissen wir nicht. Wir wissen jedoch, dass der Mensch schließlich Gottes Vertrauen verspielte und sich alles änderte. Alles.

Dass wir in puncto Gnade nicht ganz klar sehen, liegt zum großen Teil daran, dass wir uns auch über die Sünde nicht im Klaren sind. In einfachen Worten: Wir unterschätzen die Auswirkungen der Sünde auf unser Leben und unsere Welt *dramatisch*. Ich bin nicht sicher, ob wir wirklich erfassen können, was geschah, als die Sünde in die Welt kam. Dem Bericht in 1. Mose zufolge wurde die gesamte Schöpfung davon beeinflusst. Alles, was unter der Herrschaft des Menschen stand, und das war praktisch alles, wurde von der Sünde vergiftet. Der Apostel Paulus sollte später auf diesen Wendepunkt der Weltgeschichte zurückblicken und schreiben, dass die ganze Schöpfung »Tod und Vergänglichkeit« unterworfen sei (Römer 8,21).

Unser Problem liegt darin, dass diese dem Tod verfallene Welt alles ist, was wir kennen. Zwar ärgert es uns manchmal, was wir um uns herum sehen; wir sind unzufrieden damit, wie sich die Dinge entwickeln, oder frustriert, dass nichts mehr so ist wie früher, aber in Wirklichkeit haben wir keine Ahnung, wie schlimm es eigentlich steht. Weiß ein Fisch, dass er nass ist? Wissen Eisbären, wie kalt es in Wirklichkeit ist? Wissen die blinden Höhlengrundeln (die ihr gesamtes Leben in unterirdischen Seen im australischen Outback verbringen), dass sie nicht sehen können? Wie die gesamte Schöpfung haben auch wir uns an unsere Umgebung angepasst. Wir sind uns bewusst, dass es Böses in verschiedenen Abstufungen gibt. Doch weil eine kaputte Welt alles ist, was wir kennen, können wir nicht einmal ansatzweise begreifen, wie weit unsere Welt davon entfernt ist, so zu sein, wie Gott es im Sinn hatte.

In meiner amerikanischen Kultur haben wir die Begriffe *falsch* und *Sünde* durch das Wort *Fehler* ersetzt. Wir sind keine Sünder, wir haben nur einen Fehler gemacht. Wie oft haben wir schon erlebt, dass bekannte Führungspersönlichkeiten ihre außerehelichen Affären als *Fehler* beschreiben? Einen Fehler kann man machen, wenn man ein Formular ausfüllt. Ein Fehler ist ein Versehen. Wenn man nicht beide beteiligten Parteien knebelt und ihnen die Augen verbindet, ist es meiner Meinung nach nicht möglich, versehentlich eine Affäre zu beginnen. Sobald die Sache ans Licht kommt, entschuldigt man sich natürlich bei Angehörigen und Wählern, die dadurch verletzt wurden. Aber wenn man etwas tut, von dem man weiß, dass es andere verletzen wird, ist das dann immer noch ein Fehler? Die Menschen, denen wehgetan wurde, sehen das in aller Regel nicht so. Doch in einer Welt, die überhaupt nicht so ist, wie Gott sie sich gedacht hatte, wird *Sünde* auf einen *Fehler* reduziert.

Aus Gründen, die wir niemals verstehen werden, gaben sich Adam und Eva nicht damit zufrieden, von den vielen erlaubten Bäumen zu essen. Sie sahen sich gezwungen, die Frucht von dem einen Baum zu essen, den Gott ihnen verboten hatte. Und in diesem Augenblick kam die Sünde in die Welt. Sofort wurden sie sich ihrer Nacktheit bewusst und schämten sich. Interessant. Die Sünde war das Einfallstor für die Scham. Am Anfang diente die *Scham* einem bestimmten Zweck. Doch sie ist ein weiteres Opfer einer von der Sünde regierten Welt. In unserer Kultur gilt es, sie zu vermeiden. Sie gehört zu den Dingen, die wir uns bemühen auszumerzen. Denn welchen Sinn und Zweck könnte sie schon haben?

Die Sünde hatte neben der Scham auch noch eine andere Folge: ein getrübtes Urteilsvermögen. Adam und Eva versuchten, sich vor Gott zu verstecken, und zwar in dem Garten, den er selbst geschaffen hatte. Wie intelligent ist das denn? Etwa so intelligent wie der Versuch, Gott aus dem Weg zu gehen, indem man keinen Fuß in die Kirche setzt. Doch Gott ließ sich auf dieses Spiel ein und fragte Adam schließlich: »Wo bist du?« (1. Mose 3,9). Er wusste, wo sich Adam und Eva aufhielten. Doch sie selbst wussten das offenbar nicht. Und wenn Sie die Geschichte gelesen haben, wissen Sie, dass es von diesem Punkt an immer weiter bergab ging. Die Sünde führte zu Scham. Scham führte dazu, anderen die Schuld in die Schuhe schieben zu wollen. Adam begann, nach Ausflüchten für sein Verhalten zu suchen und gab tatsächlich Gott die Schuld für das Geschehene. »Die Frau, die *du* mir zur Seite gestellt hast, gab mir die Frucht. Und deshalb habe ich davon gegessen« (1. Mose 3,12; Hervorhebung des Autors). Oder anders formuliert: »Wenn du diese Frau nicht in mein Leben gestellt hättest, wäre das alles gar nicht passiert!«

> *Am Anfang schob Adam Gott die Schuld für seine Probleme zu, und seitdem beschuldigt die Menschheit Gott.*

In diesem Augenblick nahm etwas Bedeutendes seinen Anfang. Lesen Sie nicht zu schnell darüber hinweg. Wenn Sie sich in Ihren Büchern Sätze anstreichen, dann streichen Sie den nächsten an. Am Anfang schob

Adam Gott die Schuld für seine Probleme zu, und seitdem beschuldigt die Menschheit Gott. Von unserem Standpunkt aus können wir sehen, was hier eigentlich passiert. Adam weigert sich schlicht und einfach, die Verantwortung für sein Verhalten zu übernehmen. Und wenn sich jemand weigert, für seine Taten geradezustehen, sucht er jemanden, dem er die Schuld in die Schuhe schieben kann. Adam entschied sich für Gott. Und wir tun das auch.

Wir alle haben damit zu kämpfen, Leid und Unrecht in unserer Welt mit der Vorstellung von einem souveränen und gerechten Gott in Einklang zu bringen. Vom 1. Buch Mose an wird Gott für alles Böse auf der Welt verantwortlich gemacht. »Die Frau, die du mir zur Seite gestellt hast ...« – diesen Satz finden wir heute in vielen Variationen: *Dieser Unfall, den du zugelassen hast. Die Krankheit, die du dich geweigert hast zu heilen. Die Erholungspause, die du mir nicht zugestanden hast.* Und so weiter und so fort. Doch wie Adams Gedankengänge sind auch unsere fehlerhaft.

Wie reagierte Gott auf diesen Vorwurf und die Scham? Mit Gnade. Er gab Adam und Eva genau das, was sie nicht verdienten. Man könnte sogar sagen, dass er sein eigenes Versprechen brach, um ihnen das zu geben, was sie nicht verdienten. Er hatte sie gewarnt, dass sie an dem Tag sterben würden, an dem sie vom Baum der Erkenntnis äßen (vgl. 1. Mose 2,16-17). Doch das geschah nicht. Als Jugendlichem erzählte man mir, dass sie *geistlich* starben. Doch das steht da nicht. Man erklärte mir, dass sie nun von Gott getrennt waren. Doch auch das lässt sich nirgendwo nachlesen. Im Gegenteil: Gleich nachdem Adam und Eva gesündigt hatten, führten sie ein langes Gespräch mit Gott. Es war nicht gerade das positivste Gespräch, das wir in der Bibel finden, doch Gott verschwand nicht mit einem Mal aus ihrem Leben. Ihre Sünde machte sie nicht unfähig, auf die Stimme Gottes zu hören. Und sie trennte sie auch nicht von Gott, sodass er keinen Kontakt mehr mit ihnen gesucht hätte. Wie wir bereits gesehen haben, machte Gott den ersten Schritt: »Adam, wo bist du?«

Gott hörte geduldig zu, als Adam und Eva versuchten, jemand anderem die Schuld in die Schuhe zu schieben und ihrer Verantwortung zu entgehen; und dann sprach er eine Reihe von Flüchen aus. Der ursprüngliche hebräische Text bedient sich dabei einer poetischen Form.

Zu der Frau sprach er:
Ich werde sehr vermehren die Mühsal deiner Schwangerschaft,
mit Schmerzen sollst du Kinder gebären!
Nach deinem Mann wird dein Verlangen sein,
er aber wird über dich herrschen!

Und zu Adam sprach er:
Weil du auf die Stimme deiner Frau gehört und gegessen hast
von dem Baum,
von dem ich dir geboten habe: Du sollst davon nicht essen! –
so sei der Erdboden deinetwegen verflucht:
Mit Mühsal sollst du davon essen alle Tage deines Lebens;
und Dornen und Disteln wird er dir sprossen lassen,
und du wirst das Kraut des Feldes essen!
Im Schweiße deines Angesichts
wirst du dein Brot essen,
bis du zurückkehrst zum Erdboden,
denn von ihm bist du genommen (1. Mose 3,16-19; ELB).

Gott reagiert auf die von Adam und Eva begangene Sünde, indem er Mann und Frau verflucht: Sie wird unter Schmerzen gebären, und er muss unter großen Anstrengungen für den Lebensunterhalt sorgen. Auch das Paar verflucht er, denn ihre Intimität wird durch Unfrieden getrübt werden. Sogar den Ackerboden verflucht er. Das klingt sehr hart, oder? Aber Adam und Eva sterben nicht. Gott hatte alles Recht der Welt, alles umzuwerfen und noch einmal ganz von vorn anzufangen. Stattdessen zeigte er ihnen seine Barmherzigkeit in Form dieser Flüche.

Das amerikanische Wörterbuch Merriam-Webster definiert Barmherzigkeit (*mercy,* Anmerkung des Übersetzers) als »Mitleid oder Langmut, die man im Besonderen jemandem zeigt, der sich etwas zuschulden kommen ließ oder der der Macht des Betreffenden ausgeliefert ist, *auch:* nachsichtige oder barmherzige Behandlung«[2]. Gott handelte barmherzig, indem er kein schnelles und endgültiges Urteil über Adam und Eva fällte, obwohl sie es wegen ihres Ungehorsams verdient gehabt hätten. Er ließ sie nicht auf der Stelle sterben, sondern versuchte sozusagen Zeit zu schinden, um einen Plan für ihre Rettung zu ersinnen. Statt Adam und Eva für ihre Sünde zu vernichten, verfluchte Gott sie und ihre Nachkommen, damit sie mit den Konsequenzen ihres Vergehens leben mussten.

Das hebräische Wort für »verfluchen« bedeutet wörtlich »etwas mit Hindernissen umgeben« oder »jemandem die Kraft nehmen, sich zu wehren«. In diesem Sinne haben gute Eltern ihre Kinder alle schon einmal verflucht. Ein Kind empfindet jede disziplinarische Maßnahme als Fluch, doch für die Eltern stellt es eine Möglichkeit dar, dem Kind zwei wichtige Dinge beizubringen: *Ungehorsam* hat Konsequenzen, und *Gehorsam* führt in die Freiheit. Gott reagierte auf die Sünde von Adam und Eva so, wie gute Eltern auf ihre Kinder reagieren: Er griff zu einer Disziplinarmaßnahme, und zwar um ihret- und der nachfolgenden Generationen willen. Und diese Maßnahme war ein Ausdruck der *Gnade* für sie und für die Menschen, die nach ihnen kommen sollten. Eltern, die mehrere Kinder haben, können das nachvollziehen: Lässt man es dem älteren Kind durchgehen, zu Hause ein Chaos anzurichten, fordert man die jüngeren Kinder förmlich auf, seinem Beispiel nachzueifern. Gott entschied sich also dafür, die Menschheit nicht zu vernichten, sondern sie Disziplin zu lehren. So trat die Gnade in eine Welt, die von nun an von Sünde und Tod gezeichnet sein würde.

Tausende von Jahren später würde einer der Verfasser des Neuen Testaments es noch einmal ganz deutlich aussprechen: »Denn der Herr weist die zurecht, die er liebt, und er straft jeden, den er als seinen Sohn annimmt« (Hebräer 12,6). Das ist die andere Seite der Gnade. Die Kinder anderer Leute bestrafe ich nicht. Sie liegen nicht in meinem Verantwortungsbereich. Die größte Bedrohung stelle ich für die Kinder dar, die ich am meisten liebe. Ich bin der einzige Papa, der ihnen in den Sinn kommt, wenn sie etwas ausgeheckt haben: *Ich hoffe, dass mein Papa das nicht herausfindet.* Aber ich bin auch der einzige Vater, zu dem sie kommen, wenn sie Angst haben, sich verletzt haben oder etwas brauchen. Deshalb sollte es uns nicht überraschen, dass Gott sich Adam und Eva zuwandte, als er sie aus dem Garten hinauswarf, und ihnen etwas gab, das sie in dieser Welt der Scham dringend benötigten: etwas anzuziehen. »Und Gott, der Herr, machte Adam und seiner Frau Kleidung aus Tierfellen und zog sie ihnen an« (1. Mose 3,21).

Da haben wir es wieder. Gnade. Von Anfang an reagierte Gott auf die Sünde der Menschheit mit wunderbarer Gnade. Das Erstaunlichste habe ich sogar noch ausgelassen. Gott richtete das Wort auch an die Schlange und deutete das Kommen desjenigen an, der die volle Strafe für die Sünde der Menschheit auf sich nehmen würde:

> »Weil du das getan hast, bist du verflucht unter allem Vieh und allen Tieren des Feldes. Auf dem Bauch sollst du kriechen und Staub fressen alle Tage deines Lebens. Feindschaft setze ich zwischen dich und die Frau, zwischen deinen Nachwuchs und ihren Nachwuchs. Er trifft dich am Kopf und du triffst ihn an der Ferse« (1. Mose 3,14-15; GNB).

Mit dem Nachwuchs der Frau ist hier die ganze Menschheit gemeint, denn sie und Adam sollten fruchtbar sein und sich vermehren. In dieser Ankündigung göttlicher Disziplinarmaßnahmen wird vorhergesagt, dass die gesamte Menschheit unter der Last des Bösen leiden muss. Doch in den letzten beiden Zeilen dieses ersten Fluchs klingt noch etwas viel Tieferes an: »Er wird dir den Kopf zertreten.« Das Wort *er* ist ein Personalpronomen in der 3. Person Singular. In diesem Zusammenhang recht eigenartig. Wenn sich der Satz auf die ganze Menschheit bezöge, müsste das Pronomen eigentlich im Plural stehen. Offenbar meinte Gott damit nicht das Menschengeschlecht im Allgemeinen, sondern einen ganz bestimmten »*Er*« – einen zweiten Adam, der im Namen des Herrn kommen und sein Leben für die Sünden der Menschen hingeben würde. Er würde die Last des Bösen tragen und die Todesstrafe erleiden, die Adam angedroht worden war und die wir alle verdienen. Hier, in diesem dramatischen Übergang von einer Welt, die wir uns nur vorstellen können, hin zu der Welt, die

Von Anfang an reagierte Gott auf die Sünde der Menschheit mit wunderbarer Gnade.

wir kennen, stoßen wir auf die Verheißung, dass die Gnade menschliche Gestalt annehmen würde, dass die Gnade uns eines Tages in die Lage versetzen würde, wieder eine Welt zu betreten, wo es keine Sünde gibt und der Tod überwunden ist.

Am Anfang war die Gnade. Doch das war nur der Anfang!

Kapitel 2:

Erwählt von der Gnade

Aus Gnade entschied sich Gott,
das ganze Chaos zu beseitigen, das wir angerichtet hatten.

Waren Sie schon einmal dafür verantwortlich, ein Chaos zu beseitigen, das so groß war, dass Sie gar nicht wussten, wo Sie anfangen sollten? Mir fiel in unserer Speisekammer einmal ein großes Glas mit Salsasoße auf den Boden. In dem Moment, wo es meinen Händen entglitt, wusste ich, was ich in den nächsten beiden Stunden tun würde. Als das Glas auf dem Fußboden aufsprang, flogen Tomatenstückchen, Paprika und Glasscherben in alle Richtungen. Die Soße lief an drei Wänden und der Innenseite der Tür hinunter. Auf allen Oberflächen prangten rote Punkte – auf Cornflakesschachteln, Konserven, anderen Salsagläsern, meinen Beinen … Ich erinnere mich, dass ich die Speisekammer verließ, die Tür schloss und zu meiner Frau sagte: »Sandra, ich glaube, es ist an der Zeit, das Haus zu verkaufen und umzuziehen.« Ganz ähnlich fühlte ich mich, als Shadow, unser Labrador, ein Regal mit Farbdosen umstieß und sich einige Liter Ölfarbe auf dem Kellerfußboden ergossen. Wo soll man da anfangen?

Nachdem ich einige Male in solch eine Situation geraten war, habe ich ein Geheimnis entdeckt. Wenn man ein solches Durcheinander aufräumen will, muss man sich aussuchen, wo man anfangen will, und dann einfach anfangen. Sonst scheint die Aufgabe schier unlösbar.

Wir können uns gar nicht vorstellen, wie Gott sich gefühlt haben muss, als er sich das Chaos anschaute, das die Sünde aus der Welt gemacht hatte. Alles war schlecht geworden. Nichts war mehr unbefleckt. Ein perfekt ausbalanciertes Ökosystem, das eigens dazu entworfen worden war, jedem von Gott geschaffenen Organismus einen Lebensraum zu bieten, war vergiftet. Vergiftet von genau den Menschen, die Gott berufen hatte, die Welt zu bewahren! Der Verfasser des 1. Buch Mose sagt uns:

> Doch der Herr sah, dass die Bosheit der Menschen groß war und dass alle ihre Gedanken durch und durch böse waren. Da bereute der Herr, dass er sie geschaffen hatte, ja es bekümmerte ihn sehr (6,5-6).

Bald darauf ließ Gott eine Flut kommen, die alle Menschen auslöschte, die nicht an ihn glaubten. Nur eine kleine Gruppe von Gläubigen, Noah und seine Familie, nahm Gottes Einladung an, sich aus dem kommenden Strafgericht retten zu lassen. Und so wurde die Erde von den Wassermassen vernichtet.

Man sollte annehmen, dass ein Neuanfang das Problem, das die Sünde verursacht hatte, lösen würde. Doch die Sünde gleicht einem Virus, und die Menschheit hatte sich angesteckt. Mit jedem Neugeborenen breitete sich die Infektion weiter aus, und innerhalb weniger Generationen wimmelte es auf der Erde wieder von rebellischen Männern und Frauen. Die Sünde, die Gott hasst, und die Menschen, die Gott liebt, sind so miteinander verwoben, dass man nicht das eine ohne das andere vernichten kann. Die Menschheit zu verschonen bedeutete daher, dass die Sünde die Welt verschlingen würde.

Gott entschloss sich, das Chaos zu beseitigen, das die Sünde angerichtet hatte.

Gott hatte also ein Chaos vor sich – ein Chaos von wahrhaft riesigen Ausmaßen. Statt die Ärmel hochzukrempeln und alles in Ordnung zu bringen, hätte er sich auch entscheiden können, untätig zu bleiben. Vielleicht schoss ihm der Gedanke durch den Kopf, dass er einfach die Tür zur Speisekammer schließen und das Haus verkaufen könnte. Wenn das eine Option gewesen sein sollte, entschloss er sich jedenfalls nicht dafür, zu unserem Glück. Stattdessen wollte er einer gnadenlosen Welt Gnade gewähren. Gott entschloss sich, das Chaos zu beseitigen, das die Sünde angerichtet hatte. Die endgültige Lösung war ein Retter – ein Retter, dessen Handeln Gott eine Möglichkeit eröffnen würde, die Sünde auszulöschen, ohne die Menschheit zu vernichten. Doch wo konnte dieser Prozess der Erlösung in einer Welt ansetzen, in der die Sünde alles verdarb? Im Grunde gab es nur eine Möglichkeit.

Er begann mit einem Sünder: Abram.

In uralten Zeiten beteten Nationen und Familien Territorialgötter an, Gottheiten also, die mit einem bestimmten Gebiet verknüpft waren. Siegreiche Nationen dankten ihrem Gott (oder ihren Göttern), während die Besiegten ihre eigenen infrage stellten. Gott entschied sich dafür, diese Weltanschauung für seine Zwecke einzusetzen.

Er wollte mit einer Nation anfangen, einer Nation, die er selbst erwählt hatte, um dem Rest der Welt seine Macht und Güte zu demonstrieren. Diese Nation sollte seine Gunst erfahren, und zwar im Rahmen eines einseitigen Bundesschlusses, in dem Gott sich selbst verpflichtete, doch im Gegenzug keine Forderungen stellte. Der Herr wollte diesen Bund als Zeichen seiner Gnade eingehen, und nicht deshalb, weil sein Bundespartner so verdienstvoll gewesen wäre. Er versprach, diese Nation bis in alle Zukunft zu fördern und zu erhalten. Er würde sie wie einen Sohn behandeln, Gehorsam belohnen und Rebellion bestrafen. Sie sollte an einem Verkehrsknotenpunkt der antiken Welt liegen, sodass Kaufleute und Heere aller Nationen die Kunde von einer bemerkenswert fortschrittlichen Nation und dem unsichtbaren Gott, dem sie dienten, in ihre Heimatländer tragen würden. Sie sollte das Sprachrohr sein, mit dem er sich an die Welt wandte. Allen Menschen, die an ihn glaubten und seine Gnade empfingen, bot er Rettung an.

Unglücklicherweise kam dafür keine der bereits existierenden Nationen und Zivilisationen dieser Erde infrage. Sie alle hatten Gesetze und abergläubische Vorstellungen, die ihre Weltsicht prägten. Ihre heidnischen Zeremonien und kultischen Praktiken wurden von Werten getragen, die in direktem Gegensatz zu dem standen, was Gott bei der Schöpfung im Sinn gehabt hatte. Gott, der Herr, entschied sich daher, keine bestehende Nation zu reformieren, sondern seine eigene ins Leben zu rufen. Er wollte ein neues Volk erschaffen, eine völlig neue Gruppe. Und statt mit einem Stamm oder gar einer Familie anzufangen, begann er mit einer einzelnen Person. Das war gewiss nicht der schnellste Weg, um eine Nation aufzubauen. Doch angesichts der Konsequenzen der Sünde und Gottes Rettungsplan war es die einzige Möglichkeit. Er wollte mit einem Mann seiner Wahl einen Bund aufrichten. Seine Nachkommen würden sich vermehren und mit der Zeit zu einem Volk werden. Auf diese Weise würde jeder Angehörige dieses neuen Volks zu einem Erben des Bundes werden, den Gott mit seinem Vorfahren geschlossen hatte.

Gott erwählte Abram. Aus der Wiege der antiken Zivilisation suchte er sich ein ganz gewöhnliches Mitglied dieser Gesellschaft aus, in der Götzen angebetet wurden. Doch Abram war nicht irgendein Mann. Er war schon alt, über siebzig. Dass seine Frau ihm keine Kinder geschenkt hatte, machte die Sache noch komplizierter. Sie war unfruchtbar. Nicht gerade das ideale Paar, um eine Nation zu gründen.

An dieser Stelle also entschied sich Gott, das Chaos aufzuräumen, das die Sünde bewirkt hatte. Er fasste den Entschluss, durch einen Mann ohne Einfluss, ohne Kinder und ohne Land eine Nation ins Leben zu rufen. Gott sagte zu Abram: »Verlass deine Heimat, deine Verwandten und die Familie deines Vaters und geh in das Land, das ich dir zeigen werde!« (1. Mose 12,1). Und dann, einzig und allein aus dem Grund, weil er es wollte, machte er Abram ein dreifaches Versprechen.

> »Von dir wird ein großes Volk abstammen. Ich will dich segnen und du sollst in der ganzen Welt bekannt sein. Ich will dich zum Segen für andere machen. Wer dich segnet, den werde ich auch segnen. Wer dich verflucht, den werde ich auch verfluchen. Alle Völker der Erde werden durch dich gesegnet werden« (1. Mose 12,2-3).

Als Gott mit Abram in Beziehung trat, begann er mit einem Versprechen. Abram hatte weder darum gebeten noch verdiente er es. Es war allein Gottes Idee. Der Herr legte Abram keine Liste mit verbindlichen Verhaltensregeln vor. Die Zehn Gebote sollten erst einige Generationen später kommen. Gott bat Abram einfach, Verheißungen in Anspruch zu nehmen. Er bat Abram, ihm zu vertrauen, und das war der Anfang ihrer Beziehung. Wie wir auf den folgenden Seiten immer wieder entdecken werden, hat Gott genau auf diese Weise immer Beziehungen begonnen.

Gott forderte Abram auf, ihm in ein neues Land zu folgen. Abram und sein Gefolge, bestehend aus Knechten und der Großfamilie, führten hinfort also ein Nomadenleben als Zeltbewohner. Sie hüteten ihre riesigen Herden, mit denen sie von Ort zu Ort zogen, um die besten Weideplätze zu finden, und bestellten Land, auf das niemand Anspruch erhob. Dabei produzierten sie genug Nahrung, um sich selbst zu versorgen und den Überschuss an Stadtbewohner zu verkaufen.

Abram wurde wohlhabend und gewann trotz der Unwägbarkeiten und Beschwernisse des Nomadenlebens an Einfluss, doch nach über einem Jahrzehnt forderte es seinen Tribut, dass er nirgends Wurzeln schlagen konnte. Es schwächte die Nerven des alternden, kinderlosen Patriarchen, dass er bei manchen Gelegenheiten nur knapp mit dem Leben davongekommen war. Im Angesicht des Bösen hatte Abraham erstaunlichen Mut bewiesen und mehr als einmal heldenmütig darauf vertraut, dass der Herr ihn bewahren würde. Doch nachdem er wieder einmal nur knapp dem Tode entronnen war, saß er in seinem Zelteingang und untersuchte die Wunden und Beulen, die seinen Körper bedeckten. Seine Füße – blutig und von Blasen übersät nach einem Gewaltmarsch von 150 Kilometern, heftigen Kämpfen und der eiligen Rückkehr nach Hause – brannten und pochten wie niemals zuvor. Ein dumpfer Schmerz zog sich durch jeden einzelnen Muskel, jedes Gelenk tat ihm weh. Als seine Frau Sarai und ein Knecht seine Wunden versorgten, spürte Abram, dass er alt geworden war, und der Geschmack von bitterer Ironie füllte seinen Mund. Er war heimatlos in dem Land, das Gott ihm gegeben hatte.

Das war nur eines von vielen Beispielen von Ironie in seinem Leben. Seine Eltern hatten ihn Abram genannt, »erhabener Vater«. Doch nun lag sein achtzigster Geburtstag hinter ihm, und er hatte immer noch keinen Erben gezeugt. Sarai hatte sich längst mit ihrer Unfruchtbarkeit abgefunden, und so begann sich der kinderlose Patriarch zu fragen, ob Gott seine Verheißung erfüllen würde (»Von dir wird ein großes Volk abstammen«). Möglicherweise. Doch allmählich wurde die Zeit knapp.

Als die Wunden verbunden und seine Füße in Heilkräuter eingewickelt waren, legte Abram sich erschöpft nieder, um auszuschlafen. In der Nacht erschien ihm der Herr in einem Traum. Er sagte: »Hab keine Angst, Abram, denn ich will dich beschützen und dich reich belohnen« (1. Mose 15,1).

Abram antwortete sinngemäß: »Ich will dir ja gerne glauben, aber ich habe kaum Beweise – jedenfalls keine hieb- und stichfesten. Du sagst, dass ich der Vater eines großen Volks werden soll, aber ich bin schon alt und meine Frau auch, und mein einziger Erbe ist Eliëser, mein Verwalter.«

Der Herr beruhigte ihn geduldig. Er schimpfte ihn nicht aus, ja tadelte ihn nicht einmal. Stattdessen verkündete er: »Nein, dein Verwalter wird dich nicht beerben. Du wirst einen Sohn bekommen, der dein Erbe sein wird« (1. Mose 15,4). Dann forderte Gott Abram auf, in den wolkenlosen Nachthimmel zu schauen. »Kannst du etwa die Sterne zählen? [...] So zahlreich werden deine Nachkommen sein!« (1. Mose 15,5).

Als Abram in die schwarzen Tiefen des Universums blickte, übersät von Milliarden von Sternen, traf er eine wichtige Entscheidung. Er entschloss sich, Gott zu vertrauen. Obwohl er keine Beweise in der Hand hatte, obwohl er wusste, unter welchen Bedingungen Menschen sich normalerweise fortpflanzen und wie sich das Alter auf die Zeugungsfähigkeit auswirkt, glaubte er Gottes Zusage. Er vertraute darauf, dass der Herr zu seinen Verheißungen stehen würde; er glaubte, dass Gottes Macht das Unmögliche möglich machen könnte.

In diesem Augenblick schuf der Herr einen wichtigen Präzedenzfall: Vor Gott gilt der als gerecht, der ihm vertraut.

Und dann geschah etwas Bemerkenswertes.

Der Herr erklärte Abram aufgrund seines Glaubens für gerecht (Vers 6). Er sagte sinngemäß: »Weil du mir vertraust, mache ich dir das Geschenk der Gerechtigkeit. Auf deinem Sündenregister steht jetzt in großen Buchstaben *Vergeben*. Weil du mir glaubst, ist dein Sündenkonto gelöscht.« In diesem Augenblick schuf der Herr einen wichtigen Präzedenzfall: Vor Gott gilt der als gerecht, der ihm vertraut. Das ist der wichtigste Aspekt der Gnade Gottes.

Gott forderte Abram auf, ihm zu vertrauen, und trotz seiner Sünde fand Abram durch den Glauben Frieden mit Gott. In dem Augenblick, als Abram an Gott glaubte, bekräftigte der Herr seinen einseitigen Bund mit diesem auserwählten Mann. In einer Zeremonie, die Abram sehr vertraut sein musste, verpflichtete sich Gott, ihn zu versorgen und zu beschützen, und zwar genau wie ein mächtiger König verspricht, einen Herrscher, der sich ihm unterworfen hat, zu versorgen und zu beschützen. In diesem Fall allerdings wurde im Vertrag keine Gegenleistung gefordert.

Währenddessen ließ Gott Abram einen Blick in die Zukunft werfen. Er sagte: »Du sollst wissen, dass deine Nachkommen Fremde in einem fremden Land sein werden. Sie werden vierhundert Jahre lang als Sklaven unterdrückt werden. Doch ich werde das Volk, das sie unterdrückt, bestrafen. Am Ende werden sie mit großen Reichtümern von dort wegziehen« (1. Mose 15,13-14). Der Herr teilte Abram und seinen Nachkommen ein großes Gebiet zu, dessen Grenzen genau beschrieben waren.

So unglaublich all das Abram auch vorgekommen sein muss, da gab es immer noch das Problem, dass Sarai keine Kinder bekommen konnte. Abram *glaubte* Gottes Zusage, doch an der Situation selbst änderte sich nichts. Im Lauf der Zeit begannen Abram und Sarai an der Verheißung zu zweifeln. Sie wurden ja auch nicht jünger. In der Stille dachten sie noch einmal über Gottes Worte nach. Hatten sie ihn vielleicht missverstanden? Schließlich hatte Gott Abram einen Sohn versprochen, »der aus deinem Leibe hervorgeht« (1. Mose 15,4; ELB), doch er hatte nicht gesagt, dass Sarai die Mutter sein sollte. Vielleicht dachte Sarai, man müsse etwas nachhelfen, damit der Herr diesen Plan in die Tat umsetzen konnte, und sie machte einen Vorschlag: »Der Herr hat mir keine Kinder geschenkt. Schlaf du mit meiner Sklavin. Vielleicht kann ich durch sie Kinder haben« (1. Mose 16,2).

So widerwärtig uns dieser Gedanke im 21. Jahrhundert vorkommen mag, im Altertum war solch eine Vorgehensweise keineswegs ungewöhnlich. Abram befolgte also den Ratschlag seiner Frau und zeugte einen Jungen, den er Ismael nannte. Dadurch entspannte sich die Situation allerdings nicht, sondern verschärfte sich noch. Statt der erhofften Segnungen mussten Abram und Sarai nun Neid, Hochmut, Rivalitäten, Verbitterung und Grausamkeit erleben. Die Magd trug stolz ihre Schwangerschaft zur Schau, was Sarai veranlasste, es ihr heimzuzahlen. Schließlich vertrieb Abram sie und ihren Sohn von seinem Grund und

Boden. Allein mussten sie sich durch die Wildnis kämpfen und wären dabei fast umgekommen.

Über fünfzehn Jahre nach dem feierlichen Bundesschluss – Abram hatte in der Zwischenzeit mehr als einmal das Vertrauen in Gott verloren und einen gigantischen Fehler gemacht – überbrachte der Herr Abram endlich eine aufregende Botschaft. Abram, nun neunundneunzig Jahre alt, und Sarai, fast neunzig, würden innerhalb des nächsten Jahres einen Sohn bekommen. Gott gab den beiden neue Namen. Aus Abram, dem »erhabenen Vater«, wurde Abraham, »Vater der Menge«. Sarai wurde Sara, die »Prinzessin«.

Kurz darauf, noch bevor Saras Bauch die Schwangerschaft verriet, zog Abraham mit seinen Zelten in ein neues Gebiet, unweit der Stadt eines mächtigen Königs. Weil er befürchtete, jemandem könnte Saras Schönheit ins Auge fallen, entschloss er sich, zu lügen. Als man ihn nach Sara fragte, antwortete er: »Sie ist meine Schwester.« Doch auch dieser Plan ging nach hinten los. Der König entschloss sich, Abraham Ehre zu erweisen, indem er seine »Schwester« heiratete. Wieder einmal griff der Herr ein, indem er Abrahams feige Lüge aufdeckte und den König veranlasste, ihn direkt darauf anzusprechen. »Warum hast du uns das angetan? Was habe ich dir getan, dass du über mich und mein Volk so eine schwere Schuld bringst? So etwas darf man nicht tun!« (1. Mose 20,9).

Ein heidnischer König lehrt den Erwählten Gottes, was moralische Integrität bedeutet – diese Ironie konnte Abraham gewiss nicht entgehen. Wie konnte ein Mann, dem Gott so viel verheißen hatte, ihm so wenig vertrauen? Warum sollte jemand, der von Gott auf wunderbare Weise bewahrt worden war, einen einfachen König fürchten? Zweifellos nagte an Abraham die Furcht, dass Gott seine Zusagen zurückziehen könnte, weil er ihm nicht vertraut hatte. Dieser Vorfall, zusammen mit dem eigenmächtigen Versuch, einen Erben mit der Magd zu zeugen, wäre für Gott sicherlich Grund genug gewesen, seinen »Vertrag« zu kündigen. Doch Abraham entdeckte, dass er mit Gott eigentlich gar keinen Vertrag geschlossen hatte. Vielmehr hatte ihm Gott ein bedingungsloses Versprechen gemacht. Und einige Monate, nachdem der

Herr es ihnen angekündigt hatte, konnte sich das Paar über ihr erstes und einziges Kind freuen, einen Sohn, dem sie den Namen Isaak gaben.

Genau werden wir es niemals wissen, doch vielleicht wartete Gott mit der Erfüllung seines Versprechens deshalb so lange, damit Abraham genügend Zeit hatte, durch sein Verhalten zu beweisen, dass er einer solchen Ehre nicht würdig war. Wenn Gottes Geschenk der Gerechtigkeit an eine Bedingung geknüpft gewesen wäre, hätte er Grund genug gehabt, sein Versprechen rückgängig zu machen. Doch Gott wollte diesen Bund gar nicht aufkündigen. Im Gegenteil. Mit der Geburt Isaaks war er einen Schritt weitergegangen, damit ihm die Menschen wieder näherkommen konnten.

Obwohl Abraham versagt hatte, führte Gott seinen Plan weiter aus. Er baute eine Nation auf, und zwar mit einem Menschen nach dem anderen. Endlich hatte Abraham einen legitimen Erben. Zweifellos genossen er und Sara jeden einzelnen Augenblick mit ihrem Sohn. Er verkörperte buchstäblich Gottes Verheißung für Abraham und die gesamte Menschheit. Durch ihn wollte Gott seine Gnade vervielfachen. Durch diesen Jungen würden alle Länder dieser Welt gesegnet werden. Gott war in Bewegung. Zugegeben, für Abrahams Geschmack bewegte er sich recht langsam. Doch immerhin hatten Sara und er im Lauf dieses Prozesses einen Sohn bekommen.

Zumindest eine Zeit lang.

Wieder sprach Gott zu Abraham. »Nimm deinen einzigen Sohn Isaak, den du so lieb hast, und geh mit ihm ins Land Morija. Dort werde ich dir einen Berg zeigen, auf dem du Isaak als Brandopfer für mich opfern sollst« (1. Mose 22,2).

Kinderopfer waren in dieser Zeit nicht ungewöhnlich; seinen einzigen Sohn zu opfern hingegen schon. Vor allen Dingen, wenn es sich um einen Sohn handelte, den Gott versprochen und im fortgeschrittenen Alter geschenkt hatte. Das ergab keinen Sinn. Die Bibel aber sagt uns, dass Abraham augenblicklich gehorchte. Früh am nächsten Morgen stand er auf, um diesem ominösen Befehl Gottes Folge zu leisten. Der stille kühle Morgen muss in krassem Gegensatz zum Sturm in

Abrahams Herzen gestanden haben. Zweifel, Furcht, Sorge, Verwirrung und Zorn müssen in seinem Inneren wie ein arabischer Sandsturm durcheinandergewirbelt sein, als er seinen einzigen Sohn in die Wildnis führte, um ihn dort zu opfern. Der Weg führte den Erzvater, seinen Sohn und zwei Diener in die Berge im südlichen Kanaan. Drei Tage würde die Reise dauern. Drei Tage, in denen Abraham noch seine Meinung ändern konnte. Drei Tage, um mit Gott zu feilschen.

Der Sinn und Zweck von Kinderopfern unterschied sich von Kultur zu Kultur, doch im Allgemeinen handelte es sich um den Versuch, launische Götter sanftmütig zu stimmen. Wir können nur vermuten, welche Bedeutung Abraham dieser schrecklichen Tat beimaß, als sie den Berg hinaufstiegen. War dies die Strafe dafür, dass er Gott in der Vergangenheit nicht die Treue gehalten hatte? Musste Isaak für den Ungehorsam seines Vaters bezahlen? Handelte es sich um eine Prüfung? Würde Gott ihm seinen Sohn nehmen und ihm dafür einen anderen schenken? Hatte Gott vielleicht überhaupt seine Meinung geändert? Zum Zeitpunkt dieses Ereignisses hatte Abraham schon viele Jahre mit Gott gelebt. In mancher Hinsicht muss das die Angelegenheit für ihn noch rätselhafter gemacht haben. Andererseits hatte Gott ihm etwas versprochen. Abraham entschied sich deshalb dafür, ihm zu vertrauen.

Als sie sich ihrem Ziel näherten, befahl Abraham seinen Knechten: »Wartet hier mit dem Esel auf uns! Der Junge und ich werden noch ein Stück weitergehen. Dort oben werden wir Gott anbeten und dann zu euch zurückkommen« (1. Mose 22,5). Abraham entging Isaaks verwirrter Gesichtsausdruck nicht, als sich die beiden mit Feuerholz, einem Messer und einer brennenden Fackel aufmachten, doch ohne Opfertier. »Wir haben Holz und Feuer«, sagte der Junge, »aber wo ist das Lamm für das Opfer?« (Vers 7).

Man kann die verschiedenartigen Gefühle, die Abraham wohl in diesem Augenblick empfand, nicht nachvollziehen. In der Hoffnung, Gott würde seine Meinung ändern, entgegnete er: »Gott wird für ein Lamm sorgen, mein Sohn« (Vers 8). Abraham hatte nicht die geringste Ahnung, wie wahr diese Worte waren, und zwar nicht nur im unmittelbaren Kontext, sondern auch im Zusammenhang mit Gottes Plan zur Erlösung der Menschheit. Gott würde tatsächlich für ein Lamm sorgen.

Abraham sammelte Steine, errichtete einen Altar und schichtete das Holz auf. Dann fesselte er seinen Sohn und legte ihn darauf. Die Panik in Isaaks Augen war schlimmer, als er ertragen konnte. Er zog das Messer aus der Scheide, um dem Leben seines Sohnes ein Ende zu setzen, genau wie er es bei einem Opferlamm getan hätte. Doch bevor die Klinge die Haut seines Sohnes berührte, griff Gott ein. Von überall und nirgends rief eine Stimme: »Abraham, Abraham!«

»Ja«, antwortete er. »Ich höre.«

»Lass es sein«, sagte der Engel. »Tu dem Kind nichts. Denn jetzt weiß ich, dass du Ehrfurcht vor Gott hast. Du hättest sogar deinen einzigen Sohn auf meinen Befehl hin geopfert« (1. Mose 22,11-12).

Zweifellos zitterten Abrahams Hände, als er die Fesseln seines Sohnes durchschnitt. In dem Moment, wo Isaaks Füße den Boden berührten, weckte eine Bewegung im Unterholz ihre Aufmerksamkeit. Nur einige Meter entfernt hatte sich ein Schafbock mit den Hörnern im Gebüsch verfangen.

Gott hatte für ein Opfertier gesorgt.

Abraham starb mit hundertfünfundsiebzig Jahren. Mittlerweile hatte Isaak, der erste Sohn des Bundes, selbst zwei Söhne gezeugt. Abrahams Name jedoch war nicht über die Grenzen seiner Familie hinaus bekannt. Die Völker der Erde waren nicht durch ihn gesegnet worden. Das ihm verheißene Land hatte er noch nicht vollständig in Besitz genommen. Doch mit der Zeit würde all das geschehen, und zwar durch seine Nachkommen. Nicht weil Abraham etwas Außergewöhnliches getan hatte, sondern weil Gott es versprochen hatte. Diesem Versprechen glaubte Abraham.

Auf diese Weise begann das große Aufräumen. Gott nahm sich des Chaos an, das die Sünde hervorgebracht hatte. Nun fing er an, seinen großen Heilsplan zu entfalten. Und der rote Faden in dieser Geschichte war Gnade. Aus Gnade erwählte Gott Abraham. Aus Gnade sprach er ihn gerecht. Aus Gnade sorgte Gott für Abraham und seine Familie und beschützte sie, selbst als sie ihm nicht gehorchten. Gnade bewog

Gott, Abraham und Sara einen Sohn zu schenken. Und Gnade veranlasste Gott dazu, diese Geschichte zu einem guten Ende zu bringen.

Man kann gar nicht genug hervorheben, wie wichtig es war, dass Gott von sich aus eine Beziehung mit Abraham einging. Durch ihn setzte er die Grundregeln für die Beziehung zwischen sich und den Menschen fest: Gerechtigkeit vor Gott ergibt sich daraus, dass man den Verheißungen Gottes glaubt.

Hunderte von Jahren bevor Gott dem Volk Israel die Zehn Gebote gab, machte er Abraham das Geschenk der Gerechtigkeit. Die Botschaft hätte nicht deutlicher sein können: Das Problem der Sünde löst man nicht, indem man Regeln einhält. Wenn das der Fall wäre, hätte Gott das große Aufräumen mit einer Liste begonnen. Stattdessen ging er eine Beziehung ein. Er forderte einen Mann, der es nicht verdiente, auf, ihm zu vertrauen. Als sich dieser Mann darauf einließ, schenkte er ihm das, was er am nötigsten brauchte und am wenigsten verdiente: Freundschaft mit Gott (vgl. Jakobus 2,23; 2. Chronik 20,7). Das ist erstaunlich.

Noch erstaunlicher ist, dass sich dieses Freundschaftsangebot, das Gott Abraham machte, schließlich auf die ganze Welt ausweiten würde und an dieselbe Bedingung geknüpft war: *Vertrau mir.* Doch in einer von Sünde regierten Welt konnte die Schlichtheit dieses Angebots schnell untergehen. Das ist verständlich. Männer und Frauen in jeder Kultur wissen, dass sie Gottes Maßstäben nicht genügen. Unser Gewissen macht uns das unmissverständlich klar. Wenn schlechtes Verhalten uns von Gott trennt, dann müsste gutes Verhalten alles wieder in Ordnung bringen. So sagt es uns der gesunde Menschenverstand. Wir alle haben von Natur aus die Neigung, *irgendetwas zu tun*, damit Gott uns wieder annimmt und unser Tun gutheißt. Durch die Geschichte der Menschheit hindurch haben sich Menschen jedes nur denkbare System einfallen lassen, um ihrem Gott oder ihren Göttern zu gefallen. Doch als der eine wahre Gott eine Beziehung zu den Menschen aufbaute, begann er nicht mit einem Befehl, sondern einer Einladung: Willst du mir vertrauen?

Gerechtigkeit vor Gott ergibt sich daraus, dass man den Verheißungen Gottes glaubt.

Hunderte von Jahren später führte ein Nachkomme Abrahams eine erbitterte Diskussion mit anderen Nachkommen Abrahams über die

Frage, wie man vor Gott gerecht dastehen kann. Seine Diskussionsgegner beriefen sich dabei auf das Gesetz des Mose, der Apostel Paulus griff jedoch noch weiter in ihre reiche Geschichte zurück und berief sich auf Abraham:

> Denn Gottes Zusage, Abraham und seinen Nachkommen die ganze Erde zu geben, beruhte nicht auf dem Gehorsam gegenüber dem Gesetz, sondern darauf, dass Abraham durch den *Glauben* vor Gott gerecht wurde … Deshalb ist der *Glaube* entscheidend, damit die Zusage Gottes ein Geschenk aus *Gnade* bleibt. Sie gilt allen: denen, die nach dem Gesetz leben, und denen, die durch den Glauben leben, wie Abraham es tat (Römer 4,13.16; Hervorhebung des Autors).

Es gibt nur eine Möglichkeit, ein riesiges Chaos zu beseitigen: Man muss sich einen Ort aussuchen und beginnen. Gott fing mit einem ganz gewöhnlichen Mann an. Er bot ihm das an, was jeder Mensch am meisten braucht: Frieden mit Gott. Auf diese Weise machte Gott der gesamten Menschheit Hoffnung. Wer sich Abrahams Glauben zu eigen machte, konnte sich mit Gott versöhnen lassen. Die von der Sünde verursachte Trennung von Gott ließ sich aufheben, doch nicht durch einen von Menschen ersonnenen Plan, sondern allein durch Gottes Gnade. Mit Abraham begann die Geschichte der Versöhnung. Es ist eine Geschichte von Vergebung und Erlösung – eine Geschichte, die sich noch über Hunderte Jahre hinziehen sollte. Eine Geschichte, die schließlich zu Ihrer und meiner Geschichte werden sollte.

Kapitel 3:

Überrascht von der Gnade

Gnade ist nicht den guten Menschen vorbehalten;
Gnade unterstreicht, wie gut Gott ist.

Zweifellos sind Sie mit dem Zusammenhang von Saat und Ernte vertraut. Irgendjemanden haben Sie sicherlich schon einmal sagen hören: »Was man gesät hat, erntet man auch.« Man kann das auch anders ausdrücken, zum Beispiel so:

Wie man in den Wald hineinruft, so schallt es heraus.

Was man tut, hat Konsequenzen.

Wie alle Prinzipien kann das Prinzip von Saat und Ernte für oder gegen Sie arbeiten. Wer ein Verbrechen begeht, landet im Gefängnis. Wer sich beim Lernen anstrengt, bekommt gute Noten.

Dieser Zusammenhang von Ursache und Wirkung ist grundlegend für die menschliche Erfahrung. Auch das Alte und Neue Testament lehren es uns so und geben Beispiele dafür. Wir können nur annehmen, dass Gott dieses Prinzip zur selben Zeit in Kraft setzte, als er dem Gravitationsgesetz und anderen Gesetzen der Physik Gültigkeit verschaffte. Prinzipien dienen dazu, bestimmte Bereiche unseres Lebens relativ vorhersagbar zu machen. Das ist eine gute Sache. Es wäre für mich schrecklich, in Rente zu gehen und dann zu entdecken, dass ich zwar immer gespart habe, sich aber kein Kapital angesammelt hat. Oder schlimmer noch, dass es eine Möglichkeit gäbe, meine Kohlenhydratzufuhr zu verdoppeln, jedoch keinen Sport zu treiben und trotzdem mein Gewicht zu halten. Es sieht jedoch so aus, dass das Prinzip von Saat und Ernte bei mir das Verhältnis zwischen Nahrungszufuhr und Gewicht bestimmt.

Wie wir in Kapitel 1 entdeckten, richtete die Sünde in der gesamten Schöpfung ein riesiges Chaos an. Das Prinzip von Saat und Ernte gilt in unserer Welt bis heute, es gibt jedoch Ausnahmen. Ich wette, das haben Sie bereits gemerkt. Wie ich haben auch Sie wahrscheinlich schon erlebt, dass hart arbeitende, verantwortungsvolle Menschen in finanzieller Hinsicht alles richtig gemacht haben und trotzdem Geld verlieren, und zwar aufgrund von Umständen, die sich ihrer Kontrolle entziehen. Sie kennen Personen, die immer gesund gelebt haben und deren Körper schließlich doch von Krankheit zerstört wird. Und ich bin sicher, Sie haben ebenfalls beobachtet, dass es manchen unehrlichen Leuten gut geht.

Die gute Nachricht lautet, dass es zum Prinzip von Saat und Ernte noch eine andere Art von Ausnahme gibt. Sie geht nicht darauf zurück, dass unsere Welt unter der Sünde zerbrochen ist, sondern auf Gottes Liebe und Barmherzigkeit. Die Ausnahme, die ich hier meine, ist die *Gnade*. Wie Sünde manchmal dazu führt, dass guten Menschen Schlechtes widerfährt, schafft Gnade die Möglichkeit dafür, dass Menschen, die es nicht verdient haben, Gutes geschieht. Die Existenz der *Sünde* in unserer Welt führt dazu, dass wir manchmal nicht das bekommen, was wir verdienen. Die Existenz der *Gnade* bedeutet, dass wir manchmal nicht die Konsequenzen unseres Tuns tragen müssen, obwohl wir es verdient hätten. Gott erweist uns also immer wieder Gnade, damit wir genau das bekommen, was wir gerade nicht verdienen. Getrieben von der Liebe verkehrt er die Grausamkeiten dieser Welt in göttliche Chancen für »gute« Menschen, und selbst die unheilvollen Absichten »böser« Menschen gebraucht er zu ihrer Errettung.

Gott erweist uns also immer wieder Gnade, damit wir genau das bekommen, was wir gerade nicht verdienen.

Vielleicht illustriert keine biblische Geschichte diesen besonderen Ausdruck der Gnade Gottes besser als die Erzählung von zwei Brüdern. Josef, ein ungewöhnlich guter Mensch, erleidet unaussprechliches Unrecht, während Juda, ein gerissener, gefühlloser Heuchler, unverdienten Wohlstand genießt und sich großer Beliebtheit erfreut. Zufällig hatte Gott mit beiden einen Plan.

Jakob, Abrahams Enkel, hatte zwölf Söhne von vier verschiedenen Frauen. Unglücklicherweise gab er sich keine Mühe zu verbergen, dass Rahel seine Lieblingsfrau war und er ihre beiden Söhne Josef und Benjamin mehr liebte als die anderen zehn zusammen. Josef verwöhnte er nach Strich und Faden, ersparte ihm die anstrengendsten Arbeiten und überschüttete ihn mit besonderen Geschenken, darunter auch ein auffallend buntes Gewand. Dieser Mantel erinnerte die anderen Jungen täglich daran, dass sie sich die Liebe ihres Vaters niemals erarbeiten konnten, während sie Josef genoss, ohne irgendetwas dafür getan zu haben.

Aus Josef sollte später ein durch und durch guter Mensch werden, doch vollkommen war er nicht. Er machte sich nicht beliebt dadurch, wie er seine Brüder behandelte. Seine Familie hielt Schafe und Ziegen, um sich ihren Lebensunterhalt zu verdienen. Damals führten die Hirten ihre Herden zu den saftigsten Weiden, die sie finden konnten, selbst wenn sie das einige Tagesreisen von ihrem Zuhause entfernte. Josef übernahm mit siebzehn Jahren die Aufgabe, für seinen Vater den Spion zu spielen und seine älteren Brüder anzuschwärzen, wenn sie nicht gut für die Herden sorgten.

Eines Abends, als Josef und seine Brüder um das Lagerfeuer herum saßen – vielleicht blökten die Schafe im Hintergrund –, schürte er die Kohlen mit einem Stock und bemerkte beiläufig: »Gestern Nacht hatte ich einen interessanten Traum.«

»Ach ja? Von was denn?«, hakte einer nach.

»Von euch allen. Wir arbeiteten auf den Getreidefeldern und banden Korngarben, als sich plötzlich meine Garbe vom Boden erhob und aufrecht dastand. Da standen auch eure Garben auf, umringten meine und verbeugten sich vor ihr. Was haltet ihr davon? Schon eigenartig, oder?«

Den Brüdern entging die Bedeutung von Josefs Traum keineswegs. »Glaubst du, du wirst über uns herrschen?«

Mit der Zeit verwandelte sich ihr Groll in blanken Hass. Sie konnten kaum mit ihm sprechen, ohne über ihn zu fluchen. Josef war sich seiner Wirkung auf andere überhaupt nicht bewusst und erzählte weiter von seinen Träumen.

»Wisst ihr, ich habe noch einen interessanten Traum gehabt«, verkündete er. »Dieses Mal verbeugten sich Sonne, Mond und elf Sterne vor mir. Was meint ihr dazu?«

Sein Vater fragte ihn aufgebracht: »Was sagst du da? Dass sich deine Mutter und ich eines Tages vor dir verbeugen werden, zusammen mit deinen Brüdern?«

Josef entgegnete nichts. Zähneknirschend unterdrückten seine Brüder das Verlangen, ihn in Stücke zu reißen. Sein Vater jedoch behielt diesen Traum im Gedächtnis und dachte von Zeit zu Zeit darüber nach. Jakob wusste einiges über Träume. Er hatte eine Reihe von Visionen gehabt, die zunächst keinen rechten Sinn ergeben hatten, schließlich jedoch wahr wurden.

Hass ist kaum jemals etwas Passives oder ein bloßes Gefühl. Hass bedeutet im Grunde, dass man auf einen Mord wartet. Nur die Angst, ertappt zu werden, hält einen hasserfüllten Menschen davon ab, dem Leben des von ihm Verachteten ein plötzliches Ende zu setzen. Als Jakob einige Monate später seinen Lieblingssohn zu dessen Brüdern schickte, damit er dort nach dem Rechten sah, musste Josef entdecken, dass sie bereit waren, ihn umzubringen.

Die zehn Brüder hatten ihre Herde zu einem fruchtbaren Tal im heutigen Galiläa getrieben, etwa einhundert Kilometer von ihrem Heimatort entfernt. Der jüngste Sohn Benjamin – von Jakob ebenfalls bevorzugt behandelt – war noch so klein, dass er zu Hause bleiben musste, und Josef machte sich allein auf den Weg durch die Wildnis, um die Herde zu finden. Als er am Horizont auftauchte, spotteten die Männer: »Da kommt der Herr der Träume!«, und sie kamen überein, dass dieser Tag sein letzter sein sollte. Sie schmiedeten den Plan, ihn umzubringen und den Leichnam in eine Grube zu werfen. Die Aasfresser würden dann jede Spur vernichten. So könnten sie ihrem Vater die Wahrheit sagen: Josef war von einem wilden Tier gefressen worden. Schließlich war eine Halbwahrheit ja keine richtige Lüge, oder?

Doch Ruben, der älteste Bruder, redete den anderen aus, Josef umzubringen. »Werft ihn doch lebendig in die Grube. Wenn er dort von allein stirbt, klebt sein Blut nicht an unseren Händen.« Insgeheim plante er, Josef später zu retten. Die anderen ließ er in dem Glauben, auch er wolle seinen Tod. Widerstrebend stimmten sie ihm zu. Als Josef ankam, stürzten sich die zehn Brüder auf Jakobs Lieblingssohn, rissen ihm das bunte Gewand vom Leib und warfen ihn in eine ausgetrocknete Zisterne, ein tiefes Loch, das man in den Fels gehauen hatte, um dort Regenwasser zu sammeln.

Während Josef in der Zisterne um Hilfe schrie, nahmen die Brüder eine gemeinsame Mahlzeit ein und redeten darüber, was als Nächstes zu tun sei. Da zog eine Handelskarawane durch das Tal. Die Kamele waren mit Waren beladen, die in Ägypten verkauft werden sollten. Nun übernahm Juda die Führungsrolle. Im Gegensatz zu seinem ältesten Bruder Ruben, der Josef retten und wieder nach Hause bringen wollte, fand er eine Möglichkeit, ihre Sünde noch zu verschlimmern und nebenbei ein wenig Geld zu verdienen. Die Karawane brachte ihn auf eine Idee.

»Leute, ich habe nachgedacht. Wir sollten Josef nicht umbringen. Immerhin ist er unser Bruder. Außerdem: Wenn wir ihn töten, haben wir damit nur Scherereien, aber nichts gewonnen. Doch wenn wir ihn verkaufen, verschwindet er aus unserem Leben und zusätzlich können wir uns noch etwas Taschengeld verdienen. Das ist doch die perfekte Lösung!«

Juda versuchte seine Gier hinter einer barmherzigen Fassade zu verstecken. In den folgenden Jahren sollte er diese Fähigkeit perfektionieren und ein Meister der Verschleierungstaktik werden.

Die Männer zogen Josef aus der Zisterne, übergaben ihn den Sklavenhändlern, teilten den Erlös unter sich auf und beobachteten, wie die Karawane hinter dem südlichen Horizont verschwand. Sie erwarteten nicht, ihren Bruder jemals wiederzusehen. Wir sehen: Das Prinzip von Saat und Ernte wird hier auf den Kopf gestellt. Der Gute wird in die Grube geworfen und in die Sklaverei verkauft, die bösen Brüder profitieren davon. Wenn Sie die Geschichte kennen, wissen Sie, dass es sogar noch schlimmer kommt.

Für die Brüder gab es nur eine noch nicht beantwortete Frage: Was sollten sie ihrem Vater erzählen? Ein paar Spritzer Ziegenblut auf dem bunten Gewand des kleinen Bruders, ein paar überzeugende Risse im Stoff: Das reichte als Alibi. »Josef muss irgendwo zwischen daheim und unserem Lagerplatz wilden Tieren zum Opfer gefallen sein. Wir haben nicht einmal seine Leiche gefunden, nur sein Gewand.« Mit dieser gut eingeübten Geschichte brachen sie ihrem Vater das Herz.

Vielleicht dämmerte ihnen in diesem Augenblick, dass sie ihren Verrat niemals wirklich würden hinter sich lassen können, denn die Trauer ihres Vaters würde sie immer daran erinnern. In den folgenden Jahren waren Juda und seine Brüder gezwungen, ihr Geheimnis mit sich herumzutragen. Die Erinnerung würde bleiben, auch wenn das

Geld schon lange ausgegeben war. Und wer weiß: Vielleicht bereute Juda seine Rolle als Drahtzieher dieser Verschwörung. Doch falls das der Fall war, finden wir keine Hinweise darauf. Jakobs glühender Zorn wich mit der Zeit einer chronischen Melancholie, Juda dagegen gab sich den Anschein eines Unschuldslammes. Vielleicht heuchelte er sogar Betroffenheit, wenn man Trost bei ihm suchte. Mit der Zeit wurde Juda ein wahrer Meister darin, sein wahres Ich hinter der Fassade eines Ehrenmannes zu verstecken. Und so ging es den schlechten Menschen gut, während der Unschuldige litt.

Die biblische Erzählung folgt Josef nach Ägypten. Hier wurde er zu einer entscheidenden Figur in der israelischen Geschichte. Man beschuldigte ihn zu Unrecht der versuchten Vergewaltigung und warf ihn ins Gefängnis. Trotzdem bewahrte er seine Integrität, und schließlich ließ ihn Gott zu einer wichtigen Persönlichkeit in Ägypten werden. Was Juda dagegen zustieß, war haarsträubend.

Nun, da Josef aus seinem Leben verschwunden war, ließ sich Juda einige Kilometer von seiner Heimatstadt nieder, heiratete eine ortsansässige Frau und gründete eine Familie. Er zeugte drei Jungen: Er, Onan und Schela. Als Er herangewachsen war, suchte Juda eine Frau namens Tamar für ihn aus. Leider stellte sich heraus, dass Er ein durch und durch verkommener Mensch war, sodass der Herr seinem Leben ein frühzeitiges Ende setzte (vgl. 1. Mose 38,7). Seine Frau war nun nicht nur verwitwet, sondern auch kinderlos, was in jener Zeit ein schreckliches Schicksal war.

Damals schützte die sogenannte *Leviratsehe* kinderlose Witwen vor Armut und Obdachlosigkeit. Diesem Brauch zufolge konnte ein Verwandter des Verstorbenen Anspruch auf seinen Grundbesitz erheben, die Witwe heiraten, für sie sorgen und Kinder mit ihr zeugen. In der Regel handelte es sich um einen Bruder, doch nach dem kanaanitischen Gesetz konnte jeder nähere Verwandte diese Pflicht erfüllen. Wie es der Brauch wollte, heiratete Tamar Ers Bruder Onan, doch auch er tat, was in den Augen des Herrn nicht wohlgefällig war, und starb (vgl. 1. Mose 38,10). Damit war Judas dritter Sohn Schela an der Reihe.

An diesem Punkt meinte Juda ein bestimmtes Muster zu erkennen. Zwei Söhne hatten Tamar geheiratet und waren unmittelbar darauf gestorben. Der Bibel zufolge war ihr Tod eine Folge ihres sündhaften Tuns und hatte nichts mit Tamar zu tun. Trotzdem hatte Juda keine Lust, einen dritten Sohn Ers und Onans Schicksal teilen zu lassen. Zwar hätte er sich einfach weigern können, der familiären Verpflichtung nachzukommen, doch er musste auf seinen Ruf achten. Seine Bekannten hätten es ihm niemals verziehen, wenn er mit diesem Brauch gebrochen hätte, und in seinem Dorf hätte man ihn für einen verantwortungslosen Schuft gehalten, dem man nicht vertrauen konnte. Denn ein Mann, der nicht für seine Familie sorgte, würde auch keine Verträge einhalten, und ganz gewiss konnte man ihm kein öffentliches Amt anvertrauen.

Juda ließ sich die Situation noch einmal durch den Kopf gehen und entdeckte ein Schlupfloch. Schela, sein dritter Sohn, war noch zu jung zum Heiraten. Also schlug Juda Tamar einen Kompromiss vor. Sinngemäß sagte er: »Bis Schela alt genug zum Heiraten ist, benimm dich wie eine trauernde Witwe: Du lebst bei deinem Vater, trägst Witwenkleidung und weist alle Heiratsanträge ab. Mach dir keine Sorgen, wenn die Zeit gekommen ist, sorge ich für dich.« Oberflächlich betrachtet klang das vernünftig und trug dazu bei, dass Juda in der Öffentlichkeit die Fassade eines Ehrenmannes aufrechterhalten konnte; doch in Wirklichkeit hatte er nicht die leiseste Absicht, sein Versprechen zu halten. Er hoffte, dass sich mit den Jahren niemand mehr an diese Übereinkunft erinnern würde.

Schließlich kam Schela ins heiratsfähige Alter. Tamar hatte sich an ihren Teil der Vereinbarung gehalten, doch Juda machte keine Anstalten, sein Versprechen einzulösen. Als seine eigene Frau starb, hätte er seiner Pflicht sogar nachkommen können, indem er Tamar selbst heiratete, doch er tat nichts dergleichen. Zu diesem Zeitpunkt fand sich Tamar in einer sehr verwundbaren Position wieder: Sie war älter geworden und ihr blieben nur noch wenige Jahre, um Kinder zu bekommen. Ihre Chancen auf eine Heirat standen schlecht. Wenn nun auch noch ihr Vater starb, würde sie niemand mehr unterstützen. Also entschloss sie sich, die Sache selbst in die Hand zu nehmen.

In jedem Frühjahr verließen die wohlhabenden Männer Haus und Hof, um bei der Schafschur persönlich nach dem Rechten zu sehen.

Dieser Anlass wurde feierlich begangen. Wein, Wolle und Frauen sorgten für eine angenehme Stimmung. Wenn man Schulden eintrieb oder jemanden um einen Gefallen bitten wollte, konnte es keine bessere Zeit geben. Doch Tamar wollte Juda nicht um irgendetwas bitten. Sie wusste genau, dass sie nicht auf seinen Sinn für Moral zählen konnte. Stattdessen schmiedete sie den Plan, Juda ihrerseits zu täuschen.

Sie zog ihre Witwentracht aus und kleidete sich wie eine Tempelprostituierte. Kultische Prostitution und heidnische Fruchtbarkeitsrituale spielten bei den kanaanitischen Festen zur Schafschur eine gewisse Rolle, und Tamar kannte Judas Gewohnheiten. Sie setzte sich ins Stadttor nahe dem Ort der Schafschur, weil sie wusste, dass Juda dort sein würde. In jener Zeit trafen sich die einflussreichen Männer eines Ortes am Stadttor, um Geschäfte abzuschließen und Entscheidungen in rechtlichen Fragen zu treffen.

Tamar trug einen Schleier, sodass Juda sie nicht erkennen konnte, und natürlich hätte er auch nicht erwartet, dass sich seine Schwiegertochter wie eine Tempelprostituierte kleiden würde. Dass er sie auch im Lauf ihrer Unterhaltung nicht erkannte, zeigt, wie wenig sie in den vergangenen Jahren miteinander zu tun gehabt hatten. Juda hatte offensichtlich keinen Kontakt mit ihr aufgenommen, um sich nach ihrem Wohlergehen zu erkundigen oder ihr Mut zu machen. Nun aber nahm er ihre Dienste in Anspruch und sie einigten sich auch auf den Preis: eine Ziege. (Offenbar war das vor dreitausend Jahren der übliche Preis für diese Art von Dienstleistung.)

Natürlich hatte Juda keine Ziege dabei, sondern würde sie ihr später zukommen lassen müssen. Tamar kannte ihn jedoch gut genug, um sich nicht auf sein Versprechen zu verlassen. Bevor sie sich bereit erklärte, mit ihm zu schlafen, forderte sie ein Pfand von ihm, das bis zur Bezahlung in ihrem Besitz bleiben sollte. Sie bat ihn um zwei Dinge: sein Siegel, einen Bronzestempel, den man um den Hals trug, um Geschäftsabschlüsse zu besiegeln, und seinen verzierten Stab, ein absolutes Unikat. In unsere Welt übertragen hieße das, den Führerschein oder Personalausweis als Pfand einzufordern.

Juda war einverstanden.

Einige Tage später löste Juda sein Versprechen ein und schickte einen Diener mit der Ziege los. Doch die mysteriöse Prostituierte war verschwunden. Tamar hatte wieder ihre Witwentracht angelegt und war nach Hause zurückgekehrt, sodass Judas Abgesandter sie unmöglich finden konnte. Er fragte die Männer der Stadt, wo man die Tempelprostituierte, die am Tor gesessen hatte, antreffen könne, doch sie antworteten: »Hier hat sich keine Prostituierte aufgehalten.«

Als man Juda diese Botschaft übermittelte, war ihm die Situation bereits peinlich genug. Weil er nicht wollte, dass man Witze auf seine Kosten riss, entschloss er sich, die Situation auf sich beruhen zu lassen. Nach dem Fest würde er einfach nach Hause zurückkehren, sich ein neues Siegel anfertigen lassen, einen neuen Stock schnitzen und die ganze Sache vergessen.

Drei Monate gingen ins Land. In Judas Leben war der Alltag wieder eingekehrt, während Tamar nichts von sich hören ließ. Doch als der Frühling langsam zum Sommer wurde, begann sich Tamars Bauch zu wölben. Bald schon begann das Gerede. Der Klatsch kam schließlich auch Juda zu Ohren: Seine Schwiegertochter hatte sich als Hure versucht und war schwanger!

Juda reagierte genau wie jemand, der eine geheime Sünde zu verbergen versucht und vorgibt, jemand zu sein, der er nicht ist. Sein »gerechter Zorn« entbrannte gegen die Sünde von jemand anderem, während er seine eigenen Verfehlungen bequemerweise vergaß. Er war der Inbegriff des selbstgerechten Richters, der den Skandal um Tamar als Chance sah, seine eigene Heuchelei zu verbergen. Er verkündete: »Meine Schwiegertochter hat Schande über meine Familie gebracht. Ihr soll der Prozess gemacht werden, und dann möge man sie wegen ihrer Sünde auf dem Scheiterhaufen verbrennen.«

Juda muss sich für einen außergewöhnlich aufrichtigen Mann gehalten haben. Seine Nachbarn empfanden bestimmt Mitleid für diese Stütze der Gesellschaft, die die Schande erdulden muss, die Tamar über sein Haus gebracht hatte. Wie überaus anständig von ihm, dass er seinen guten Namen gegen die schändliche Sünde seiner Schwiegertochter verteidigte!

Über die Falschheit dieser Reaktion könnte man lachen, wenn es nicht so tragisch wäre. Ist das nicht der gleiche Juda, der Mordpläne gegen seinen Bruder schmiedete? Der Juda, der seinen Bruder in die Sklaverei verkaufte, weil ein bloßer Mord keinen Gewinn versprochen hätte? Ist das nicht der Juda, der das Herz seines Vaters gebrochen hatte und ihn jahrelang den Tod seines Sohnes beweinen ließ? Der Juda, der versprochen hatte, sich um seine Schwiegertochter zu kümmern, jedoch niemals die Absicht gehegt hatte, sein Wort zu halten, und sie dadurch fast in die Prostitution getrieben hätte, damit sie nicht verarmte?

Wenn wir die ganze Geschichte kennen, sehen wir die Ironie. Wir wissen etwas über Juda, von dem die Menschen in seiner Stadt keine Ahnung hatten. Tamar besaß stichhaltige Beweise für seine geheime Sünde. Trotzdem sagte sie vorerst kein Wort.

An dem festgesetzten Hinrichtungstag trafen die Männer bei ihr zu Hause ein. Normalerweise würde ihr einer die Hände fesseln und das Haar scheren, und dann würde die aufgebrachte Menge sie zur Hinrichtungsstätte zerren. Doch bevor das passieren konnte, schickte sie einen Boten zu Juda. Die Botschaft war einfach: »Ich bin von dem Mann schwanger, dem diese Dinge gehören. Bitte finde heraus, wem dieser Siegelring und dieser Stab gehören.«

Tamars Plan ging auf. Weil sie bis zum letzten Augenblick gewartet hatte, konnte Juda sich nicht mehr verstecken. Inzwischen hatte sich eine Menschenmenge versammelt, um Tamar auf dem Scheiterhaufen sterben zu sehen. Juda würde nun gezwungen sein, die Hinrichtung auszusetzen und seine Anklage zurückzuziehen. Darüber hinaus würde er seine Entscheidung erklären müssen. Eine falsche Beschuldigung dieser Art konnte man nicht auf die leichte Schulter nehmen.

Bald hatten sie die Antwort gefunden. Juda hatte versprochen, für seine verwitwete Schwiegertochter zu sorgen, jedoch niemals die Absicht gehabt, dieses Versprechen auch einzulösen. Heimlich hatte er sich mit einer Prostituierten getroffen, doch in der Öffentlichkeit verurteilte er seine Schwiegertochter, weil sie sich wie eine benommen hatte. Tamar musste Juda durch eine List dazu bringen, sein Versprechen zu halten, um nicht zu verarmen.

So seltsam diese Episode auch anmuten mag, für Juda bedeutete sie einen Wendepunkt in seinem Leben. Er konnte sich nicht mehr hinter seiner Fassade als Stütze der Gesellschaft verstecken. Man hatte ihn als

Heuchler, Götzendiener, Schwindler und Lügner entlarvt. Und das gab er auch vor der Menge zu, die sich versammelt hatte, um Tamar als Hure zu verbrennen. In seinem öffentlichen Bekenntnis kam er sofort auf den Punkt: »Sie ist mir gegenüber im Recht, denn ich habe sie nicht meinem Sohn Schela zur Frau gegeben« (1. Mose 38,26). Auch wenn seine Schwiegertochter sich einiges einfallen ließ, um für die Zukunft vorzusorgen, tut das der Tatsache keinen Abbruch, dass sie redlicher war als Juda.

Wenn Judas Geschichte hier zu Ende wäre, würden wir vielleicht den Schluss ziehen, dass er in gewissem Maß das bekam, was er verdient hatte. Aber eine kurze öffentliche Demütigung dafür, dass er seine Schwiegertochter fast auf dem Scheiterhaufen verbrannt hatte? Man könnte schwerlich argumentieren, dass Juda das erntete, was er gesät hatte. Außerdem war da noch die Geschichte mit Josef. An diesem Punkt seines Lebens wusste er noch nicht, welche Konsequenzen seine furchtbaren Entscheidungen haben würden. Doch wie sich zeigt, ist Judas Geschichte hier noch nicht zu Ende.

Zwanzig Jahre waren vergangen, seit Juda und seine Brüder Josef in die Sklaverei verkauft hatten. Sie konnten nicht ahnen, dass Josef nach einer Reihe von unglückseligen Zwischenfällen zum ägyptischen Premierminister aufgestiegen war. In seiner Funktion ordnete er an, Getreidevorräte für sieben Jahre einzulagern, um die vorausgesagte siebenjährige Hungersnot zu überleben. Infolgedessen überschwemmten hungernde Menschenmassen aus dem gesamten Mittelmeerraum die Straßen und Häfen Ägyptens in der Hoffnung, Nahrung kaufen zu können.

Die Hungersnot traf Jakobs Familie besonders hart, sodass er Josefs Brüder nach Ägypten schickte, um Lebensmittel zu kaufen. Er weigerte sich jedoch, Benjamin mit ihnen gehen zu lassen. Sein jüngster Sohn war das einzige überlebende Kind seiner Lieblingsfrau Rahel. Nachdem er bereits Josef verloren hatte, konnte er den Gedanken nicht ertragen, noch ein Lieblingskind zu verlieren.

Nach der Reise durch das trockene, staubige Land stießen Josefs Brüder zu den vielen Menschen, die sich Rettung vor der Hungersnot erhofften. Wie alle anderen mussten auch sie vor dem Regierungsbeamten erscheinen, der den Getreideverkauf an Ausländer regelte, also dem Premierminister. Sie erkannten ihren Bruder jedoch nicht. Nach so langer Zeit nahmen sie vermutlich an, er sei als Arbeiter in den ägyptischen Minen gestorben. Josef war geschminkt und gekleidet wie alle anderen hohen ägyptischen Beamten, und Ägyptisch sprach er so fließend wie ein Einheimischer. Daher folgten die zehn Brüder dem höfischen Protokoll und verbeugten sich. Die Bedeutung dieses Moments konnte Josef nicht verborgen bleiben. Zweifellos stand für ihn die Zeit für einen Augenblick still, als ein lang vergessener Traum aus seiner Jugendzeit plötzlich seine Gedanken beherrschte.

Josef verbarg seine Identität. Er spielte den misstrauischen ägyptischen Bürokraten, weil er seine Brüder auf die Probe stellen wollte, um herauszufinden, ob sie sich geändert hatten. Auch wollte er wissen, ob Benjamin ihrem Hass zum Opfer gefallen war. Daher hielt er Simeon als Geisel fest und schickte die anderen mit Getreide nach Hause, verlangte aber, dass sie mit ihrem jüngsten Bruder zurückkehrten.

Selbstredend konnte sich ihr Vater Jakob mit diesem Gedanken nicht anfreunden. Er weigerte sich, Benjamin gehen zu lassen; Simeon müsse allein zusehen, wie er sich aus seiner Lage befreite. Doch mit der Zeit gingen ihre Getreidevorräte zu Ende, und eine weitere Reise nach Ägypten stand an. Juda gelobte seinem Vater: »Gib mir den Jungen mit, damit wir aufbrechen können und am Leben bleiben. Andernfalls werden wir alle verhungern – und nicht nur wir, sondern auch du und unsere Kinder. Ich werde persönlich für ihn bürgen, von mir sollst du ihn zurückfordern. Wenn ich ihn dir nicht gesund zurückbringe, will ich mein Leben lang die Schuld dafür tragen« (1. Mose 43,8). Schließlich willigte Jakob ein. Er begriff, dass Benjamin ohne Nahrung in der Hungersnot umkommen würde; doch wenn er ihn nach Ägypten schickte, konnten vielleicht alle am Leben bleiben.

Als Juda und seine Brüder wieder vor Josef traten, verbeugten sich alle elf vor diesem Mann, dessen Wort Gesetz war. Zu ihrer Überraschung ließ Josef ihnen zu Ehren ein Festessen ausrichten. Während sie es sich schmecken ließen, beobachtete Josef seine Brüder genau und achtete darauf, ob sie Benjamin gegenüber Hass oder Eifersucht an den

Tag legten. Doch stattdessen hörte er Sorge aus ihren Worten heraus. Sie bedauerten, was sie Josef angetan und welchen Schmerz sie seinem Vater zugefügt hatten.

Josef stellte sie auf eine letzte Probe, um sicherzugehen, dass ihre Reue echt war. Er belud jeden Esel mit so viel Getreide, wie er nur tragen konnte, legte das Geld, das die Brüder bezahlt hatten, wieder in die Säcke und versteckte dann einen wertvollen Silberkelch in Benjamins Vorräten. Als die kleine Karawane das Stadttor passiert hatte, wies Josef seine Beamten an, sie des Diebstahls zu beschuldigen und sie nach Diebesgut zu durchsuchen. Als man den silbernen Kelch in Benjamins Getreidesack entdeckte, wurde er sofort verhaftet und man drohte, ihn zum Sklaven zu machen.

Josef hatte diese Geschichte einzig und allein aus dem Grund eingefädelt, um zu sehen, wie seine Brüder reagieren würden. Würden sie Benjamin opfern, um sich selbst zu retten? Würden sie die Chance ergreifen, einen weiteren Lieblingssohn ihres Vaters loszuwerden? Oder würden sie versuchen, ihn zu retten?

Juda hatte seinem Vater gegenüber persönlich die Sicherheit seines Sohnes garantiert, doch wie allgemein bekannt war, besaß er kein Rückgrat. Trotzdem bat er Josef um ein Gespräch unter vier Augen, um sich für Benjamins Freilassung einzusetzen.

> Mein Herr, ich habe mich bei meinem Vater für den Jungen verbürgt. Ich habe zu ihm gesagt: »Wenn ich ihn dir nicht zurückbringe, will ich mein Leben lang die Schuld auf mich nehmen.« Bitte, mein Herr, lassen Sie mich anstelle des Jungen als Sklaven für meinen Herrn hierbleiben und lassen Sie den Jungen mit seinen Brüdern zusammen heimkehren. Denn wie kann ich zu meinem Vater zurückkehren, wenn der Junge nicht bei mir ist? Ich kann nicht mit ansehen, welchen Schmerz ihm das zufügen würde (1. Mose 44,32-34).

Als Josef das hörte, konnte er seine Gefühle nicht länger verbergen. Er befahl seinen Untergebenen, den Raum zu verlassen, sodass nur er und seine Brüder zurückblieben. Bis zu diesem Zeitpunkt hatte Josef sich im Gespräch mit seinen Brüdern eines Dolmetschers bedient. Nun, da sie allein waren, fragten sich die Männer sicherlich, wie sie sich mit diesem Ägypter verständigen sollten. Man kann sich also vorstellen, wie schockiert sie waren, als er ihnen geradewegs in die Augen blickte und ihnen in ihrer eigenen Sprache mitteilte: »Ich bin Josef« (1. Mose 45,3).

Als die Brüder ihn erkannt hatten, neigten sie noch einmal den Kopf vor ihm, dieses Mal jedoch eher aus Angst als aus Respekt. Juda war es, der am meisten zu befürchten hatte: Juda, der sich zweifellos ausmalte, was er tun würde, wenn er an Josefs Stelle wäre. Juda, der zwanzig Jahre lang vor den Konsequenzen seines Handelns davongelaufen war. Aber alles kommt einmal ans Licht. Jetzt würde er bekommen, was er verdiente.

Doch man hörte nicht, wie die Wachen in den Raum stürmten. Kein Waffengerassel. Kein Haftbefehl. Alles war seltsam ruhig. Diesen Tag würde Juda niemals vergessen. Dies war ein Tag der Gnade. Denn heute hatte er genau das bekommen, was er am wenigsten verdient hatte. Josef fuhr fort: »Aber macht euch deswegen keine Vorwürfe. Gott selbst hat mich vor euch hergeschickt, um euer Leben zu retten« (1. Mose 45,5).

Wieder einmal wurde das Gesetz von Saat und Ernte durchbrochen. Doch dieses Mal war Gnade dafür verantwortlich.

Das ist einer der Momente im Alten Testament, die ich am liebsten selbst miterlebt hätte. Wir können nur staunen, wie lange es dauerte, bis Josefs Worte seine Brüder wirklich erreichten. Wie lange es dauerte, bis einer der Brüder endlich wagte, mit ihm Augenkontakt aufzunehmen. Sie schämten sich unendlich für das, was sie getan hatten. Doch Josef war von etwas anderem durchdrungen: Gnade.

Er vergab ihnen nicht nur, sondern lud sie ein, ihre Familien zu holen und sich in der fruchtbarsten Ecke anzusiedeln, die Ägypten zu bieten hatte. Innerhalb weniger Sekunden hatte sich die Lage der Brüder von Grund auf geändert: Sie waren nicht mehr todgeweiht, sondern Ehrengäste des zweitmächtigsten Mannes in Ägypten. Wieder einmal wurde das Gesetz von Saat und Ernte durchbrochen. Doch dieses Mal war Gnade dafür verantwortlich. Wie sich herausstellte, sollte Juda niemals das bekommen, was er eigentlich verdiente. Wie immer, wenn

Gnade im Spiel ist, bekam er das, was er am wenigsten verdiente. Doch auch hier hört die Geschichte noch nicht auf.

Jahre später, als Judas Vater Jakob im Sterben lag, versammelten sich seine zwölf Söhne, um seinen Segen zu empfangen. Die Tradition wollte es, dass einer den doppelten Anteil am Erbe bekam und den Titel »Erstgeborener« trug, was ihn zum offiziellen Familienoberhaupt machte. Normalerweise wurde diese Ehre dem ältesten Sohn zuteil, dem buchstäblich erstgeborenen männlichen Nachkommen, doch der Vater konnte auch eine andere Wahl treffen. Die Brüder hatten inzwischen akzeptiert, dass Josef der Liebling ihres Vaters war, und erwarteten, dass er nun offiziell zum Patriarchen bestimmt würde. Schließlich hatte er von klein auf bis ins Mannesalter seine ethische Standfestigkeit bewiesen, und das angesichts unglaublicher Probleme und unaussprechlicher Grausamkeiten vieler Menschen, angefangen mit Juda. Als Führungspersönlichkeit hatte er fast übernatürliche Fähigkeiten gezeigt und die gerade erblühende Nation Israel im Alleingang vor dem Hungertod gerettet. Wenn irgendjemand den Titel des Erstgeborenen verdient hätte, dann Josef.

Ruben, der Älteste, trat nach vorn, und, wie vorherzusehen gewesen war, gewährte Jakob ihm dieses Privileg nicht. Jahre zuvor hatte er mit einer der Nebenfrauen seines Vaters geschlafen und damit seine Ehre verletzt. Ruben nickte resigniert und trat zurück.

Nun trat Simeon, der Nächste, nach vorne. Auch er sollte nicht das Erstgeburtsrecht erhalten. Er war ein impulsiver Mann von aufbrausendem Temperament und hatte zusammen mit seinem Bruder Levi die Bewohner einer ganzen Stadt hingemetzelt, nachdem sich der Sohn des Oberhauptes an ihrer Schwester Dinah vergangen hatte. Jakob wollte nicht, dass man den Namen seiner Familie gedanklich mit Grausamkeit verknüpfte.

Levi hatte das Urteil seines Vaters über Simeon gehört und verzichtete von vornherein darauf, vorzutreten. Stattdessen gab er Juda einen Rippenstoß.

Widerstrebend ging dieser auf seinen Vater zu. Seine Geheimnisse waren an die Öffentlichkeit gedrungen. Er hatte Josefs Verkauf in die Sklaverei in die Wege geleitet und dann zugesehen, wie sein Vater trauerte. Während Josef untadelig als Sklave in Ägypten gelebt hatte, hatte Juda zu Hause ein Doppelleben geführt. Wenn jemand sein Erstgeburtsrecht verwirkt hatte, dann Juda. Doch nicht immer muss man auslöffeln, was man sich eingebrockt hat.

Juda trat zu seinem Vater und kniete sich hin. Jakob sprach den folgenden Segen über ihn:

Dich, Juda, ja dich, werden deine Brüder rühmen.
Du wirst deine Feinde besiegen.
Deine Verwandten werden sich vor dir verneigen …
Das Zepter wird immer Juda gehören
und der Herrscherstab deinen Nachkommen,
bis zum Kommen des [großen Herrschers],
dem alle Völker gehorchen werden (1. Mose 49,8.10).

Damit deutet Jakob an, dass Judas Nachkommen herrschen würden. Juda und seinen Brüdern muss das recht merkwürdig vorgekommen sein, denn sie waren ja nur eine Großfamilie und kein Volk. Ganz zu schweigen davon, dass sie in Ägypten lebten. Und doch geschah genau das. Aus den zwölf Söhnen Jakobs wurden schließlich die zwölf Stämme des Volkes Israel. Und angefangen bei König David entstammten die israelischen Könige dem Stamm Juda. Wichtiger noch, auch Jesus, der Messias Israels, wurde als Nachkomme Judas geboren.

> *Durch Judas Geschichte werden wir daran erinnert, dass Gnade nicht nur den guten Menschen vorbehalten ist; Gnade unterstreicht, wie gut Gott ist.*

Wer hätte das gedacht?

Ganz gewiss verdiente Juda nichts von alledem; seine Lebensgeschichte liest sich wie eine Seifenoper. Trotzdem entschloss sich Gott, den Messias als Nachkommen Judas, nicht Josefs, in unsere Welt kommen zu lassen. Nachdem Juda ein Leben lang gesündigt und geheuchelt hatte, lernte er Demut und Dankbarkeit. Das geschah jedoch nicht dadurch, dass man ihm Strafe angedroht hätte, sondern indem man ihm Gnade gewährte.

Schließlich und endlich kann man nicht sagen, dass er Gnade gefunden hätte. Er hat niemals nach ihr gesucht. Im Gegenteil, die Gnade fand ihn. Durch diese dramatischen Vorkommnisse, die sich über zwanzig Jahre hinzogen, wob Gott das Thema Gnade in die Geschichte der Menschheit ein. Durch Judas Geschichte werden wir daran erinnert, dass Gnade nicht nur den guten Menschen vorbehalten ist; Gnade unterstreicht, wie gut Gott ist.

Kapitel 4:

Erlöst durch die Gnade

Gottes Gnade geht immer dem Gesetz der Gnade Gottes voraus.

Das Verhältnis zwischen Gottes Gesetz und seiner Gnade wird häufiger missverstanden als irgendetwas anderes im Christentum. Auf den ersten Blick scheint es sofort einzuleuchten, warum eine Spannung zwischen beidem besteht. Wenn uns Gott in seinem Gesetz befiehlt, etwas nicht zu tun, und wir es doch tun, können wir dann wirklich erwarten, dass er um der Gnade willen unsere Verfehlungen übersieht? Wenn er uns andererseits das schenkt, was wir nicht verdienen, warum gibt er uns dann überhaupt Gesetze?

Doch die Diskussion um Gesetz und Gnade geht über die rein praktischen Aspekte hinaus und dreht sich schnell um das Thema Errettung im Allgemeinen. Zuweilen wird geltend gemacht, dass uns das Gesetz gegeben wurde, damit wir uns Gottes Gunst erarbeiten, ja, uns sogar den Himmel verdienen können. Fast alle Weltreligionen stehen für eine solche Theologie, in der man sich seinen Weg zum Heil selbst erarbeiten muss. Die allermeisten Christen argumentieren hingegen, dass Errettung allein aus Glauben und Gnade möglich ist. Das Gesetz Gottes zu halten, ist folglich keine Methode, um sich das Heil zu verdienen. Doch sogar innerhalb dieses Lagers habe ich viele Prediger und Evangelisten sagen hören, dass jemand, der sich nicht ständig nach Gottes Gesetz richtet, *im Grunde* gar kein richtiger Christ ist. Mit anderen Worten: *Echte* Christen halten das Gesetz Gottes (zumindest meistens). Sich nicht an die Geschwindigkeitsbegrenzung zu halten, betrachten sie im Allgemeinen allerdings nicht als übermäßig relevant, obwohl das Neue Testament lehrt, dass man den Gesetzen der Regierung gehorchen soll. Nun ja.

Wo stehen wir also? In der Bibel gibt es eine Reihe von »Du sollst« und »Du sollst nicht«. Gleichzeitig spricht sie jedoch sehr häufig von der Gnade. Was denn nun? Oder wie passt das zusammen, wenn tatsächlich beides wichtig ist?

Die gute Nachricht lautet: Die Sache ist keineswegs so verwirrend, wie manche Angehörige meines Berufsstandes es darstellen. Am einfachsten versteht man das Verhältnis zwischen Gnade und Gesetz Gottes, wenn man sich die berühmteste Gesetzesliste der Menschheit und die Geschichte dahinter anschaut. Ich spreche natürlich von den Zehn Geboten.

Die allermeisten Menschen haben schon von den Zehn Geboten gehört. Die Mehrheit von ihnen stimmt auch darin überein, dass man sich nach ihnen richten sollte. Doch fast niemand kann sie aufzählen. In meiner Studentenzeit brachte ich meine Wäsche immer in eine Reinigung, in der Agnes arbeitete, eine Frau mittleren Alters. Von Zeit zu Zeit versuchte ich, mich mit ihr über Religion zu unterhalten. Sie beeilte sich dann immer, mir zu erklären, dass sie nach den Zehn Geboten lebe. Das war ihre Standardantwort, wenn es um Glaubensfragen ging. Und außerdem brachte sie damit zum Ausdruck, dass die Unterhaltung damit beendet war. Also fragte ich Agnes eines Tages, ob sie alle zehn Gebote kenne. Ohne auch nur aufzublicken, antwortete sie: »Nein, aber ich halte sie.«

Damit steht sie nicht allein. In unserer Gemeinde haben wir einmal zum Spaß eine Umfrage auf der Straße durchgeführt, um herauszufinden, was der Durchschnittsbürger über die Zehn Gebote weiß. Mit Kamera und Mikrofon bewaffnet, gingen wir hinaus und baten die Leute, so viele Gebote wie möglich aufzuzählen. Keiner kannte sie alle. Die meisten wussten nur ein oder zwei. Selbst wer sich am eifrigsten um die Einhaltung der Gebote bemühte, konnte sich nur an die folgenden vier erinnern:

Du sollst nicht töten.
Du sollst nicht stehlen.
Du sollst nicht ehebrechen.
Du sollst nicht lügen.

Niemand konnte sich an die ersten vier Gebote erinnern. Alle gingen sofort zu den »Du sollst nicht«-Verhaltensregeln über. Und das ist traurig. Traurig deswegen, weil unsere Neigung, zuerst an die Verbote und nicht die Gebote zu denken, einen verbreiteten Mythos fördert, was Gott und seine Gefühle gegenüber der Menschheit betrifft: *Wenn du gehorchst, kommst du in den Himmel, wenn du nicht gehorchst, bleibst du draußen.* Man kann es auch noch anders ausdrücken: *Gott mag nur diejenigen, die sich an die Regeln halten.* Doch nichts könnte falscher sein.

So selten man jemanden findet, der alle Zehn Gebote aufsagen kann: Noch seltener findet man jemanden, der die Hintergrundgeschichte kennt, warum diese Gebote überhaupt entstanden. Doch diese Geschichte ist ebenso wichtig wie die Gebote selbst. Der Kontext, in dem sie gegeben wurden, löst die Spannung auf, die wir zwischen Gottes Gesetz und seiner Gnade empfinden. Wie wir gleich entdecken werden, stehen die Zehn Gebote nicht im Gegensatz zu Gottes Gnade, sondern werden in die Geschichte der Gnade Gottes eingebunden. Im Alten Testament spielt das Gesetz eine herausgehobene Rolle, doch nur im Subtext einer größeren Erzählung, die Gottes Gnade gegenüber einer hilflosen Gruppe von Menschen betont, die sie nicht verdient hat.

Die Zehn Gebote stehen nicht im Gegensatz zu Gottes Gnade, sondern werden in die Geschichte der Gnade Gottes eingebunden.

Hier nun die Geschichte der Zehn Gebote.

Wahrscheinlich haben Sie schon einmal vom Gelobten Land gehört, doch vielleicht wissen Sie nicht, wo es liegt oder warum es so genannt wird. Der Begriff bezieht sich auf das Gebiet, das Gott Abraham versprochen hatte, wie es in Kapitel 2 nachzulesen ist. Später offenbarte Gott Abraham, wie seine Nachkommen in den Besitz dieses verheißenen Landes kommen würden, und zwar mit drei Voraussagen (vgl. 1. Mose 15,13-16):

1. Deine Nachkommen werden Fremdlinge in einem Land sein, das ihnen nicht gehört.
2. Sie werden versklavt und vierhundert Jahre schlecht behandelt werden.
3. Ich werde die Nation, die sie versklavt hat, bestrafen, und deine Nachkommen werden das entsprechende Land als wohlhabende Leute verlassen.

Gottes Vorhersagen trafen genau so ein. Wie wir im vorangegangenen Kapitel gesehen haben, rettete Josef seine Familie vor dem Hungertod, indem er sie in ein fruchtbares Tal in Ägypten übersiedeln ließ. Abrahams Nachkommen mehrten sich und nach nur einigen Generationen war aus einer Großfamilie mit fünfundvierzig Angehörigen ein ganzes Volk geworden. Doch die wachsende Bevölkerung bereitete einem späteren ägyptischen König, »der nichts von Josef wusste« (2. Mose 1,8), Sorgen. Er befürchtete, dass die Israeliten (so bezeichnete man sie inzwischen) eine Invasionsarmee unterstützen oder eine Rebellion gegen Ägypten in die Wege leiten könnten. Daher versklavte er sie. Viele Jahre, möglicherweise mehr als drei Jahrhunderte – länger als es die Vereinigten Staaten als Nation gibt – wurde die nationale Identität Israels durch Zwangsarbeit definiert.

Vierhundertdreißig Jahre nachdem Abrahams Nachkommen sich in Ägypten angesiedelt hatten, war die Zahl der Israeliten auf vielleicht drei Millionen angewachsen. Trotzdem hatten sie keine eigene Regierung; der Pharao war ihr König. Sie hatten keine Gesetze; Ägypten herrschte über sie. Sie besaßen kein Land. Sie kannten nur Gefangenschaft, Unterdrückung, Armut und Hoffnungslosigkeit. Zwar wurden keine Mischehen geschlossen (die Ägypter hätten niemals Sklaven geheiratet), doch ihre Kultur und ihr Gottesverständnis wurden von den abergläubischen Vorstellungen der Ägypter beeinflusst.

Schließlich berief Gott Mose, die Israeliten aus Ägypten zu führen und das Land in Besitz zu nehmen, das er Abraham versprochen hatte. Das war der Auszug aus Ägypten. In allen Einzelheiten werden die Begebenheiten im 2. Buch Mose (Exodus) geschildert.

Bald nachdem er sie aus Ägypten herausgeführt hatte, doch noch vor der Ansiedlung im Gelobten Land, wollte Gott der Herr die nationale Identität des hebräischen Volks definieren. Es war notwendig, dass sie Gott so kennenlernten, wie ihn ihre Vorfahren Abraham, Isaak und Jakob (der den neuen Namen Israel bekommen hatte) gekannt hatten. Nachdem Gott im Zusammenhang mit dem Auszug aus Ägypten seine Macht durch Wunder gezeigt, die Israeliten als sein Volk angenommen und sie aus der Sklaverei befreit hatte, gab er ihnen eine Reihe von Lebensregeln, und zwar nicht nur zehn. Das Gesetz des Mose enthielt mehr als sechshundert Regeln, die sich mit Ernährung, Gesundheit und Hygiene, Heirat, Kindern, Sklaven, Tieren und Eigentumsrechten befassen. In diesen Gesetzen wird erklärt, was als Verbrechen gilt und wie es zu bestrafen ist. Ein bedeutender Teil des mosaischen Gesetzes unterweist die Nation auch darin, wie man Opfer darbringt. Wenn Sie schon einmal das 3. Buch Mose im Alten Testament gelesen haben, fragen Sie sich vielleicht: *Warum so viele Gesetze? Warum so viele Einzelheiten?*

Doch vergessen Sie nicht: Es handelte sich um ein Volk von Sklaven, das noch nie Verantwortung für sich selbst übernommen hatte. Sie hatten keine Regierung. Keinen König. Kein Rechtssystem. Keine Gesetze. Sie hatten Mose und eine Wolkensäule, die sie durch die Wüste führten. Das war es im Grunde auch schon. Gott gab ihnen also einen genauen Leitfaden an die Hand, wie man sein Leben führen soll. In diesen Rahmen sind auch die Zehn Gebote einzuordnen. Offensichtlich handelte es sich hierbei um die ersten Gesetze, die Gott Mose übergab. Sie sind von herausragender Bedeutung und geben den Ton für die folgenden Gesetze an. Wenn wir sie im Zusammenhang lesen, wird eines ganz deutlich: Diese zehn Gesetze, zusammen mit den sechshundert anderen, die noch folgen sollten, hatten absolut nichts damit zu tun, wo jemand die Ewigkeit verbringen würde. Gott gab dieser Gruppe von Menschen einfach Verhaltensrichtlinien an die Hand, weil sie keine hatten. Doch es handelte sich nicht um eine x-beliebige Gruppe. Sie war aus der Sklaverei befreit worden. Er hatte sie bereits als sein Volk auserwählt.

Man kann eine ganze Menge über einen Menschen oder eine Regierung aussagen, wenn man sich die Regeln anschaut, die sie aufstellen, und noch mehr anhand der Regeln, die sie auch konsequent durchsetzen. Zum Beispiel lernt man sehr viel über mich, wenn man die wichtigste Regel kennt, die ich in unserer Familie eingeführt habe und konsequent durchsetze: »Du sollst deine Mutter respektieren.« Bei uns zu Hause herrschten viel Freiheit und Gnade, doch wenn eines meiner Kinder diese einfache Regel verletzt, wird es mehr als ein bisschen unangenehm. Ich gebe meinen Kindern zu verstehen, dass ich mit

Sicherheit überreagieren werde. Meine Bestrafung wird nicht gerecht sein, aber sorgfältig. Ich glaube übrigens, dass jede Familie gut beraten ist, sich diese Regel zu eigen zu machen, doch das ist hier nicht der springende Punkt. Vielmehr will ich zeigen, dass diese spezielle Regel etwas über meine Werte verrät. Was uns am wertvollsten ist, beschützen wir auch am meisten.

Für Gott gilt dasselbe. In seinen Regeln spiegeln sich seine Werte wider. Dass er den Ägyptern gegenüber seine Macht demonstrierte, offenbarte seine Stärke, doch nur wenig von seinem Wesen. Die ägyptische Mythologie kannte launische und grausame Götter. Doch was für eine Gottheit war der Gott Abrahams? Das Volk musste das wissen. Die Zehn Gebote zeigten den Israeliten, dass ihr Gott nicht nur mächtig, sondern auch gut war.

Drei Monate nach dem Auszug, irgendwo zwischen Ägypten und dem Gelobten Land, forderte Gott Mose auf, den Berg Sinai zu besteigen und ihm dort zu begegnen, während die Israeliten unten im Tal lagerten. Doch noch bevor er Mose das erste Gebot gab, sagte er etwas, das Mose erstaunt, aber auch getröstet haben muss: »Ich bin der Herr, dein Gott« (2. Mose 20,2). Mose muss sich gedacht haben: *Einen Augenblick mal! Warum hast du gesagt »der Herr,* dein *Gott? Meinst du nicht »der Herr,* der *Gott«?*

> *Die Zehn Gebote zeigten den Israeliten, dass ihr Gott nicht nur mächtig, sondern auch gut war.*

Heute blicken wir auf die Informationen (und Fehlinformationen) von drei Jahrtausenden über Gott zurück, doch Mose und die Israeliten wussten fast nichts über ihn, abgesehen davon, dass er sie aus der Sklaverei befreit und versprochen hatte, dass sie das Gelobte Land besiedeln würden. Dieses schlichte, auf den ersten Blick unwichtige Pronomen *dein* bedeutete für Mose und die Israeliten etwas grundlegend Neues. In den Kulturkreisen des Altertums glaubte man an Territorialgötter, vermeintliche Gottheiten, denen ein bestimmtes Gebiet unterstand. Man betete Götter an, die für bestimmte Naturerscheinungen zuständig waren, wie Sonne, Mond, Stürme, Geburt oder Tod. Doch nach so vielen Jahren in Ägypten war die Vorstellung von einem persönlichen Gott, der eine persönliche Beziehung zu den Menschen pflegte, lange aus dem Gedächtnis der Menschen geschwunden.

Dein Gott – diese Worte weisen auf eine Beziehung hin, doch die Israeliten hatten nichts getan, um solch eine Beziehung zu verdienen oder aufzubauen. Als Sklaven auf der Flucht hatten sie nichts anzubieten. Sie wussten nicht einmal, wie sie Gott gefallen konnten! Trotzdem bekräftigte der Ausdruck »dein Gott«, dass die Israeliten bereits in einer Beziehung zu Gott lebten. Gott sagte damit im Grunde genommen aus: »Ihr seid dabei. Ihr seid mein Volk.«

Als Nächstes erinnerte Gott Mose an das, was er bereits getan hatte. »Ich bin der Herr, dein Gott, der dich aus der Sklaverei in Ägypten befreit hat« (2. Mose 20,2). Diese Aussage rief sofort die Ereignisse ins Gedächtnis, die mit dem Auszug aus Ägypten in Verbindung standen. Durch die zehn Plagen hatte Gott die mythischen Gottheiten der Ägypter dem Spott preisgegeben (vgl. 2. Mose 7,14–12,32). Er selbst beschützte sein Volk vor den Plagen, auch vor der furchtbaren zehnten und letzten, bei der der Erstgeborene jeder Familie starb. Der Todesengel ging an jedem Haus vorbei, dessen Türpfosten mit dem Blut eines geopferten Lammes bestrichen war, Blut, das das Vertrauen auf Gottes Barmherzigkeit symbolisierte (vgl. 2. Mose 11,1-12,32). Auf wunderbare Weise teilte er das Schilfmeer und rettete die Hebräer vor dem ägyptischen Heer (vgl. 2. Mose 14,13-31). Er gab ihnen eine Wolkensäule, der sie bei Tag folgten, und eine Feuersäule in der Nacht (2. Mose 13,21-22). Auf übernatürliche Weise versorgte er sie in der Wüste mit Wasser (vgl. 2. Mose 15,22-27) und Nahrung (vgl. 2. Mose 16,1-35).

Gott hätte sich Mose gegenüber nicht klarer ausdrücken können: »Ihr seid nicht hier, um euch mein Wohlwollen zu verdienen; ihr gehört schon zu mir. Wir sind nicht hier, um eine Beziehung zueinander aufzubauen; das habe ich schon vor drei Monaten gemacht, als ich euch aus den Händen der Ägypter befreite.« Gott gab seinem Volk das Gesetz im Kontext dieser bereits existierenden Beziehung – einer Beziehung, die schon sechshundert Jahre vorher mit der Verheißung für Abraham angefangen hatte – ein Mann, der es gleichermaßen nicht verdient hatte. Gott begann eine Beziehung mit seinem Volk, noch bevor er ihnen erklärt hatte, wie die Regeln lauteten.

Gott begann eine Beziehung mit seinem Volk, noch bevor er ihnen erklärt hatte, wie die Regeln lauteten.

Erst nachdem Gott die Beziehung eingegangen war, sie besiegelt und ihre Stabilität unter Beweis gestellt hatte, gab er seinem Volk Regeln, nach denen sie leben sollten. Gott wusste etwas, das auch Eltern irgendwann entdecken: Regeln ohne Beziehung führen zu Rebellion. Gott versteht die menschliche Natur. Daher gab er den Israeliten die Regeln erst, nachdem er eine Beziehung zu ihnen aufgebaut hatte.

Vertrauen ist das A und O jeder Beziehung. Das Maß an Vertrauen zeigt auch die Stärke der Beziehung an. Ganz egal, wie sehr sich jemand wünscht, mit einem anderen Kontakt aufzunehmen – ohne Vertrauen kann es keine Beziehung geben. Deshalb sollte uns Gottes erstes Gebot nicht überraschen: »Du sollst außer mir keine anderen Götter haben« und »Du sollst dir kein Götzenbild anfertigen« (2. Mose 20,3-4).

Das erste Gebot hat damit zu tun, Gott zu vertrauen, dass er uns in jeder Hinsicht versorgt. In diesem Gebot sagt er zu Israel: »Ich möchte euer Gott sein, und zwar euer einziger Gott.« Warum musste er so etwas überhaupt sagen? Weil seit Menschengedenken die Hebräer von Völkern umgeben waren, die eine Vielzahl von Göttern anbeteten. In jeder Kultur jener Zeit und auch in jeder Zivilisation der nächsten zweitausend Jahre wurden verschiedene Gottheiten verehrt. Doch Gott wollte nicht, dass sich die Israeliten mit unterschiedlichen Anliegen an unterschiedliche Götter wandten – an Regengötter für eine gute Ernte, Fruchtbarkeitsgötter für Nachwuchs, Sonnen-, Mond- und Planetengötter für den Wechsel der Jahreszeiten. Nein, er wollte ihre einzige, allem genügende Quelle für *alles* sein, was sie brauchten. Er sagte: »Ich will euer Gott sein, und zwar euer einziger, weil ich tatsächlich der Eine und Einzige *bin*. Wichtiger als bloßer Gehorsam ist mir euer Glaube, dass ich da bin und dass ihr mir und meinem Wesen vertraut.«

Das zweite Gebot wirkt wie eine Wiederholung des ersten, doch in Wirklichkeit wird damit ein neuer Gedanke eingeführt: »Du sollst dir kein Götzenbild anfertigen von etwas, das im Himmel, auf der Erde oder im Wasser unter der Erde ist« (2. Mose 20,4). Damit wird kein Verbot ausgesprochen, andere Götter anzubeten. Gott untersagt vielmehr jeden Versuch, ein Denkmal zu errichten, welcher Art auch immer, sei es eine Statue, ein Bildnis oder sonst etwas, das ihn darstellt. Wenn schon die Vorstellung eines einzigen Gottes für die Menschen des Altertums schwer zu verstehen war, ergab die Vorstellung eines unsichtbaren Gottes für sie überhaupt keinen Sinn. Alle heidnischen Götzen ließen sich auf irgendeinen Aspekt der Natur zurückführen, der in der Antike dann künstlerisch aufgegriffen wurde – und zwar nicht nur, um eine Darstellung zu schaffen, sondern um dieses Bild auch tatsächlich anzubeten. Man verneigte sich vor diesen Götzen, brachte Opfer dar, betete und sang, um die Götter auf sich aufmerksam zu machen. Man gab den Statuen sogar etwas zu essen und anzuziehen.

Aus zwei gewichtigen Gründen befahl Gott der Herr seinem Volk, keine Bildnisse von ihm anzufertigen. Zum einen lässt sich Gott einfach nicht darstellen. Er ist in jeder erdenklichen Hinsicht absolut einzigartig. Was die Menschheit auch hervorbringen kann, er ist immer noch größer. Welche Wunder der Natur wir auch beobachten mögen, er ist noch majestätischer. Welche Kräfte im Universum wir auch entdecken, ihm ist niemand ebenbürtig. Gott wollte nicht, dass sein Volk versuchte, ihn »in den Griff« zu bekommen – aus ihm etwas zu machen, dem man einen Besuch abstatten konnte, um dann wieder zu gehen, etwas, das man erschaffen und dann wieder vernachlässigen konnte, etwas, das man bemessen und dann ignorieren konnte.

Zweitens wollte Gott nicht, dass sich sein Volk einem unbelebten Objekt sklavisch unterwarf, wenn es doch einen lebendigen Gott hatte, der bereit und willens war, sie zu befreien. Während Mose stellvertretend für sein Volk diese Gebote aus der Hand Gottes entgegennahm, zwangen die Israeliten Aaron, den Stellvertreter Moses, ironischerweise, ein goldenes Kalb anzufertigen. Mit einem unsichtbaren Gott, der wirklich und wahrhaftig existiert, gaben sie sich nicht zufrieden, sondern trösteten sich mit der bildlichen Darstellung eines Götzen, der nur ein Produkt ihrer Fantasie war. Den Gott, der sie auf wunderbare Weise aus der Sklaverei befreit hatte, ließen sie links liegen, um einen Gott anzubeten, den sie beherrschen und nach Lust und Laune manipulieren konnten.

Als Mose sich an diese Begebenheit erinnerte und sie aufzeichnete, erlaubte er uns, diese Szenen von Gottes Standpunkt aus zu sehen. Wenn wir die Geschichte lesen, erleben wir gleichzeitig die Szenen auf dem Berg und im Tal mit – auf dem Gipfel nimmt Gott mit den

Israeliten Kontakt auf, während ihm das Volk unten den Rücken zukehrt und sich dem goldenen Kalb zuwendet. Aus dieser Perspektive begreifen wir, wie absurd das ist.

Nachdem Gott der Herr seinen exklusiven Anspruch auf die Hebräer als sein eigenes Volk bekräftigt hatte, kam er nun auf die Frage der religiösen Autorität zu sprechen. »Du sollst den Namen des Herrn, deines Gottes, nicht missbrauchen« (2. Mose 20,7).

Im Hebräischen wird dieser heiligste aller Namen durch vier Konsonanten dargestellt, die der deutschen Buchstabenfolge JHWH entsprechen. Weil jedoch viele Jahrhunderte lang niemand diesen Namen je ausgesprochen hat, wissen wir nicht mit Sicherheit, welche Vokale einzufügen sind. Selbst heute noch sieht man auf jüdischen Webseiten die Schreibweise »G'tt« für »Gott«.

Zwar ist es außerordentlich wichtig, den Namen des Herrn zu ehren, doch gab er uns dieses Gebot nicht, um uns davon abzuhalten, seinen Namen zu rufen, wenn wir uns mit dem Hammer auf die Finger hauen. Hier geht es um etwas Tieferes. Am deutlichsten lässt sich das dritte Gebot so ins Deutsche übersetzen: »Du sollst den Namen des Herrn nicht missbrauchen.« Mit anderen Worten: *Du sollst den Namen Gottes nicht mit etwas in Verbindung bringen, wenn Gott es nicht selbst mit seinem Namen in Verbindung gebracht hat, und du sollst dich nicht auf Gott berufen, um deine eigenen Ziele durchzusetzen.* Gott wollte der gerade entstandenen Nation Israel eine Art Verfassung geben, die aus Hunderten von Gesetzen und Statuten bestand, und er wollte nicht, dass die Israeliten gleich nach Schlupflöchern Ausschau hielten. Er wusste, dass die Menschen versuchen würden, seinen Namen zu benutzen, um ihre eigenen Traditionen zu stützen und so das Gesetz zu umgehen oder für nichtig zu erklären. Zur Zeit Jesu erlaubte die religiöse Tradition einem Menschen, all seine weltlichen Güter Gott zur Verfügung zu stellen, was einer Art Vermögenssicherung gleichkam. Im Wesentlichen brachte der Betreffende damit Folgendes zum Ausdruck: »Gott, all mein Hab und Gut gehört dir. Im Augenblick behalte ich es noch, und wenn ich sterbe, sollst du es bekommen, aber wenn du es jetzt schon gebrauchen willst, sag einfach Bescheid.« Wenn seine Eltern dann im Alter Unterstützung brauchten, entgegnete er: »Ich würde euch ja so gern helfen, Mutter und Vater, aber ich habe meinen gesamten Besitz Gott übereignet, und ich bewahre es für ihn auf für den Fall, dass er es braucht. Ihr wollt euch doch nicht am Eigentum des Herrn vergreifen, oder?«

Mit diesem Kniff rief man also den Namen des Herrn an, um seine eigenen habgierigen Pläne rechtskräftig zu machen. Jesus ging mit solchen Leuten ins Gericht: »Geschickt setzt ihr Gottes Gebote außer Kraft, um an euren eigenen Vorschriften festzuhalten. [...] Auf diese Weise brecht ihr das Gebot Gottes, um eure eigenen Vorschriften zu halten« (Markus 8,9.13).

Diese Einstellung gab es nicht nur bei den religiösen Führern in Jerusalem. Schon seit Jahrhunderten missbrauchen religiöse Autoritäten den Namen Gottes, um ihre eigenen Ziele durchzusetzen, was zu den widerwärtigsten Grausamkeiten der Geschichte führte. Kreuzzüge. Inquisition. Ethnische Säuberungen. Terrorismus. Bomben auf Abtreibungskliniken.

Unzählige Menschen haben das auch am eigenen Leib erfahren. Sie können erzählen, wie sie zum Beispiel von einer Gemeinde oder einem Pastor zutiefst verletzt wurden. Fast jeder kann sich an eine religiöse Autorität erinnern, die den Namen Gottes im Munde führte, um bestimmte Regeln oder Traditionen einzuführen, und dann Menschen bestrafte, weil sie es wagten, sich Gottes Willen nicht zu beugen. Genau das wollte Gott vermeiden. Er gab dieses Gebot, genau wie die ersten beiden, damit die Beziehung der Hebräer zu ihm stabil blieb.

Während die ersten drei Gebote die Beziehung zwischen Gott und Mensch schützen, wird sie vom vierten gefeiert. »Denk an den Sabbat und heilige ihn« (2. Mose 20,8). Anders ausgedrückt: Du sollst dir einen Tag in der Woche freinehmen.

Das Wort *Sabbat* leitet sich vom hebräischen Begriff für *anhalten* ab. Gottes Volk sollte jegliche Arbeit unterlassen und sich volle vierundzwanzig Stunden lang Ruhe gönnen. Um den Grund für die Sabbatruhe zu erklären, wies Mose auf den Schöpfungsbericht hin. »Denn in sechs Tagen hat der Herr den Himmel, die Erde, das Meer und alles, was darin und darauf ist, erschaffen; aber am siebten Tag hat er geruht. Deshalb hat der Herr den Sabbat gesegnet und für heilig erklärt« (2. Mose 20,11).

Mose will damit nicht zum Ausdruck bringen, dass Gott am siebten Tag völlig erschöpft war und die Füße hochlegen musste. Gott ruhte sich aus – er hielt inne (dasselbe Verb, von dem *Sabbat* abgeleitet ist) –, weil er seine Arbeit vollbracht hatte. In sechs Tagen hatte er der Menschheit alles zur Verfügung gestellt, was sie brauchte.

Gott gab den Israeliten den Sabbat, um sie ständig daran zu erinnern, dass er für sie sorgte. In diesem Bewusstsein durften sie Ruhe finden. Und um ihnen das ganz klarzumachen, nutzte er ihre Situation.

Nachdem die Israeliten Ägypten verlassen hatten, waren sie weder geistlich noch in organisatorischer Hinsicht in der Lage, sich in dem neuen Land als Nation anzusiedeln. Wie sich herausstellen sollte, waren noch weitere vierzig Jahre nötig, um sie zu einer Nation werden zu lassen. Auf der Wanderung konnte man jedoch nur eine begrenzte Menge an Nahrung und Wasser mitnehmen. Als die Vorräte zur Neige gingen, begannen sich die Leute bei Mose zu beschweren: »Hätte uns der Herr doch nur in Ägypten getötet. Dort hatten wir immerhin Fleisch und genügend Brot zu essen. Stattdessen habt ihr uns in diese Wüste geführt, damit wir hier alle verhungern« (2. Mose 16,3).

Eines Morgens erwachten sie und entdeckten eine weiße, flockige Substanz auf dem Erdboden. Sie fragten einander: *»Man hu?«*, hebräisch für »Was ist das?« Daher nannten sie dieses Brot, was ihnen von nun an täglich vom Himmel gesandt wurde, Manna. Gott wies sie an, immer nur Vorräte für einen Tag zu sammeln, aber natürlich versuchten viele, es über Nacht aufzubewahren. Doch am nächsten Tag war alles verdorben und wimmelte vor Würmern.

Der Herr gebrauchte dieses tägliche Brot, um sie zu lehren, sich einzig und allein auf ihn zu verlassen, der sie versorgte. Er wollte eine neue Kultur schaffen, in der man ihm täglich vertraute und sich von ihm abhängig wusste und die im nationalen Bewusstsein verankert blieb, auch wenn im Gelobten Land Überfluss herrschen würde. Sie sollten lernen, dass *Gott* für sie sorgte, nicht der Boden, die Wirtschaftslage, ein

König oder Verbündete im Ausland. Über vierzig Jahre lang waren die Menschen Tag für Tag davon abhängig, dass Gott sie versorgte.

Er wies das Volk an, immer nur so viel zu sammeln, wie man an einem Tag verbrauchen konnte, im Vertrauen darauf, dass er am nächsten Morgen wieder für sie sorgen würde. Eine bemerkenswerte Ausnahme gab es allerdings. Am Freitag sollten alle genug für zwei Tage, den sechsten und siebten Tag der Woche, sammeln. An allen anderen Tagen verdarb das Manna über Nacht. Und man fand es jeden Morgen auf dem Erdboden, ausgenommen am Samstag, den der Herr zum Sabbattag erklärt hatte.

Der springende Punkt in 2. Mose 20,11 ist folgender: Gott wird uns sieben Tage in der Woche versorgen, wenn wir sechs Tage arbeiten. Alles kommt von ihm, und am siebten Tag gibt es für einen Menschen nichts zu tun. Hören Sie also vierundzwanzig Stunden auf zu arbeiten. Genießen Sie dieses göttliche Geschenk der Erholung. Das Manna am Samstag erinnerte jede Woche daran, dass Gott die Menschen versorgte. Dabei erforderte dieses System nichts weiter, als dass sein Volk an Gottes Treue und Güte glaubte. Die Menschen, die zu ihm gehören, sollten und sollen niemals vergessen, dass Arbeit zwar etwas Gutes ist und Anstrengung nötig, aber Gott uns Tag für Tag versorgt.

Auch das vierte Gebot bekräftigt und bestätigt wie die ersten drei, dass das Volk Israel bereits eine Beziehung zu seinem Gott hatte. Es ging nun darum, diese Beziehung anzuerkennen und im Einklang mit Gottes Plan für sein Volk zu leben. Er berief die Hebräer, sich in allem auf ihn zu verlassen und infolgedessen die Fülle des Lebens zu genießen, geistlich und zuweilen auch materiell.

Als der Herr das Volk der Hebräer aus der Knechtschaft befreite, damit sie im Gelobten Land eine neue Heimat fänden, bekräftigte er das Verhältnis von Gesetz und Gnade. Alle Ereignisse, alle Erlebnisse stimmte er genau aufeinander ab, um die Israeliten – und durch sie die gesamte Menschheit – die grundlegende Wahrheit zu lehren: Gott gibt niemals sein Gesetz, um eine neue Beziehung ins Leben zu rufen, sondern um eine bestehende Beziehung zu bekräftigen.

Halten Sie einmal einen Augenblick inne und lassen Sie diesen Satz auf sich wirken. In der Geschichte vom Auszug aus Ägypten und den Zehn Geboten spiegelt sich ein wesentlicher Aspekt von Gottes Wesen wider. Wenn uns das entgeht, werden wir niemals begreifen, welche Rolle Gottes Gesetz im Rahmen unserer Beziehung zu ihm spielt. Schlimmer noch, wenn wir Sinn und Zweck von Gottes Gesetz missverstehen, wird uns seine Gnade für immer ein Rätsel bleiben.

Das Gesetz Gottes ist ein Ausdruck seiner Gnade. Denken Sie einmal an Ihr Haustier. Sie haben keines? Dann denken Sie an meines. Wir haben einen schwarzen Labrador namens Shadow. Und wir haben eine elektronische Hundesperre um unser Grundstück, die nur die Hälfte der Zeit funktioniert. Aber das tut jetzt nichts zur Sache. Wann, glauben Sie wohl, haben wir Shadow mit nach Hause genommen und mit ihr geübt, in unserem Garten zu bleiben? Bevor oder nachdem wir sie gekauft haben?

Gott gibt niemals sein Gesetz, um eine neue Beziehung ins Leben zu rufen, sondern um eine bestehende Beziehung zu bekräftigen.

Genau: nachdem. Erst als sie uns gehörte, brachten wir ihr bei, bestimmte Grenzen zu respektieren. Stellen Sie sich einmal vor, wie absurd es gewesen wäre, sie ihrem Vorbesitzer zu stehlen, schnell nach Hause zu fahren, sie im Garten abzusetzen und dann zu argumentieren, dass die Hündin uns gehört, *weil* sie in unserem Garten sitzt. Sie wurde nicht zu unserem Haustier, als wir sie in die Umzäunung setzten. Sie hält sich innerhalb der Umzäunung auf, weil sie unser Haustier ist. Sie wurde unser Hund, als wir sie kauften. Mit Gott verhält es sich so ähnlich: Er zieht niemals einen Zaun um Menschen, damit sie sein Eigentum werden. Gott gibt denjenigen Menschen Verhaltensregeln, die bereits zu ihm gehören.

Von Zeit zu Zeit merkt Shadow allerdings, dass die elektrische Hundesperre nicht funktioniert, und stattet den Leuten im Viertel Besuche ab. Dann bekommen wir in der Regel einen Anruf. – Niemals habe ich dann behauptet, dass Shadow gar nicht unser Hund ist, weil sie sich nicht mehr in unserem Garten aufhält und sich an unsere Regeln hält. Nein, sie ist unser Hund, ob sie nun im Garten ist oder nicht. Warum? Weil weder Gehorsam noch Ungehorsam die Eigentumsverhältnisse ändern.

Genau wie unsere Familie die Entscheidung traf, Shadow zu kaufen, entschied sich Gott, uns von der Sünde freizukaufen, indem er seinen Sohn opferte. Na gut, vielleicht lag der Fall etwas anders. Aber Sie verstehen schon, was ich meine. Shadow erarbeitete sich nicht das Vorrecht, uns gehören zu dürfen (und den Garten hinter dem Haus zu benutzen), und ebenso wenig haben wir uns den Weg in Gottes Garten erarbeitet. Er hat sich aus freien Stücken entschieden, uns aus Gnade anzunehmen. Diese Beziehung gehen wir durch den Glauben ein, indem wir sein Angebot akzeptieren, dass er uns unsere Sünden vergibt. Dann und nur dann müssen wir ihm Rechenschaft ablegen, ob wir nach seinen Regeln leben.

Gehorsam oder Ungehorsam ändern die Eigentumsverhältnisse nicht.

Im nächsten Kapitel wollen wir uns die zweite Hälfte der Zehn Gebote anschauen. Doch behalten Sie dabei im Hinterkopf, dass diese Gebote dem Volk Israel nicht gegeben wurden, weil Gott mit ihnen in Beziehung treten wollte. Diese Gebote wurden einem Volk gegeben, das bereits eine Beziehung zu Gott hatte. Und wenn Sie Ihr Verhalten vor dem Hintergrund dieser uralten und trotzdem immer noch relevanten Anweisungen für das Leben betrachten, denken Sie daran, dass für Sie genau das Gleiche gilt wie für Israel. Diese von Gott inspirierten Gebote sind nicht die Eingangstür zu einer Beziehung mit Gott, sondern die Bestätigung, dass Sie bereits zu ihm gehören.

Kapitel 5:

Regiert von der Gnade

Der Sinn des Gesetzes war nicht, uns gut zu machen, sondern unsere Freiheit zu bewahren.

Welches Ziel Gott vor Augen hatte, als er uns Regeln gab, versteht man vielleicht am besten, wenn man sich seine allererste Regel anschaut. Erinnern Sie sich noch daran? Aus heutiger Sicht wirkt sie etwas willkürlich: »Du darfst jede beliebige Frucht im Garten essen, abgesehen von den Früchten vom Baum der Erkenntnis des Guten und Bösen. Wenn du die Früchte von diesem Baum isst, musst du auf jeden Fall sterben« (1. Mose 2,16-17).

Dieses eine Gebot diente als tägliche Erinnerung an die Autorität Gottes über die Menschen. Ihm zu gehorchen, sorgte dafür, dass die richtige Ordnung eingehalten wurde, und garantierte, dass Adam und Eva größtmögliche Freiheit genossen. Solange sie diese eine Regel nicht brachen, waren sie so frei, wie es einem Menschen überhaupt nur möglich ist. Was damals galt, gilt auch heute: Die größtmögliche Freiheit findet man immer dann, wenn man sich unter Gottes Autorität stellt.

> *Die größtmögliche Freiheit findet man immer dann, wenn man sich unter Gottes Autorität stellt.*

Wie wir in Kapitel 1 sahen, änderte sich alles, als die Sünde in die Welt kam. Durch sie wurde die Welt zu einem gefährlichen Ort. Doch je gefährlicher das Umfeld ist, desto mehr brauchen wir auch Regeln, damit wir in Sicherheit leben können. Im Garten Eden drohte keine Gefahr. Daher genügte eine einzige Regel vollkommen. Doch sie war nicht in der Lage, die um sich greifende Sünde zu bannen. So wie die Sünde in dieser Welt zunahm, nahm auch die Notwendigkeit für Gesetze zu. Sinn und Zweck von Gottes Geboten ist jedoch von Anfang an gleich gewesen: Er will die Freiheit derer bewahren, die er liebt.

Das leuchtet nicht unmittelbar ein.

Im Hinblick auf Gottes Gesetz stehen wir alle in der Versuchung, dieselbe Frage wie Adam und Eva zu stellen: *Will Gott mir etwa etwas Gutes vorenthalten?* Damit ist nicht mehr *Gehorsam* das Thema, sondern *Vertrauen.* Will ich darauf vertrauen, dass Gott für mich nur das Beste im Sinn hat? Will ich darauf vertrauen, dass seine Regeln gut für mich sind? Genau darum ist es so wichtig, nicht zu vergessen, dass Gott denjenigen Menschen Gebote gibt, die schon zu ihm gehören. Wenn Gott Sie liebt, warum sollte er Sie dann mit seinen Gesetzen einengen, um Ihnen wehzutun? Warum sollte Gott Ihnen etwas Gutes vorenthalten?

Eltern verstehen diese Spannung. Immer wieder musste ich als Vater Nein sagen. Und manchmal wusste ich auch keine angemessene Antwort auf die Frage, die einem solchen Nein immer folgt: »Warum?« Niemals habe ich mich mit einem »Weil ich es dir sage« herausgeredet. Häufig habe ich jedoch geantwortet: »Ich kann dir das im Augenblick nicht richtig erklären. Du musst mir jetzt einfach vertrauen.«

Unser himmlischer Vater findet sich mit uns in derselben Zwickmühle wieder. Und wenn Sie die Geschichte des Volkes Israel lesen, wird klar, dass er sich mit ihnen in derselben Zwickmühle befand. Wenn die Israeliten ihm vertrauten und gehorchten, ging es ihnen gut. Doch wenn sie ihren eigenen Kopf durchsetzten, hatte das Konsequenzen.

Das Gesetz Gottes ist ein Ausdruck seiner Gnade.

Wenn wir Gott vertrauen und ihm gehorchen, wird deutlich, dass das Gesetz Gottes ein Ausdruck seiner Gnade ist. In diesem Licht betrachtet, verstehen wir die Worte des Psalmisten, der sagt, dass er »Lust hat am Gesetz des Herrn und über sein Gesetz sinnt Tag und Nacht« (Psalm 1,2; ELB). Wenn wir Gottes Gesetz so sehen, wie er es eigentlich gedacht hat, verstehen wir, dass sich Gesetz und Gnade Gottes nicht widersprechen. Zwischen den beiden besteht keine Spannung. Das eine ist schlicht und einfach Ausdruck des anderen.

Die letzten sechs Gebote wurden erlassen, um die Freiheit der Nation in ganz spezieller Hinsicht zu bewahren. Insbesondere wollte Gott, dass sie frei von Tyrannei und von den natürlichen Konsequenzen der Sünde blieben. In Ägypten kannten die Hebräer nur die Herrschaft der

Pharaonen. Das Wort des Pharao war Gesetz. Recht war, was er zum Recht erhob. Seine Macht entschied darüber, was richtig war. Wenn ein neuer Pharao auf den Thron kam, wurden die Regeln geändert, und zwar oft dramatisch. Es gab nur einen absoluten Wert – das Wort des Pharao.

So funktionierten Gesetz und Regierung im Altertum. Die Menschen mussten sich den Launen mächtiger Männer fügen. Und wenn ein solcher Mann bestimmt, was Recht und Gesetz ist, stellt er sich damit unweigerlich über das Gesetz. Bei uns zu Hause gehorchen wir den Regeln, die Gott aufgestellt hat. Wir stehlen nicht. Wir lügen nicht. Wir gehen mit andern respektvoll um. Einige Regeln gehen allerdings auch auf mich zurück. Zum Beispiel habe ich die folgende Regel aufgestellt: »Du sollst nicht vor dem offenen Kühlschrank stehen und die Milch direkt aus dem Karton trinken.« Weil das meine Regel ist, fühle ich mich berechtigt, sie jederzeit zu brechen. Ich liege nachts nicht wach und kämpfe mit meinem Gewissen, ob es rechtens ist, die Milch direkt aus dem Karton zu trinken. Ich bin Gott keine Rechenschaft schuldig, wenn ich dieses Gesetz breche, weil nicht er diese Regel eingeführt hat. Das war ich. Und das Gleiche gilt für jeden, der eine Regel in Kraft setzt, sei es nun in einer Familie, einem Club, einer Firma, einer Kirche oder einer Nation.

Indem Gott Israel das Gesetz gab, ohne gleichzeitig einen König einzusetzen, ermöglichte er dem Volk, unter der Herrschaft des Gesetzes zu leben, ohne sich einem Menschen unterzuordnen. Vor Gottes Gesetz waren alle Menschen gleich. Dieses revolutionäre juristische System stand im Gegensatz zu anderen Ländern der Antike, weil es die Stellung von Frauen, Kindern, Ausländern und sogar Sklaven verbesserte. Jedermann genoss von Gott gegebene Rechte, unabhängig von Macht, gesellschaftlichem Rang, Status oder Reichtum, weil jeder Gott, dem König, Rechenschaft schuldig war. Das Volk Israel musste sich nicht mehr den ständig wechselnden Maßstäben eines launischen Pharao beugen.

Gott wollte, dass Israel eine Theokratie blieb. Die umliegenden heidnischen Völker sollten staunend zusehen, wie die Hebräer Städte und Straßen bauten, Heere befehligten, Steuern eintrieben und Recht sprachen – die normalen Aufgaben eines Staatswesens –, doch all das ohne einen König. Sie sollten ein Volk sein, das von der Liebe und Unterordnung unter einen göttlichen Gesetzgeber angetrieben wurde. Gott wollte eine Nation aufbauen, die ihr Gesetz liebte, weil die Menschen dem vertrauten, der es ihnen gegeben hatte. Schließlich jedoch rief man in Israel nach einem König, und Gott erfüllte diese Forderung (vgl. 1. Samuel 8,19-21). Doch auch die Könige Israels konnten keine Willkürherrschaft ausüben, wie es in anderen Ländern üblich war. Sie herrschten über das Volk, waren aber Gott Rechenschaft schuldig.

Die Gebote fünf bis zehn befassen sich in erster Linie mit Beziehungen. Sie wurden den Israeliten gegeben, um ihnen zu sagen, wie man ein friedliches Miteinander gestalten kann. Die meisten leuchten uns unmittelbar ein, doch das liegt daran, dass wir in einer Kultur großgeworden sind, die größtenteils diese Werte vertritt. Das wiederum ist in der Hauptsache darauf zurückzuführen, dass die Zehn Gebote im Denken unserer Gründerväter eine entscheidende Rolle gespielt haben. Doch für Israel, eine Nation von ehemaligen Sklaven, war das Neuland. Es hatte bisher in einem Umfeld gelebt, in dem es praktisch keine individuellen Rechte gab. In einem Umfeld, in dem manchen Menschen weniger Wert beigemessen wurde als einem Tier. In Ägypten wurden Menschen ge- und verkauft und wie eine Ware gehandelt. Vor diesem Hintergrund beginnt man zu verstehen, welche Würde diese einfachen Gesetze den Männern, Frauen und Kindern dieser neuen Gemeinschaft verliehen.

Die Liste beginnt mit einem überraschenden Gebot. Noch vor dem Verbot von Mord, Ehebruch, Diebstahl, Lüge und Begehren wies Gott sein Volk an: »Ehre deinen Vater und deine Mutter.« Dieses Gebot enthält als Einziges ein ernüchterndes Grundprinzip: »Dann wirst du lange in dem Land leben, das der Herr, dein Gott, dir geben wird« (2. Mose 20,12). Gottes Auffassung zufolge war, die Eltern zu ehren, der Schlüssel zu einer friedlichen, wohlgeordneten, stabilen Gesellschaft. Im Grunde sagte er: »Eure Nation wird immer nur so stark sein wie eure Familien. Wie ihr euren Vater und eure Mutter behandelt, wird auch

Einfluss darauf haben, wie ihr eure Mitbürger behandelt, und das wiederum wird unmittelbare Auswirkungen auf das zukünftige Wohlergehen eures Landes haben.«

Der hebräische Begriff, der hier mit »ehren« übersetzt wird, bezieht sich in der Regel auf ranghohe Persönlichkeiten wie Könige, Priester oder ausländische Würdenträger. Das Gebot, die Eltern zu ehren, geht also über die Minimalforderung, ihnen als Kind zu gehorchen, weit hinaus. Gott erwartete, dass man seinen Eltern Ehre erwies, und zwar auch noch als Erwachsener. Er wusste, dass Menschen, die ihren Eltern Ehre erweisen – wie viele Fehler jene auch haben mögen –, weitaus weniger Schwierigkeiten haben würden, den letzten fünf Geboten zu gehorchen. Wenn man schon von Kindesbeinen an lernt, seine Eltern zu ehren, wird man eher geneigt sein, auch die Menschen um sich herum zu ehren. Und die darauf folgenden Gebote drehen sich darum, andere zu ehren.

»Du sollst nicht töten« (2. Mose 20,13). Die Hebräer sollten Leib und Leben anderer Menschen ehren.

»Du sollst nicht die Ehe brechen« (2. Mose 20,14). Gott erwartete von seinem Volk, dass sie die Ehe anderer Menschen ehrten.

»Du sollst nicht stehlen« (2. Mose 20,15). Er befahl ihnen, andere zu ehren, indem sie ihr Hab und Gut respektierten.

»Du sollst keine falsche Aussage über einen deiner Mitmenschen machen« (2. Mose 20,16). Gott wollte, dass sie den guten Ruf anderer Menschen ehrten.

»Du sollst den Besitz deines Nächsten nicht begehren: weder sein Haus, seine Frau, seinen Sklaven, seine Sklavin, sein Rind, seinen Esel oder sonst etwas, das deinem Nächsten gehört« (2. Mose 20,17). Der Herr verbot sogar *Gedanken*, die dem anderen die Ehre versagten! »Begehren« bedeutet ja, ein starkes Verlangen nach etwas zu verspüren, und geht darüber hinaus, etwas zu bewundern, das einem anderen gehört. Begehren beginnt dort, wo wir uns etwas, das ein anderer hat, so sehr wünschen, dass es uns unzufrieden macht. Begehren kann auch bedeuten, Groll gegen einen anderen Menschen zu hegen, weil er etwas Bestimmtes besitzt. Man wünscht sich das Betreffende so sehr, dass es die Beziehung stört.

Mit diesen sechs Geboten sagt Gott schlicht und einfach: »Wenn ihr euch eure Freiheit bewahren wollt, als Einzelne und auch als Nation, dann ehrt einander.«

1787 formulierte Benjamin Franklin, der wie Mose im Begriff stand, eine neue Nation zu gründen, in einem Brief an einen Freund diesen Gedanken neu. Er schrieb: »Nur ein tugendhaftes Volk ist fähig zur Freiheit. Wenn eine Nation moralisch verkommt, besteht eher die Notwendigkeit, Herren über sie zu setzen.«[1] Er machte sich Sorgen, dass die Konsequenzen, die sich naturgemäß daraus ergeben, wenn man den anderen nicht ehrt, die neu gegründeten Vereinigten Staaten von Amerika zerreißen würden.

Der Wert der Zehn Gebote für nichtjüdische Nationen ist in der ernüchternden Tatsache zu sehen, dass sich alle Regierungen dieser Welt der souveränen Macht eines allmächtigen Gesetzgebers beugen und ihm Rechenschaft ablegen müssen, weil ihnen ihre Herrschaftsgewalt von Gott verliehen wurde. Daher hat eine Nation unter Gott nicht die Aufgabe, Gesetze zu schaffen, sondern zu *entdecken*. Gott gab Israel spezielle Gesetze, die heute nicht mehr angemessen wären. Viele dieser Regeln befassen sich mit Fragen, die uns nicht mehr betreffen. Stattdessen stehen Regierungen heute in der Pflicht herauszufinden, wie Menschen nach Gottes Willen in einer Gemeinschaft zusammenleben sollen, sodass unsere speziellen Statuten im Einklang mit seinen vollkommenen Regeln für menschliches Verhalten stehen. Nur wenn eine Regierung Gottes Gesetz entdeckt und gutheißt, kann sie das Land bewahren, ohne die Freiheit zu gefährden.

Wenn man einmal über den Kontext nachdenkt, in dem diese Gesetze gegeben wurden, sieht man leicht, dass sie nicht die Absicht hatten, Israel etwas Gutes vorzuenthalten. Diese Gesetze sollten die Lauterkeit ihrer Beziehungen schützen. Auf diese Weise spiegelte sich in ihnen Gottes Gnade seinem Volk gegenüber wider. Die Gesetze standen nicht im Widerspruch zur Gnade. Wie alle Gebote Gottes wurden sie gegeben, um seinem Volk zu helfen, ein Leben in Gnade zu führen.

Zwar gab Gott der Herr seinem Volk die Zehn Gebote und einen komplexen Gesetzeskorpus, um das Leben der neu gegründeten Nation zu regeln, doch hatte er dabei noch etwas viel Größeres im Sinn. Das Volk der Hebräer war das auserwählte Werkzeug in seinem großen Plan, die Welt von den ewigen Konsequenzen der Sünde zu erretten. Die Nachfahren Abrahams sollten eine Nation von Priestern werden, ein von Gott regiertes Reich, und dadurch sollten ihn die anderen Völker kennenlernen. Sie sollten Gottes Stimme der Wahrheit in der Welt sein und durch ihre Lebensführung zeigen, wer er ist und was er mit den Menschen vorhat (vgl. 5. Mose 6). Schließlich sollten sie der Welt einen Erretter schenken, den sie den Messias nannten.

Abgesehen von dem ganz praktischen und zeitlich begrenzten Ziel, eine Nation aufzubauen und den Menschen Leitlinien an die Hand zu geben, gab Gott sein Gesetz auch deswegen, weil er etwas von ewiger Bedeutung damit erreichen wollte: uns mit unserer Sünde zu konfrontieren, damit wir einsähen, dass wir einen Erretter brauchen. Wie die Verfasser des Neuen Testaments später erklären sollten, gab Gott uns das Gesetz nicht, um uns gut zu machen. Er gab das Gesetz, um unsere Sünde aufzudecken. Von Anfang an wusste er, dass die Menschheit sein Gesetz nicht halten würde und dazu auch gar nicht in der Lage war, selbst wenn man es auf zehn einfache Verhaltensregeln reduzierte. Daher bestimmte er bereits innerhalb des Gesetzeswerks, was mit den Menschen geschehen sollte, die diese Bestimmungen brachen. Wir finden dort Anweisungen zur Wiedergutmachung, wenn ein Israelit absichtlich oder aus Versehen einem Landsmann Schaden zufügte. Ebenso werden dort Strafen für bestimmte Übertretungen festgelegt – wieder für absichtliche und unabsichtliche. Im Gesetz sind außerdem detaillierte Opfervorschriften angegeben, mittels derer Sünder ihre Verfehlungen bereuen, Vergebung finden und die zerbrochene Beziehung zu Gott wieder in Ordnung bringen konnten. Noch einmal: Gott wusste von Anfang an, dass die Menschheit es nicht immer richtig machen würde. Das Gesetz, zusammen mit dem Opfersystem, deckte also die Sünde seines Volks auf und erinnerte sie ständig daran, dass sie der Gnade bedurften. Sogar hier

Gott gab uns das Gesetz nicht, um uns gut zu machen. Er gab das Gesetz, um unsere Sünde aufzudecken.

entdecken wir die Gnade Gottes im Gesetz, denn das Gesetz verurteilte nicht nur die Sünde, sondern sagte auch, wie sie wiedergutzumachen sei.

Jedes der vorgeschriebenen Opfer war eine praktische Lehrstunde für den Opfernden. Er musste das allerbeste Tier aus seiner Herde auswählen, eines, das keinen einzigen Makel aufwies. Das erinnerte die Israeliten daran, dass die Sünde kostenträchtig ist und immer jemand die Konsequenzen sündhafter Entscheidungen auf sich nehmen muss. Darüber hinaus brachte es ihm das Konzept der Stellvertretung nahe – der Vorstellung, dass ein vollkommenes, makelloses Opfer die Strafe für die Sünde eines anderen auf sich nehmen kann. Das vollbrachte Opfer zur Sühnung der Sünde versicherte dem Sünder, dass Gott ihm diese Verfehlung niemals mehr vorhalten würde. Das Gesetz konfrontierte die Menschheit sowohl mit dem Ernst der Sünde als auch mit der Tiefe von Gottes Gnade.

Als Gott dem Volk Israel das Gesetz gab, geschah etwas Interessantes, das das Verhältnis zwischen Gesetz und Gnade weiter illustriert. Die Bibel erzählt uns, dass die Natur auf gewaltige Weise reagierte, als Mose mit dem Gesetz Gottes den Berg hinunterkam. Verständlicherweise jagte das den Israeliten Angst ein. Doch hören Sie einmal auf ihre Reaktion: »Als die Israeliten das Donnern und den Posaunenschall hörten und die Blitze und den Rauch sahen, der vom Berg aufstieg, zitterten sie vor Angst und blieben in einiger Entfernung stehen. Und sie sagten zu Mose: ›Rede du mit uns, dann wollen wir zuhören. Gott soll nicht direkt zu uns sprechen, sonst werden wir sterben‹« (2. Mose 20,18-19).

Das Gesetz konfrontierte die Menschheit sowohl mit dem Ernst der Sünde als auch mit der Tiefe von Gottes Gnade.

»Was hat das denn mit Gnade zu tun?«, fragen Sie nun. So unschön es auch klingt, selbst die Furcht einflößende Herrlichkeit Gottes war ein Ausdruck seiner Gnade. Als die Menschen am Fuße des Sinai zitterten, weil der Berg donnerte, rauchte und blitzte, als die Ehrfurcht gebietende Gegenwart sichtbar wurde, beruhigte Mose sie: »Habt keine Angst, [...] denn Gott ist gekommen, um euch auf die Probe zu stellen: Eure Ehrfurcht vor ihm soll euch davon abhalten, Schuld auf euch zu laden« (2. Mose 20,20).

Sogar diese Furcht einflößende Demonstration seiner Macht diente dem Volk zum Guten. Die Israeliten hatten niemals Erfahrungen damit gesammelt, welche Folgen Ungehorsam für den Einzelnen oder das Staatswesen haben konnte. Sie waren naiv wie Kinder und waren gar nicht in der Lage zu verstehen, was die Sünde ihrer jungen Nation antun konnte. Sie begriffen überhaupt nicht, welche Gefahr es barg, wenn sie Mischehen mit Angehörigen der heidnischen Völker eingingen, die sie umgaben. Auch die Risiken finanzieller Verbindlichkeiten konnten sie nicht einschätzen. Das alles war Neuland für sie. Gott konnte zwar nichts daran ändern, dass sie noch keine Erfahrungen gesammelt hatten, aber er setzte seine überwältigende Macht ein, um sie einzuschüchtern und ihnen Angst zu machen, damit sie sich ihm unterwarfen. Sie finden das unangemessen? Ich nicht. Als ich noch ein Kind war, hatte ich bei vielen Gelegenheiten Angst vor meinem Vater. Die natürlichen Folgen verbotener Aktivitäten fürchtete ich jedoch nicht. Warum denn auch? Ich war naiv. Doch vor den väterlichen Konsequenzen hatte ich Angst. Das hielt mich davon ab, in größere Schwierigkeiten zu kommen. Wenn ich zurückblicke, würde ich das unter dem Stichwort »Gnade« verbuchen.

Inzwischen haben Sie vermutlich eine gedankliche Verbindung hergestellt. Was damals für Israel galt, gilt auch heute für Sie und mich. Das Gesetz Gottes, wie es im Neuen Testament noch einmal wiederholt wird, stellt einen Aspekt seiner Gnade dar. Gottes Gebote stehen nicht im Widerspruch dazu. Sie wurden uns gerade aus Gnade gegeben. Gott gab uns sein Gesetz, damit wir in der Lage sind, frei von der Sünde und ihren Konsequenzen zu bleiben. Es stimmt doch: Was Sie heute in Ihrem Leben am meisten bedauern, hätten Sie vermeiden können, wenn Sie Gottes Gesetz gehorcht hätten, oder? Und Sie wären von manchen schmerzhaften Erinnerungen frei, die Ihnen die Schamröte ins Gesicht treiben.

Im Rückblick begreift man schnell, dass Gottes Gesetz von Gnade umgeben ist. Nur im Augenblick der Versuchung vergessen wir das. Dann reden wir uns wie Adam und Eva oder das Volk Israel ein, dass

Gott uns etwas Gutes vorenthalten will. Wenn wir in solchen Momenten jene Verbote als Ausdruck der befreienden und beschützenden Gnade Gottes verstehen würden, würden wir vielleicht weniger widerspenstig sein und uns ihm noch mehr fügen. Dann würden wir der Gnade erlauben, in uns zu wirken. Und wir würden frei bleiben!

Kapitel 6:

Befreit von der Gnade

Gnade urteilt langsam und erlöst schnell.

Die Geschichte, wie das Volk Israel die Stadt Jericho einnahm, hörte ich zum ersten Mal als Kind in der Sonntagsschule. Kriegsgeschichten fesselten mich immer am meisten, und ganz besonders galt das für diese, weil wir dazu ein Lied lernten, das an den Sieg der Israeliten erinnerte. Sie können mitsingen, wenn Sie möchten:

Joshua fought the battle of Jericho,
Jericho, Jericho.
Joshua fought the battle of Jericho,
and the walls came tumblin' down.[1]

Wenn wir die Geschichte gehört und ein paar Lieder gesungen hatten, bekamen wir ein Glas Saft und kleine gelbe Kekse mit einem Loch in der Mitte.

Das sind großartige Erinnerungen, und gerade diese Geschichte aus dem Alten Testament löst in mir immer noch Staunen aus. Sie hat mich etwas Wichtiges für mein Leben gelehrt: Ich muss keine Angst haben, wenn Hindernisse oder einschüchternde Gegner vor mir stehen; ein großer und mächtiger Gott liebt mich und hat versprochen, für mich zu kämpfen. Stellen Sie sich also meine Reaktion vor, als ich Jahre später, erwachsen geworden, den Rest der Geschichte las:

> Die Priester bliesen die Hörner. Als die Israeliten das hörten, schrieen sie, so laut sie konnten. Da stürzten die Mauern Jerichos zusammen, und die Israeliten drangen geradewegs in die Stadt ein und eroberten sie. Alles, was darin war – Männer und Frauen, Junge und Alte, Rinder, Schafe, Ziegen und Esel –, alles wurde vernichtet (Josua 6,20-21).

Halten Sie einmal einen Augenblick inne und stellen Sie sich das Schauspiel vor, die Geräusche und Gerüche jenes Tages. Das brutale Blutbad, das stattfand, als das Heer der Israeliten jedes Lebewesen in Jericho niedermetzelte. Ich sehe dann wieder die Szenen aus Ruanda vor mir und verspüre das gleiche Entsetzen wie bei meinem Besuch des *Kigali Genocide Memorial Centre*. Wenn Sie zu lange darüber nachdenken, bekommen Sie das Gefühl, Sie hätten ein Geheimnis über Gott entdeckt, eine dunkle Seite, die man nur selten zu Gesicht bekommt oder von der man vorgibt, sie existiere einfach nicht. Es hilft mir zu verstehen, warum sich manche Leute weigern, an den Gott der Bibel zu glauben. Ich kann begreifen, warum manche den Gott des Alten Testaments im Vergleich zum sanften, barmherzigen Gott des Neuen Testaments als primitiveres und ihm unterlegenes Wesen ablehnen.

Die widersprüchlichen Bilder von Gott im Alten und Neuen Testament sorgen für eine Spannung, die sich nur schwer auflösen lässt. Ich will Ihren Verstand nicht beleidigen, indem ich sie einfach wegerkläre. Tatsache ist, dass Gott Furcht einflößend *und* gnädig ist. Gott hasst das Böse *und* liebt die Menschen. Gott bestraft die Sünde *und* erweist Sündern Gnade. Die Überzeugung, dass es sich beim Gott des Alten und beim Gott des Neuen Testaments um zwei verschiedene Wesen handelt, teile ich nicht. Diese Auffassung ist zwar sehr praktisch, bringt jedoch ein neues Problem mit sich: Ich erschaffe mir Gott nach dem Bild, mit dem ich gut leben kann. Und das ist immer ein Fehler. Doch wenn ich glaube, dass es sich um ein und denselben Gott handelt … dann habe ich, und viele Menschen mit mir, eine ganze Menge zu erklären. Das Blutbad nach der Eroberung Jerichos verlangt nach einer solchen Erklärung.

> Gott bestraft die Sünde und erweist Sündern Gnade.

Um das Gesamtbild zu sehen, müssen wir den Kontext dieser verstörenden Ereignisse untersuchen. Vergessen wir also für einen Augenblick unsere Kindheitserinnerungen, legen die zerkratzte Brille des Skeptikers beiseite und untersuchen das historische Ereignis, als sei es das erste Mal.

Ungefähr sechshundertfünfzig Jahre vor der Schlacht von Jericho schloss Gott einen bedingungslosen Bund mit Abraham. Er versprach ihm, dass er zum Stammvater einer großen Nation werden und Gottes besonderen Segen empfangen würde. Die Hebräer, die einmal von ihm abstammen würden, sollten das Land Kanaan als ewiges Erbteil in Besitz nehmen. Wie in Kapitel 4 angemerkt, nennen wir aus diesem Grund Israel das Gelobte Land – weil Gott Abraham *gelobt* hatte, es ihm zu geben. Gott der Herr sagte allerdings auch voraus, dass die Nachkommen Abrahams nicht in Kanaan, sondern in Ägypten zu einem großen Volk werden würden. In 1. Mose lesen wir folgende Worte Gottes an Abraham:

> Du sollst wissen, dass deine Nachkommen Fremde in einem fremden Land sein werden. Sie werden vierhundert Jahre lang als Sklaven unterdrückt werden. Doch ich werde das Volk, das sie unterdrückt, bestrafen. Am Ende werden sie mit großen Reichtümern von dort wegziehen. Du aber wirst ein hohes Alter erreichen und in Frieden sterben (1. Mose 15,13-15).

Wie wir in der Geschichte des Auszugs aus Ägypten sahen, geschah genau das. Vierhundertdreißig Jahre später war aus einer fünfundvierzigköpfigen Großfamilie eine Nation von etwa drei Millionen Menschen geworden, und dann »kam ein neuer König in Ägypten an die Macht, der nichts von Josef wusste« (2. Mose 1,8). Obwohl sich das Regime zur Wehr setzte, führte Mose die Israeliten aus Ägypten heraus, um sie im Gelobten Land anzusiedeln. Im Grunde brachte er sie damit in ihre eigentliche Heimat zurück.

In der Zwischenzeit hatten sich natürlich auch Abrahams ehemalige Nachbarn vermehrt, Städte gebaut, Landwirtschaft betrieben und ein Dutzend oder mehr eigenständige Kulturen entwickelt. Als die Israeliten an der Grenze des Gelobten Landes standen und sich darauf vorbereiteten, es einzunehmen, wie Gott es ihnen befohlen hatte, war es schon besetzt! Das ließ den Besetzern, den Kanaanitern, wie sie im 1. Buch Mose genannt werden, drei Möglichkeiten offen.

Möglichkeit 1: Das Israel verheißene Territorium zu verlassen und sich an einem anderen Ort anzusiedeln.

Möglichkeit 2: Alle Kräfte zum Kampf zusammenzuziehen und die Israeliten zu besiegen.

Möglichkeit 3: Sich Israel zu ergeben und sich als Sklaven anzubieten, so wie die Israeliten Sklaven in Ägypten gewesen waren.

Heute empfinden wir den Gedanken an eine Invasion als entsetzlich. Menschen aus ihrem Land zu vertreiben, klingt so falsch. Schließlich hat genau das die Nahostkrise ausgelöst, oder? Wütet nicht in unserer Zeit gerade aus diesem Grund die arabische Welt gegen Israel? Die Antwort auf die beiden Fragen lautet Ja. Doch die Bibel sagt uns, dass hinter dieser im Alten Testament geschilderten Landnahme noch mehr steckt.

Gottes Verheißung für Abraham, dass seine Familie schließlich ins Gelobte Land zurückkehren und es in Besitz nehmen würde, enthielt auch die folgende Anmerkung: »Erst wenn die Sünde der Amoriter das Maß voll gemacht haben wird, werden deine Nachkommen nach vier Generationen hierher zurückkehren« (1. Mose 15,16). Dieser Vers ist außerordentlich wichtig; wenn man ihn im Zusammenhang liest, erschließt sich seine Bedeutung sofort. Unter den wachsamen Augen des Pharao wuchs Israel zu einer Nation heran, während die Volksgruppen, die in dem Land lebten, das Israel versprochen worden war, eine Kultur entwickelten, die auch nach antiken Maßstäben absolut heidnisch war. Ein Menschenleben zählte kaum etwas oder gar nichts. Überall wurden Götzen angebetet. Die Bibel wie auch die Archäologie offenbaren Zivilisationen, die die abscheulichsten, widerwärtigsten Praktiken pflegten, die man sich nur vorstellen kann, darunter Inzest, Geschlechtsverkehr mit Tieren, institutionalisierter sexueller Missbrauch von Frauen und Kinderopfer (vgl. 3. Mose 18,24-28). So viel Verabscheuenswertes wurde hier praktiziert, dass Gott den Entschluss fasste, es sei am besten, sie mit Haut und Haaren auszurotten. Diese Kulturen waren nicht mehr zu retten. Die Kulturen wohlgemerkt, nicht die Menschen.

Der Ausdruck »das Maß voll gemacht haben« (1. Mose 15,16) weist darauf hin, dass Gott diesen Gruppen genug Zeit und Chancen gab, von ihrem Tun abzulassen. Dass sie mit ihren Sünden das Maß *noch nicht* voll gemacht hatten, deutet darauf hin, dass Gott darauf wartete, das Urteil über diese Nationen zu sprechen; schließlich und endlich würde er sie für ihre Taten zur Rechenschaft ziehen. Wenn man das Buch Josua liest, wird deutlich, dass Gott Israel gebrauchte, um über diese heidnischen Kulturen zu urteilen und sie zu bestrafen.

Doch all das wirft eine schwierige Frage auf: Woher konnten die Kanaaniter wissen, dass Gott ihre heidnischen Praktiken verabscheute? Wie konnten sie wissen, dass sie *sündigten*? Und gegen wen? Was wussten sie denn von Gott? Die Antwort auf diese Fragen lautet: Wir wissen es nicht. Doch manches können wir auf solider Grundlage vermuten. Dass Gott so lange (nämlich über vierhundert Jahre) damit wartete, die Kanaaniter für ihre Sünde zu bestrafen, deutet darauf hin, dass sie wahrscheinlich gewarnt waren. Angesichts dessen, was wir an anderer Stelle im Alten Testament finden, ist es eine durchaus vernünftige Annahme, dass Gott Propheten schickte, um sie vor dem bevorstehenden Gericht zu warnen, wenn sie nicht Buße taten. Auch in anderen Fällen handelte Gott so: Jona wurde nach Ninive geschickt, um diese nichtjüdische Nation zur Buße zu rufen. Obwohl wir nicht wissen, ob in diesem Fall etwas Ähnliches geschah, wissen wir, dass Gott genau darauf achtete, was im Gelobten Land vor sich ging. Und was er dort sah, gefiel ihm nicht.

Als die Israeliten den Jordan überquerten und Kanaan betraten, wollten sie das Land nicht nur einnehmen, sondern auch reinigen. Vor diesem Hintergrund gab Gott ihnen genaue Anweisungen im Hinblick auf die Invasion. Sie sollten keine Mischehen mit den Ungläubigen eingehen. Wenn die Israeliten eine Stadt eroberten, sollten sie alles zerstören, was irgendeinen Wert besaß. An der Kriegsbeute durften sie sich nicht bereichern, anders als es in der damaligen Zeit Brauch war. Manche Städte sollten völlig verwüstet werden; niemals durften sie wieder aufgebaut oder bewohnt werden.

Für die meisten von uns klingt das ziemlich extrem, und ganz gewiss ist das nicht typisch für den Gott, den man uns als Kinder nahebrachte. Doch vergessen Sie nicht, dass die Sünde gleichfalls extreme Auswirkungen auf die Welt hatte. Gott griff zu extremen Maßnahmen, um sicherzustellen, dass die Nation, mit der er bei null anfing, einen guten Start hatte.

In diesen ersten Jahren wurden die Grundlagen gelegt. Allerdings war man in dieser Zeit auch anfällig für negative Einflüsse. Daher durfte man nichts dem Zufall überlassen. Wie Eltern, die ihr Neugeborenes vor allem schützen, was ihm Schaden zufügt, beschützte Gott sein Volk – aus verständlichen Gründen. Denn diese Nation sollte anders sein als alle anderen. Als Abrahams Nachkommen sich wieder im Gelobten Land niederließen, wurde ein neues und wichtiges Kapitel in Gottes Heilsgeschichte aufgeschlagen. Viel hing davon ab, ob die Neuansiedlung gelang. Gott griff daher zu weitreichenden Maßnahmen, um sicherzustellen, dass Israel vom Einfluss der benachbarten Völker abgeschirmt wurde. Denn er wusste, dass aus dieser jungen Nation eines Tages derjenige kommen würde, dessen Gnade allen Kulturen und Völkern dieser Welt zuteilwerden sollte.

Doch kommen wir zur eigentlichen Geschichte zurück.

Wie jeder gute General schickte Josua einige Abgesandte voraus, um das Terrain und die Verteidigungsanlagen der Städte zu erkunden. Die Männer gaben sich als Reisende aus und kamen bei einer Prostituierten namens Rahab in einem Haus in der Stadtmauer unter. Noch vor Einbruch der Nacht wurden sie jedoch als Spione entlarvt, und man informierte den König von Jericho darüber, dass sie sich bei Rahab aufhielten (vgl. Josua 2,2-3). Der König wiederum befahl Rahab, ihre hebräischen Gäste auszuliefern, doch sie entschied sich, die beiden zu verstecken. Damit setzte sie ihr Leben aufs Spiel, denn der König hätte sie mit Sicherheit dafür hinrichten lassen, dass sie Spione bei sich beherbergte. Doch sie machte sich nichts aus der Gefahr und log die Beamten des Königs an: »Die Männer waren tatsächlich hier, aber ich wusste nicht, woher sie kamen. Sie haben die Stadt bei Einbruch der Dunkelheit, kurz bevor die Stadttore geschlossen wurden, wieder verlassen, und ich weiß nicht, wohin sie gegangen sind. Wenn ihr euch beeilt, holt ihr sie vielleicht noch ein« (Josua 2,4-5).

Kurz nachdem sich die Beamten des Königs über die Ebene in Richtung Jordan auf den Weg gemacht hatten und die Stadttore hinter ihnen geschlossen waren, ging Rahab auf den Dachboden, wo sie die

Spione unter den Flachsbündeln versteckt hatte, die dort trocknen sollten. Nun erklärte sie ihnen, warum sie ihr eigenes Leben riskiert hatte, um das ihre zu retten. Ihre Worte offenbaren nicht nur ihre Motive, sondern zeigen auch, wie die Kanaaniter dachten und fühlten. Sie sagte:

> »Ich weiß, dass der Herr euch dieses Land gegeben hat. [...] Wir haben alle große Angst vor euch. Die Leute fürchten sich entsetzlich. Denn wir haben gehört, wie der Herr euch trockenen Fußes durch das Rote Meer gebracht hat, als ihr aus Ägypten auszogt. Wir wissen auch, was ihr Sihon und Og, den beiden Amoriterkönigen jenseits des Jordan, angetan habt, deren Völker ihr völlig vernichtet habt. Als wir das hörten, ängstigten wir uns schrecklich! Keiner hat noch den Mut zu kämpfen. Denn der Herr, euer Gott, ist der Gott oben im Himmel und unten auf der Erde« (Josua 2,9-11).

Rahab bekräftigte ihren persönlichen Glauben, dass der eine und wahre Gott den Israeliten das Land Kanaan gegeben hatte. Offenbar war die Verheißung, die Abraham sechshundertfüfzig Jahre zuvor erhalten hatte, bei den Kanaanitern wohlbekannt. Als die Söhne des Bundes sich anschickten, den Jordan zu überqueren, verstanden die Menschen, die im Gelobten Land wohnten, sehr wohl, was das bedeutete. Sie hatten gehört, welche Wunder den Auszug aus Ägypten begleitet und welche militärischen Siege die Israeliten über andere feindliche Kanaaniter errungen hatten. Rahab beschrieb die Geisteshaltung ihrer Landsleute, als sie sagte: »Keiner hat noch den Mut zu kämpfen. Denn der Herr, euer Gott, ist der Gott oben im Himmel und unten auf der Erde« (Josua 2,11).

Mit anderen Worten: Viele Kanaaniter erkannten an, dass der Gott der Hebräer souverän über das gesamte Universum herrschte. Sie glaubten, dass er Kanaan den Israeliten gegeben hatte und diese sich am Ostufer des Jordans versammelt hatten, um ihr Erbe anzutreten. Rahab jedoch reagierte völlig anders als ihre Landsleute. Während die Kanaaniter sich auf einen Krieg vorbereiteten, ergab sie sich und bat um Schutz. Kurz bevor die hebräischen Spione in der Dunkelheit verschwanden, flehte sie: »Nun schwört mir bei dem Herrn, dass ihr mich und meine Familie verschonen werdet, weil ich euch geholfen habe.

Gebt mir ein Pfand, dass ihr mich am Leben lasst, und ebenso meine Eltern und Geschwister sowie deren Familien« (Josua 2,12-13).

Die beiden Spione versprachen, am Tag der Schlacht ihr Leben und das ihrer Familie zu verschonen. Als der Suchtrupp außer Sichtweite war, kletterten sie durch ein Fenster nach draußen und ließen sich an einem Seil hinab. Damals war die Stadt von zwei Mauern umschlossen, die parallel im Abstand von etwa fünf Metern verliefen. Auf den dicken Holzbalken dazwischen wurden Wohnungen errichtet. Rahab bewohnte eines der oberen Stockwerke, das ein Fenster nach draußen hatte.

Bevor sie gingen, wiesen die Männer Rahab an, eine rote Schnur in das Fenster zu hängen, damit das Heer der Israeliten wusste, welche Wohnung in der Schlacht verschont werden sollte. Jeder, der an diesem Schicksalstag in ihrer Wohnung Zuflucht suchte, sollte mit dem Leben davonkommen.

Die Ähnlichkeiten zum Passahfest kann man nicht übersehen. Als der Todesengel bei der letzten Plage in Ägypten durch das Land ging und alle Erstgeborenen tötete, wurde jedes Haus verschont, dessen Türpfosten mit Lammblut beschmiert war. Wie Gott den Israeliten Gnade erwiesen hatte, erwies er sie auch einer heidnischen Prostituierten, die nichts weiter von ihm wusste als seinen Namen.

Als Josua Moses Nachfolge antrat und die Führung des Volkes Israel übernahm, war er bereits ein erfahrener General. Nun, da Jericho angegriffen werden sollte, hätte er Standardbelagerungstaktiken angewandt, doch Gott hatte einen anderen und ungewöhnlichen Plan. Den folgenden Teil kennen die meisten von uns aus der Sonntagsschule. Der Herr sagte zu Josua: »Dein Heer soll die Stadt einmal am Tag umrunden. Das soll sechs Tage lang geschehen. Dabei sollen sieben Priester vor der Lade hergehen, und jeder von ihnen soll ein Widderhorn tragen. Am siebten Tag sollt ihr die Stadt siebenmal umrunden und die Priester sollen in die Hörner stoßen« (Josua 6,3-4).

Manche meinen, dass es sich hierbei möglicherweise um einen Versuch der psychologischen Kriegsführung handelte. Die Einwohner von

Jericho fürchteten den Gott der Israeliten. Daher wäre es ein Geniestreich gewesen, die Prozession mit der Bundeslade anzuführen, dem wichtigsten Symbol der Gegenwart Gottes. Darüber hinaus hatten die Spione in Erfahrung gebracht, dass die Kanaaniter Angst bekommen und ihren Kampfwillen verloren hatten. Eine gut umgesetzte Einschüchterungstaktik hätte die Männer von Jericho also dazu bewegen können, die Stadt kampflos aufzugeben.

Eine interessante Idee. Allerdings hatte Gott von Anfang an geplant, die Stadt auf übernatürliche Weise zu erobern. Er wies Josua an: »Wenn ihr hört, dass die Priester ihre Hörner blasen, soll das ganze Volk lautes Kriegsgeschrei anstimmen. Daraufhin werden die Stadtmauern zusammenbrechen, und das Volk kann geradewegs in die Stadt eindringen« (Josua 6,5). Warum sollten sie sich dann überhaupt die Mühe machen, diese Parade zu veranstalten? Warum sollten sie sechs Tage lang einmal täglich um die Stadtmauer marschieren? Warum nicht nur einmal herumlaufen, Kriegsgeschrei erheben und die Stadtmauer gleich am ersten Tag dem Erdboden gleichmachen? Könnte es sein, dass der Herr den Einwohnern von Jericho sechs Tage Zeit geben wollte, noch einmal über ihre Entscheidung nachzudenken, sich dem Volk Gottes entgegenzustellen? Es besteht kein Zweifel daran, dass er auch zehntausend rote Seile in Fenstern in der ganzen Stadt nicht übersehen hätte. Es hätte ihn gefreut, wenn die Verantwortlichen das Stadttor geöffnet, ihren falschen Götzen abgeschworen, ihre abscheulichen Praktiken abgeschafft und den Gott Israels als den einen wahren Gott anerkannt hätten.

Während des sechstägigen Marsches hätte jeder, der wollte, bei Rahab Zuflucht suchen können. Die Spione hatten nicht nur versprochen, ihre Angehörigen zu schützen, sondern für die Sicherheit jedes Einzelnen garantiert, der sich in ihrer Wohnung aufhielt. Doch sechs Tage vergingen, und nur Rahab und ihre Familie wollten Gottes Gnade in Anspruch nehmen.

Am siebten Tag marschierten die Israeliten siebenmal um die Stadt. Danach bliesen die Priester ihre Posaunen, das Volk erhob ein Kriegsgeschrei und die Mauern stürzten ein. Es sind viele Theorien im Umlauf, wie das vor sich ging, und sie sind alle sehr interessant. Zuweilen hört man, dass das Echo mehrerer hunderttausend Stimmen die

Mauern zum Einsturz brachte. Andere glauben, dass der Marschtritt so vieler Füße die Fundamente ins Wanken brachte, sodass schließlich die Mauer zusammenbrach. Wir wissen es nicht. Und letzten Endes spielt es auch keine Rolle. Allerdings wissen wir, dass allein Gott für den Sieg der Israeliten an jenem Tag verantwortlich war. Und wenn die kanaanitischen Völker schon vorher Angst gehabt hatten, so steigerte sie sich nach jenem Sieg in Jericho ins Unermessliche.

Als die Mauern in sich zusammenstürzten, brach das Chaos aus. Das Heer der Israeliten fiel in die Stadt ein und führte Gottes Anweisungen buchstabengetreu aus. Sie brachten jeden einzelnen Menschen in der Stadt um, töteten das Vieh, zerstörten die Gebäude und steckten alles in Brand, was noch übrig geblieben war. Inmitten dieser Verwüstung verschonte Gott jedoch ein Haus, weil eine kanaanitische Prostituierte an ihn geglaubt hatte. Von Jericho waren nur Rahab, ihre Familie sowie ihr Hab und Gut übrig geblieben. »Zu den beiden Kundschaftern sagte Josua: ›Geht zum Haus der Prostituierten und holt sie und ihre ganze Familie heraus, wie ihr versprochen habt‹« (Josua 6,22).

Die beiden Männer taten, was Josua ihnen befohlen hatte. Mitten im Schlachtgetümmel, als die Häuser brannten und Schwerter klirrten, rettete ein hebräischer Trupp Rahab, ihren Vater, ihre Mutter, ihre Brüder und »alle anderen Verwandten«. Er brachte die ganze Familie in Sicherheit.

> Danach brannten die Israeliten die Stadt vollständig nieder. Nur die silbernen, goldenen, kupfernen und eisernen Gegenstände wurden in die Schatzkammer des Hauses des Herrn gebracht. Die Prostituierte Rahab und alle ihre Verwandten wurden von Josua verschont, weil sie die Kundschafter versteckt hatte, die Josua nach Jericho geschickt hatte. Noch heute lebt sie beim israelitischen Volk (Josua 6,24-25).

Übersehen Sie nur nicht den letzten Satz. Er ist unglaublich wichtig. Der Erzähler, der diese Geschichte einige Jahre später niederschrieb, jedoch noch vor Rahabs Tod, schließt seinen Bericht mit einem denkwürdigen Epilog: »Noch heute lebt sie beim israelitischen Volk.« Eine kanaanitische Prostituierte, die unter anderen Umständen nach dem mosaischen Gesetz gesteinigt worden wäre, wurde zu einem anerkannten Mitglied der Gesellschaft, einer Adoptivtochter des Bundes.

Weil sie Gott vertraut hatte und von der Gemeinschaft angenommen worden war, erhielt sie Anrecht auf einen Teil des Landes, das Abrahams Nachkommen versprochen worden war. Indem sie auf ihren unberechtigten Anspruch auf das Land verzichtete und Gottes Angebot annahm, ihr zu vergeben und Gnade zu erweisen, wurde Rahab zur Adoptivtochter in Gottes Familie und zur Erbin der Verheißung an Abraham.

Doch die Geschichte ist hier noch nicht zu Ende! Das Matthäusevangelium sagt uns, dass Rahab kein Schattendasein in der israelitischen Gesellschaft führte und sich nicht allein von der Milch und dem Honig ernährte, den die anderen übrig ließen. Trotz ihrer sündhaften Vergangenheit sah ein junger Mann namens Salmon in Rahab eine wunderschöne, gläubige Frau und hielt bei ihrer Familie um ihre Hand an. Sie bekamen einen Sohn, den sie Boas nannten. Boas wiederum, möglicherweise beeinflusst vom beachtlichen Mut seiner Eltern, heiratete Rut, eine besitzlose Witwe aus Moab. Ihr Urenkel war kein Geringerer als König David.

Rahab, die nun keine Prostituierte mehr war und nicht in den untersten Rängen der kanaanitischen Gesellschaft ums Überleben kämpfen musste, wurde zu einem Mitglied der hebräischen Gesellschaft. Mit der Zeit vergaß man, dass sie einmal eine Hure gewesen war. Man kannte sie als Rahab, Frau des Salmon. Oder als Rahab, Mutter von Boas.

Schließlich wurde sie zu einer herausragenden Figur der hebräischen Geschichte, zu einer Stammmutter von Königen, zu einer Vorfahrin der größten Dynastie, die die Welt jemals kennen wird. Darüber hinaus sollte der Messias, der König der Könige, aus ihrer Linie stammen. Die nachfolgenden Generationen würden Rahab als eine der glücklichsten Frauen bezeichnen, die jemals in der Barmherzigkeit Gottes Zuflucht gesucht hatten.

Letzten Endes empfing Rahab viel mehr, als sie aufgegeben hatte. Gott hatte ihr mehr Gnade und Gunst erwiesen, als sie sich in ihren kühnsten Träumen ausgemalt hatte.

Rahabs Geschichte, die in ihrer Dramatik fast an ein Märchen erinnert, illustriert die Schönheit und das Wunder der Gnade Gottes. Doch bei all ihrer Einzigartigkeit unterscheidet sich ihre Geschichte gar nicht so sehr von der unseren. Bevor die Israeliten an den Stadtmauern von Jericho auftauchten, hatten sie ihre Nachbarn, Mitbürger, Kunden und selbst ihre Eltern als Hure abgestempelt. Vielleicht maßen die Leute von Jericho solch einem Etikett nicht dieselbe Bedeutung zu wie wir heute, doch ich zweifle nicht daran, dass auch sie spürte, wie unwürdig ihre Beschäftigung war. In der Regel wird eine Frau nur dann Prostituierte, wenn die Umstände sie dazu zwingen, ganz unabhängig von ihrer Kultur und Religion. Doch als Rahab die Wahl hatte, zusammen mit ihren heidnischen Landsleuten zu sterben oder sich Gott auszuliefern, entschied sie sich für Letzteres. So bekam sie ein neues Etikett: Rahab, Mutter der Könige.

In mancher Hinsicht ist Rahabs Geschichte unsere Geschichte. Jeder von uns trägt ein Etikett mit sich herum. Vielleicht haben Sie es schon Ihr ganzes Leben vor den Blicken anderer Menschen verborgen und möchten, dass es geheim bleibt. Sie achten darauf, dass Menschen aus Ihrer Vergangenheit nicht mit den Menschen in Kontakt kommen, die Sie heute kennen. Sie versuchen, möglichst nicht allzu viele alte Erinnerungen hochkommen zu lassen, weil sie und das alte Etikett schmerzhaft sind. Vielleicht veranlasst Sie dieses Etikett sogar, nicht auf Gott zuzugehen. Vielleicht ist es der Grund, warum Sie nur ungern einen Fuß in die Kirche setzen. Wenn das der Fall ist, denken Sie einmal über das Folgende nach:

Es ist doch interessant, dass die israelitischen Spione Rahabs Lebensstil mit keinem Wort kommentierten, als sie ihr anboten, ihr Leben zu retten. Dass sie ihre Beschäftigung aufgeben sollte, war nicht Teil ihrer Abmachung. Man diskutierte nicht einmal darüber, ob sie ihr Leben ändern sollte. Sie erkannte den Gott Israels als den mächtigsten Gott überhaupt an und versteckte dann seine Diener. Das war alles. Rahabs Etikett war für Gott kein Hindernis. Und Ihres ist es ebenso wenig! Die Realität und die Scham, die hinter Ihrem Etikett stehen mögen, stellen kein Hindernis für Gottes Gnade dar. Wie Rahab sind auch Sie eingeladen, wie Sie sind – mit Ihrem Etikett und Ihrer ganzen Lebensgeschichte. Wie Israel sind auch Sie eingeladen, eine Beziehung mit Gott einzugehen, die auf Glauben gründet, nicht auf der Befolgung von Regeln.

So ist die Gnade. Und so war sie von Anfang an. Gnade fordert von einem Menschen nicht zuerst, das beschämende Etikett abzulegen, sondern die Gnade versetzt uns überhaupt in die Lage dazu. Sie fordert nicht, sondern hilft uns. Wenn wir uns Rahabs Geschichte ansehen und daran denken, wie viel Geduld Gott mit den Völkern hatte, die das Gelobte Land bewohnten, wird die Botschaft unmissverständlich klar: *Die Gnade urteilt langsam und kommt Ihnen schnell entgegen.*

Das gilt auch für die persönliche Ebene. In Bezug auf die Etiketten, die Sie mit sich herumschleppen oder herumgeschleppt haben, gilt: Gott urteilt langsam, ist aber gerne bereit, Sie zu erlösen. Und zwar nicht erst, wenn Sie sich von den Etiketten, die Ihnen peinlich sind, befreit oder distanziert haben, sondern bereits im Lauf dieses Prozesses. Gnade verleiht Ihnen sogar neue Etiketten: vergeben. Angenommen. Geliebt.

In Bezug auf die Etiketten, die Sie mit sich herumschleppen oder herumgeschleppt haben, gilt: Gott urteilt langsam, ist aber gerne bereit, Sie zu erlösen.

Wir wissen nicht, wie lange es dauerte, bis Rahab ihre Vergangenheit endgültig abgeschüttelt hatte. Wir wissen nicht, wie lange es dauerte, bis sie sich selbst nicht mehr durch die Brille ihres früheren Verhaltens sah. Ich vermute, dass das ein längerer Prozess war, der jedoch schließlich damit abgeschlossen wurde, dass sie sich über ihr neues Leben, ihre neue Identität und ihr neues Verhältnis zu Gott freute. Ebenso kann es auch einige Zeit dauern, bis Sie Ihr Etikett ein für alle Mal ablegen können. Ich möchte Ihnen jedoch Mut machen, dass Sie in der Zwischenzeit Ihr Leben und Denken an die neuen Etiketten angleichen, die Sie durch die Gnade Ihres himmlischen Vaters erhalten haben.

Um Sie auf diesem Weg zu begleiten, habe ich ein kurzes Gebet geschrieben, das schlicht ausdrückt, dass Sie Gottes Einladung angenommen haben. Wenn es eine Saite in Ihnen zum Klingen bringt, würde ich Ihnen vorschlagen, dass Sie es abschreiben und immer wieder durchlesen. Alte Etiketten lösen sich nicht so schnell ab. Und manchmal dauert es eine Weile, bis die neuen Etiketten richtig haften.

Himmlischer Vater, ich glaube, dass deine Gnade mächtiger ist als meine Etiketten. Ich glaube, dass Christus starb, um die Strafe für die Sünde zu bezahlen, für die mein Etikett steht. Ich glaube, dass du mir ein neues Etikett anbietest. Vergeben. Angenommen. Geliebt. Heute erkläre ich, dass es stimmt, was du über mich sagst. Du hast mir vergeben. Ich bin angenommen. Ich bin geliebt. Lehre mich, so zu leben, wie ich deiner Aussage nach bin. Amen.

Kapitel 7:

Getragen von der Gnade

Gottes Gnade kennt keine Grenzen.

Wir alle erinnern uns daran, was uns unsere Eltern gesagt haben, als wir noch klein waren, vor allem, wenn sie es immer und immer wieder sagten. Mein Vater wiederholte besonders gerne eine Wendung, die er einem Gleichnis Jesu entnahm: »Von den Menschen jedoch, denen viel anvertraut wurde, wird viel verlangt« (Lukas 12,48). Meistens kam er mir damit, wenn er das Gefühl hatte, ich hätte nicht mein Bestes gegeben oder nützte eine Chance nicht richtig. Weil das ziemlich oft der Fall war, hörte ich diese Bemerkung sehr häufig.

Ich gehöre auf jeden Fall zu den Menschen, denen »viel anvertraut« wurde. Ich hatte ein großartiges Zuhause mit großartigen Eltern. Mir wurden überdurchschnittlich viele Chancen geboten, darunter die Möglichkeit, aufs College und die Universität zu gehen. Wenn von Menschen, denen viel anvertraut wurde, viel verlangt wird, dann wird man von mir viel verlangen. Das soll, wie ich vermute, motivierend wirken, doch manchmal habe ich das Gefühl, dass ich dadurch zusätzlich unter Druck gerate.

Warum bringe ich dieses Thema dann überhaupt zur Sprache?

Dass Gott Rahab Gnade erwies, indem er sie rettete und ihr einen Platz im Stammbaum Jesu gab, ist in mancher Hinsicht ermutigend. Ganz gewiss hatte sie eine solche Ehre nicht verdient. Sie war ja nicht einmal Jüdin. Andererseits kann man ihr nicht vorhalten, dass sie eine heidnische Prostituierte war. Sie wusste es ja nicht besser. Sie lebte als Heidin in einer heidnischen Kultur und tat genau das, was Götzendiener und Heiden tun. Zwar ist es wunderbar, dass Gott ihr Gnade erwies, aber man muss auch einräumen, dass sie kaum zu den Menschen gehörte, denen »viel anvertraut« war.

Doch Sie und ich, wir wissen es besser, oder? Wir haben ja Bibeln.

Wir gehen in die Kirche. Ich habe sogar eine Gemeinde gegründet! Mit sechs Jahren habe ich mich bekehrt. Eigentlich müsste ich geistlich viel reifer sein, als ich tatsächlich bin. Dass ich schon in jungen Jahren zum Glauben kam, bedeutet auch, dass ich genügend Zeit hatte, Gott mehr Versprechen zu geben und nicht zu halten als der Durchschnittschrist. Wenn Gottes Gnade begrenzt wäre, bin ich sicher, dass ich meinen Anteil schon vor langer Zeit aufgebraucht hätte.

Glücklicherweise wird allen, denen viel anvertraut worden ist und die daher große Verantwortung tragen, auch viel Gnade erwiesen. Wie viel? Mehr, als wir uns vorstellen können. Niemand im Alten Testament war sich dieser Tatsache deutlicher bewusst als der Herr, mit dem wir uns in diesem Kapitel näher beschäftigen wollen. Ihm war alles gegeben, was man sich nur wünschen könnte. Und er wusste sogar, dass er alles, was er hatte, Gott verdankte. Im Gegensatz zu Rahab war er genau informiert. Er konnte keine Entschuldigung geltend machen. Er kannte Gottes Gesetz und hatte seine Segnungen erfahren. Am erstaunlichsten ist, dass Gott ihm eine einzigartige Verheißung gab. Trotzdem wandte er sich von Gott ab. Wenn es jemals einen Menschen gegeben hat, der sich durch sein Verhalten selbst von Gottes Gnade abschnitt, dann war er das. Doch schließlich entdeckte er, dass Gottes Gnade keine Grenzen kennt.

> *Glücklicherweise wird allen, denen viel anvertraut worden ist und die daher große Verantwortung tragen, auch viel Gnade erwiesen.*

Unsere Geschichte beginnt vierzig Kilometer südlich der Ruinen von Jericho in der Stadt Bethlehem. Dort sollte Rahabs Urenkel Isai Besuch von einem Propheten erhalten. In jener Zeit deutete das immer auf ein Ereignis von beträchtlicher Tragweite hin. Die Botschaft war entweder außergewöhnlich gut oder außergewöhnlich schlecht. In diesem Fall überbrachte der Prophet gute Nachrichten, sehr gute sogar.

Der Prophet hieß Samuel. Er überbrachte Isai die Botschaft, dass Gott einen seiner Söhne dazu erwählt hatte, der nächste König in Israel zu werden. Isai muss sich gewundert haben, denn es gab bereits einen König. Doch er widersprach nicht, sondern rief alle seine Söhne zusammen, wie Samuel es gesagt hatte. Genauer gesagt holte er sieben seiner acht Söhne herbei. Sein jüngster Sohn David war offenbar nicht aus dem Holz gemacht, aus dem man Könige schnitzt. Darum ließ er ihn auf der Weide weiter die Schafe hüten.

Als Samuel seinen Blick auf Isais ältesten Sohn richtete, glaubte er schon, er hätte den von Gott erwählten Nachfolger gefunden. Eliab war groß gewachsen. Seine schönen Gesichtszüge würden die Menschen anziehen und den Soldaten im Kampf Mut machen. Doch Gott hatte ihn nicht erwählt. Samuel sah sich alle jungen Männer der Reihe nach an und unterhielt sich kurz mit ihnen. Dabei hoffte er, dass Gott ihn auf den Richtigen hinweisen würde. Doch das geschah nicht.

An diesem Punkt stellte Samuel Isai eine Frage, die ihm wohl sehr merkwürdig vorgekommen sein muss: »Sind das alle deine Söhne?« Doch wie sich herausstellte, war es genau die richtige Frage. »Da ist noch mein jüngster Sohn«, antwortete Isai. »Er hütet die Schafe.« Samuel bestand darauf, dass David geholt wurde, und zu jedermanns Überraschung war er der Erwählte.

Der Prophet salbte Davids Kopf in einer schlichten, doch höchst bedeutungsvollen Zeremonie mit einigen Tropfen Olivenöl. Die Bibel erzählt: »Von diesem Tag an kam der Geist des Herrn über ihn und verließ ihn nicht mehr« (1. Samuel 16,13). David war nun als der »Gesalbte« oder der »Gesalbte des Herrn« bekannt. Gott hatte ihn dazu bestimmt, über Israel zu herrschen. Doch sobald die improvisierte Zeremonie vorbei war, rieb sich David das Öl von der Stirn und eilte zur Weide zurück, um weiter die Schafe zu hüten. Schließlich wusste jeder, dass er kein König war. Er war ein Hirte.

Davids Geschichte ist von Anfang bis Ende eine Geschichte der Gnade. Warum David? Was hatte er geleistet, dass er diese Ehre verdiente? Nichts, absolut nichts. Offenbar war auch seine Familie dieser Meinung. Sie hatten ihn nicht einmal zu seiner eigenen Krönung eingeladen. Darüber hinaus hätte der neue König eigentlich der Sohn des alten Königs sein müssen. David stammte nicht einmal aus der richtigen Familie. Und doch hatte Gott gerade ihn ausgesucht, obwohl er weder aus der königlichen Familie stammte noch der Erstgeborene war.

Viele Jahre später, nachdem David sich die Thronfolge gesichert und alle Feinde besiegt hatte, setzte er – so erzählt es die Bibel – es sich in den Kopf, Gott einen Tempel zu bauen. Bis zu diesem Zeitpunkt war die Bundeslade, ein Holzkasten, der die ursprünglichen Gesetzestafeln enthielt, in einem kunstvoll gestalteten Zelt untergebracht. Es war der Mittelpunkt der jüdischen Gottesverehrung. Für die Juden des Altertums repräsentierte das Allerheiligste in der Stiftshütte die Gegenwart Gottes. David ließ den Propheten Nathan zu sich rufen und sagte: »Sieh doch, [...] ich lebe hier in diesem herrlichen Palast aus Zedern und die Lade Gottes steht in einem Zelt« (2. Samuel 7,2). Die Vorstellung, ein die Zeit überdauerndes Gebäude zu errichten, in dem man Gott anbetete, gefiel Nathan, und er ermutigte David, seinen Traum in die Tat umzusetzen. Doch in der folgenden Nacht weckte Gott den Propheten mit einer besonderen Botschaft auf: Das sei zwar eine gute Idee, doch David nicht der Mann, um sie durchzuführen. Sein Sohn würde den Tempel bauen. Doch gleich nach dieser enttäuschenden Nachricht machte Gott David ein Versprechen. Ein außergewöhnliches Versprechen. Ein bedingungsloses Versprechen, das noch viele Generationen betreffen würde:

> »So spricht der Herr, der Allmächtige: Ich habe dich zum Herrscher über mein Volk Israel gemacht, als du noch draußen auf dem Feld die Schafe gehütet hast. Ich bin mit dir gewesen, was immer du unternommen hast, und habe alle deine Feinde vernichtet. Und ich habe deinen Namen berühmt gemacht; er gehört zu den Namen der Großen auf Erden« (2. Samuel 7,8-9).

Höchstwahrscheinlich haben Sie schon einmal von David gehört, bevor Sie dieses Buch aufgeschlagen haben. Genau das sagt der letzte Satz voraus. Gott gab David die Zusage, dass sein Name über seine Generation hinaus Bestand haben würde. Er fuhr fort:

> »Und nun kündigt der Herr dir an, dass er dir ein Haus bauen wird. Denn wenn du stirbst, werde ich einen deiner Nachkommen als deinen Nachfolger einsetzen und werde sein Königtum festigen. Er

> wird dann für mich, für meinen Namen, ein Haus bauen. Und ich werde seiner Herrschaft für immer Bestand geben. [...] Aber meine Gnade will ich ihm nie entziehen, wie ich sie Saul entzogen habe, dem ich zu deinen Gunsten die Herrschaft weggenommen habe. Dein Haus und deine Königsherrschaft werden für alle Zeit vor mir bestehen bleiben und dein Thron wird für immer feststehen« (2. Samuel 7,11-16).

Gott versprach David, dass sein Name bestehen bleiben würde, und das geschah. Gott versprach David, dass ihm sein Sohn auf den Thron folgen und den Tempel bauen würde, und Salomos Tempel zählt zu den bedeutendsten Bauwerken der Antike. Und Gott versprach David, dass sein Reich für immer bestehen würde. Für immer. Für alle Zeiten. Im letzten Satz wird das besonders betont. Der König würde so lange aus Davids Haus stammen, wie Israel einen König hatte.

Das hebräische Wort für »Gnade« in dem Halbsatz »Aber meine Gnade will ich ihm nie entziehen« lautet *chesed*. Fast zweihundertfünfzigmal taucht es im Alten Testament auf, um Gottes unverdiente Freundlichkeit zu beschreiben, die uns niemals im Stich lässt und unseren Bedürfnissen zuvorkommt. Die *chesed* des Herrn ist Gnade. Gott gab David und seinen Nachkommen ein Versprechen, weil er gnädig war, nicht weil sie sich ein Anrecht darauf erarbeitet hätten. Und es war ein bedingungsloses Versprechen. Keine »Wenn, dann«-Klausel war darin enthalten.

Die Juden verstanden diese Reihe von Verheißungen später so, dass der Messias aus Davids Linie stammen würde. Wie sich herausstellte, lagen sie damit richtig. Es ist also nicht überraschend, dass Matthäus mit einem Stammbaum begann, als er sich Hunderte von Jahren später hinsetzte, um seine Version des Lebens Jesu aufzuschreiben. Er wusste, dass niemand die Behauptung, Jesus sei der Messias, ernst nehmen würde, wenn nicht eine unstrittige Verbindung zwischen Jesus und David hergestellt war. Ebenso war es auch kein überflüssiges Detail, als die Engel den Hirten in der Nacht, als Jesus geboren wurde, verkündigten: »Der Retter – ja, Christus, der Herr – ist heute Nacht in Bethlehem, der Stadt *Davids*, geboren worden!« (Lukas 2,11; Hervorhebung des Autors). Mit der Geburt Jesu wurde das Versprechen, das Gott König

David und seiner Familie gemacht hatte, erfüllt und zur Vollendung gebracht. Doch das sind nur Anfang und Ende der Geschichte. Interessant für uns ist der Mittelteil, der chaotische Mittelteil, der diese Geschichte zu einer Geschichte der Gnade macht.

In dem Augenblick, da der Geist Gottes den jungen David erfüllte, verließ er König Saul (vgl. 1. Samuel 16,14). Doch offensichtlich wurde Saul darüber nicht informiert. Er regierte daher weiter, so gut er konnte. Schließlich, und dabei hatte die Vorsehung Gottes sicherlich ihre Hand im Spiel, wurde David, der Hirtenjunge, im ganzen Land berühmt, weil er Goliat getötet hatte, und kam in die Dienste des Königs. Sein Ruhm mehrte sich so sehr, dass er sogar den Sauls in den Schatten stellte. Gerade als David sich an das Leben am Königshof gewöhnt hatte, wurde er vom Sohn des Königs gewarnt, dass man einen Anschlag auf ihn plante. Diesen Plan hatte der König persönlich geschmiedet. Daher ergriff David die Flucht. Er verbarg sich in den Hügeln und Höhlen in der judäischen Wüste am Südrand des Toten Meers. In den folgenden vierzehn Jahren wurde David geächtet und gejagt.

Schließlich sammelte er eine Gruppe von anderen aus der Gesellschaft Ausgestoßenen um sich. Gemeinsam führten sie ein Leben auf der Flucht vor einem König, der sich in den Kopf gesetzt hatte, dass ihm sein Sohn auf den Thron folgen sollte. Wiederholt bewies David außergewöhnliche Treue und Integrität und handelte wie ein Mann, der zum Herrschen geboren war. Zweimal verschonte er Sauls Leben. Bei mehreren Gelegenheiten nahm er Gefahren auf sich, um die Landesgrenzen zu verteidigen. Manchmal aber übermannte ihn die Hoffnungslosigkeit. Dann trübte die Furcht seine Urteilskraft.

In einer tragischen Episode log David die Priester im Dorf Nob an, damit sie ihm Proviant für seine Männer gaben. Er behauptete, im Auftrag Sauls unterwegs zu sein. Daher halfen ihm die Priester sofort. Als Saul jedoch hörte, dass die Leute von Nob seine Feinde mit Nahrungsmitteln versorgt hatten, befahl er seinem Heerführer, alle Bewohner des Dorfs niederzumetzeln. Männer, Frauen, Kinder, Priester und Tiere fielen dem Schwert zum Opfer (vgl. 1. Samuel 22,18-19). Nur ein Mann,

Abjatar, überlebte und setzte sich zu David ab, um ihm von dem Massaker zu berichten. Der Kummer überwältigte David. Er wusste, dass es sein Fehler gewesen war. Er war in Panik geraten. Dann übernahm er die Verantwortung für das Geschehene und sagte: »Ich bin für den Tod deiner ganzen Familie verantwortlich.« Er schwor, sein ganzes Leben lang für Abjatar zu sorgen.

Obwohl David in diesem Fall die Situation völlig falsch eingeschätzt hatte, war er doch immer noch dazu bestimmt, König von Israel zu werden. Gott hatte es so gewollt. Er hatte es in dem Wissen gewollt, dass David sich seines Vertrauens nicht immer würdig erweisen würde. Er hatte es in dem Wissen gewollt, dass der Tag kommen würde, an dem David ihm mehr als ausreichend Gründe liefern würde, dieses Versprechen zurückzuziehen. Trotzdem galt dieses Versprechen. Denn es hing nicht von Davids Verhalten ab, sondern von der Gnade des Gottes, der es gegeben hatte.

Nachdem David jahrelang wie ein Straßenräuber gelebt hatte, bestieg er schließlich den Thron. König Saul und sein Sohn Jonatan waren in der Schlacht gefallen. Die Mehrheit des Volks erkannte Davids Recht auf die Thronfolge an. Nachdem er die Königswürde akzeptiert hatte, vereinigte er den losen Stammesverbund zu einer starken Nation. Er sicherte die Grenzen, unterwarf die heidnischen Nachbarvölker und eroberte die Gebiete, die Abraham verheißen worden waren. Er stärkte die Wirtschaft Israels und machte das Land zu einem Machtfaktor in der Region. In genau jener Zeit, als David Erfolge feierte, schickte Gott Nathan mit der Botschaft zu ihm, dass sein Königtum Bestand haben würde. Doch in jener Zeit traf David auch manche Entscheidungen, die seinen Ruf für immer schädigen würden, Entscheidungen, gegen die Sauls Verfehlungen wie Strafzettel wegen Falschparkens wirkten. Wer das Gesetz kannte, begriff, dass König David nach allem, was er in seinen besten Jahren getan hatte, als König nicht mehr tragbar war. Und jeder, der persönlich miterlebte, wie David handelte, erwartete wohl, dass Gott seine Verheißung nun zurückziehen würde. Doch das tat er nicht, denn an diese Verheißung

Trotzdem galt dieses Versprechen. Denn es hing nicht von Davids Verhalten ab, sondern von der Gnade des Gottes, der es gegeben hatte.

waren keine Bedingungen geknüpft. Gott war nicht daran gelegen, einen Grund zu finden, sie zurückzuziehen, als David die ihm verliehene Stellung ausnutzte, um sich unrechtmäßige Vorteile zu verschaffen.

Die Geschichte von David und Batseba ist so bekannt, dass ich sie an dieser Stelle nicht in aller Ausführlichkeit erzählen muss. Deshalb will ich mich kurzfassen. Eines Frühlings wurde das Heer der Israeliten – so wie in jedem Jahr – in Marsch gesetzt, um eine feindliche Stadt zu belagern. In diesem Frühling entschied sich David jedoch aus Gründen, die wir niemals erfahren werden, dafür, in Jerusalem zu bleiben. Eines Abends ging er auf dem Dach seines Palastes spazieren und entdeckte, dass in der Nachbarschaft eine junge Frau ein Bad nahm. Er wurde neugierig und rief einen Diener herbei, um zu fragen, wer sie war. Mit seiner Antwort hatte David vermutlich nicht gerechnet: »Es ist Batseba, die Tochter von Eliam und Frau des Hetiters Uria« (2. Samuel 11,3). Diese Worte enthielten eine unterschwellige Warnung: *Eliam, dein Freund, dem du vertraust, und dein gefeierter Leutnant Uria setzen ihr Leben für dein Königreich aufs Spiel, während du ihrer Tochter und Frau lüsterne Blicke zuwirfst.* David ignorierte die Botschaft zwischen den Zeilen und schickte nach Batseba, um sich mit ihr in seinen Privatgemächern zu treffen. Wir werden nie erfahren, ob sich Batseba in dieser unglückseligen Affäre David aus freien Stücken hingab. Vielleicht war sie dazu nur allzu bereit. Vielleicht hatte sie auch Angst, dem König etwas abzuschlagen. Wir wissen lediglich, dass sie die Nacht mit David verbrachte und am nächsten Morgen nach Hause zurückkehrte.

Einige Wochen später ließ sie David eine Nachricht zukommen: »Ich bin schwanger.« Ihr Mann Uria war seit vielen Wochen nicht mehr zu Hause gewesen. David steckte also in Schwierigkeiten. Ihm standen im Grunde nur zwei Möglichkeiten offen: bekennen oder vertuschen. David entschied, sich nicht den Konsequenzen seines sündigen Tuns zu stellen, sondern die Sache zu verheimlichen. Er rief Uria unter dem Vorwand, einen taktischen Bericht anzufordern, vom Kriegsschauplatz nach Hause und hoffte, das Problem wäre gelöst, wenn er einige Tage zu Hause bei seiner Frau verbrachte. Der Soldat jedoch entschied sich dafür, im Soldatenquartier des Palastes zu schlafen. Als David ihn nach dem Grund fragte, antwortete er: »Die Lade und die Krieger Israels und Judas leben in Zelten und Joab und seine Männer übernachten auf offenem Feld. Wie könnte ich da nach Hause gehen und essen und trinken und mit meiner Frau schlafen? Ich schwöre bei deinem Leben, das werde ich nicht tun« (2. Samuel 11,11). David bestand darauf, dass Uria noch eine Nacht in der Stadt verbrachte. Er versuchte, Uria betrunken zu machen und ihn dann nach Hause zu schicken, doch auch dieses Mal dachte der loyale Soldat an das Opfer, das seine Kameraden brachten, und weigerte sich, mit seiner Frau zu schlafen.

An diesem Punkt ging es für David nur noch um Schadensbegrenzung. Er tat das Undenkbare und schickte Uria mit einem versiegelten Schreiben für Joab, den Oberbefehlshaber des Heeres, zurück zur belagerten Stadt. Darin befahl er Joab, Uria an die Frontlinie zu stellen und sich zurückzuziehen, wenn die Schlacht tobte. Für Uria bedeutete das das Todesurteil. Doch es war auch das Todesurteil für Dutzende von Soldaten, die an Urias Seite bis zum blutigen Ende kämpfen würden, wie David sehr genau wusste. Es war ein schrecklicher Machtmissbrauch. Es war Mord.

> *Gnade und Strafe schließen sich nicht gegenseitig aus. Strafe ist oft ein Ausdruck der Gnade.*

Joab führte den Befehl aus. Uria kam um. Batseba spielte die trauernde Witwe, David den Freund und Tröster. Dann ließ er sie in seinen Palast holen und heiratete sie. David verstand es, das Endergebnis in seinem Sinn zu beeinflussen. Doch dabei brach er praktisch jedes einzelne der Zehn Gebote. Die Menschen um ihn herum waren machtlos und konnten ihm seine Taten nicht vorhalten, doch für Gott galt das nicht. »Aber dem Herrn missfiel, was David getan hatte« (2. Samuel 11,27). Diese Verfehlung konnte man nicht übersehen. Wie David noch entdecken sollte, schließen sich Gnade und Strafe nicht gegenseitig aus. Strafe ist oft ein Ausdruck der Gnade.

Eines Nachmittags stattete der Prophet Nathan dem Palast einen Überraschungsbesuch ab. Obwohl er David bei einer früheren Gelegenheit zugesagt hatte, dass Gott ihm für alle Zeit seine Gunst gewähren würde, hielt er ihm nun seine Sünden entgegen, und der König gab alles zu: »Ich habe gegen den Herrn gesündigt« (2. Samuel 12,13), bekannte er. Psalm 51 hält man für Davids öffentliches Sündenbekenntnis, nachdem ihm Nathan seine Taten vorgehalten hatte. Hören Sie einmal darauf, auf welche Grundlage David seine Bitte stellt.

> Gott, sei mir gnädig
> um deiner Gnade willen
> und vergib mir meine Sünden
> nach deiner großen Barmherzigkeit (Psalm 51,3).

David hatte begriffen, dass Erlösung und Vergebung allein in Gottes unverbrüchlicher Liebe zu finden sind. Seine einzige Hoffnung war die Gnade. Später erklärt er: »Mit Schlachtopfern bist du nicht zufrieden, sonst hätte ich sie dir gebracht und auch Brandopfer würdest du nicht annehmen« (Vers 18).

David wollte sich nicht hinter dem Ritual eines Tieropfers verstecken. Er wollte nicht vorschützen, dass das Blut eines Tiers alles wieder in Ordnung zwischen ihm und Gott bringen würde. Er selbst konnte überhaupt nichts zu einer Versöhnung beitragen, sondern war ganz und gar auf Gottes Gnade angewiesen. Seine Reue war echt. Offenbar war er sehr unglücklich, was diese Sünde betraf. Nun hatte er keine andere Wahl, als darauf zu warten, wie Gott reagieren würde.

An jenem Tag nahm der Prophet Nathan kein Blatt vor den Mund. Dass David seine königliche Macht missbraucht hatte, würde noch Generationen lang Konsequenzen haben. Nathan verkündete:

> »Von jetzt an wird das Schwert eine ständige Bedrohung für deine Familie sein, denn du hast mich missachtet, indem du die Frau des Hetiters Uria zu deiner gemacht hast.« Und weiter spricht der Herr: »Ich werde deine eigene Familie gegen dich aufbringen. Ich werde deine Frauen einem anderen Mann geben und er wird vor aller Augen mit ihnen schlafen. Du hast es im Geheimen getan, ich werde es dir öffentlich, vor den Augen ganz Israels, antun« (2. Samuel 12,10-12).

Da bekannte David Nathan: »Ich habe gegen den Herrn gesündigt« (Vers 13).

Eine einzige gute Nachricht konnte Nathan an diesem Tag überbringen: Gott würde von David nicht sein Leben fordern. Stattdessen würde er jedoch dem Kind das Leben nehmen, das ihm und Batseba geboren worden war (Vers 14). Wie vorausgesagt, erkrankte das Kind und starb. Doch das war nur der Anfang. In den folgenden Jahren wurde sein Familienleben von einer schier endlosen Serie von öffentlichen Skandalen geprägt. Sein ältester Sohn Amnon vergewaltigte seine Halbschwester Tamar. Aus Gründen, über die wir nur spekulieren können, unternahm David nichts. Die Bibel erzählt weiter: »Als König David hörte, was geschehen war, wurde er sehr zornig« (2. Samuel 13,21), aber damit hatte es sich. Die Wut stieg in ihm hoch, doch es folgten keine Taten. Keine Strafe. Nichts.

Zwei Jahre beschützte Absalom seine Schwester Tamar und wartete darauf, dass David ihr zu ihrem Recht verhelfen würde. Doch als deutlich wurde, dass David die Sache auf sich beruhen lassen würde, ohne Gerechtigkeit walten zu lassen, ließ Absalom Amnon umbringen. Weil er nicht sicher war, wie sein Vater auf den Mord an seinem Erstgeborenen und wahrscheinlichen Thronfolger reagieren würde, floh er aus dem Land. Als Absalom Jahre später nach Jerusalem zurückkehrte, weigerte sich David, seinem Sohn eine Audienz zu gewähren. Zwei weitere Jahre vergingen, bis Absalom eine Begegnung mit seinem Vater erzwang, und zwar mittels einer weiteren rufschädigenden Intrige. Nach einer wenig herzlichen Begrüßung durch David und einer halbherzigen Versöhnung bezog Absalom offen Stellung gegen seinen Vater. Früh am Morgen bezog er Position an der Straße, die zu Davids Palast führte. Wenn jemand kam, um dem König einen Fall vorzutragen, griff er ein und sagte: »Du bist wirklich im Recht. Aber beim König ist niemand, der sich damit befassen wird. Ich wünschte, ich wäre der Richter in diesem Land. Dann könnten die Leute mit ihren Streitfällen zu mir kommen und ich würde ihnen Gerechtigkeit verschaffen« (2. Samuel 15,3-4).

Nachdem er vier Jahre Davids System der Rechtspflege angeprangert hatte, wurde er zum Kopf einer Verschwörung, um David vom Thron zu stoßen und an seiner Stelle über das Land zu herrschen. Er konnte sogar so viele Soldaten für sich gewinnen, dass er es schaffte, Jerusalem einzunehmen und David in die Flucht zu schlagen. Der Palast war nun unter seiner Kontrolle. Er errichtete ein Zelt auf dem Dach, in dem er mit den Konkubinen seines Vaters schlief und so ein öffentliches Schauspiel daraus machte. Dann begann er David zu jagen, ganz ähnlich wie Saul viele Jahre zuvor. Ein Bürgerkrieg brach aus. Die Grenzen des Reichs waren gefährdet. Die Feinde Israels wurden kühner. Die ganze Geschichte endete damit, dass Absalom wie ein Tier gehetzt und schließlich umgebracht wurde, obwohl David ausdrücklich befohlen hatte, seinen Sohn lebendig gefangen zu nehmen.

David begriff, dass auch er zu einem gewissen Teil für Absaloms Rebellion verantwortlich war. Als Vater hatte er versagt. Er hatte auch darin versagt, in Gottes Auftrag für Gerechtigkeit zu sorgen. Er hatte versäumt, seine eigenen Angehörigen für ihre Verfehlungen zur Rechenschaft zu ziehen. Er hatte sich selbst und die Menschen, die ihm am nächsten standen, über das Gesetz gestellt. David begriff, dass sich all das in einen größeren Zusammenhang einordnen ließ, denn er hatte Gott, der ihm so vieles gegeben und verheißen hatte, nicht gehorcht. Letzten Endes musste er sich selbst dafür die Schuld geben. Er hatte sich in jeder Hinsicht selbst disqualifiziert und vom Segen Gottes abgeschnitten. Niemand hatte Gottes Gnade so sehr strapaziert wie er. Abgesehen von Abraham war keinem Menschen so viel von Gott verheißen worden. Und niemand, nicht einmal Abraham, war von Gott so sehr gesegnet worden, was Reichtum, Macht und Prestige betraf.

Wenn Gnade begrenzt wäre, hätte Davids Verhalten das gezeigt.

Doch obwohl David Gottes überreichlichen Segen in den Wind schlug, überstrapazierte er Gottes Gnade nicht. Wenn Gnade begrenzt wäre, hätte Davids Verhalten das gezeigt. Doch Gott zog sein Versprechen nicht zurück. Sein Angebot blieb bestehen. Er hatte seine Meinung nicht geändert. Im Grunde ging es hier auch gar nicht um David, sondern um Gottes unerschöpfliche Liebe. Es ist und war schon immer die Geschichte seiner Gnade, einer Gnade, die keine Grenzen kennt. Gnade ist größer als alle Sünden, wie es in einem alten englischen Choral heißt.[1] Sogar größer als die Sünden, die König David beging.

Wenn wir den dritten Akt von Davids Leben schreiben müssten, würden wir ihn mit großer Sicherheit anders gestalten, als er sich tatsächlich darstellte. Der größte Unterschied zwischen den beiden Versionen würde vermutlich Batsebas Rolle betreffen. In unserer Version würde sie wahrscheinlich für den Rest ihres Lebens unfruchtbar bleiben, als Strafe dafür, dass sie ihren ersten Mann betrogen und mitgeholfen hatte, den Mord an ihm zu vertuschen. Vielleicht würde sie die Trauer über den Tod ihres Kindes in den Selbstmord treiben oder ein Leben in der Abgeschiedenheit wählen lassen. Das würde unseren Gerechtigkeitssinn befriedigen. Doch nichts dergleichen geschah.

David und Batseba bekamen ein zweites Kind, einen Sohn. Sie nannten ihn Salomo. Er folgte seinem Vater als dritter König Israels auf den Thron und führte sein Land in das Goldene Zeitalter Israels. Er ließ den Traum seines Vaters Wirklichkeit werden und erbaute den Tempel. Viele Menschen halten ihn für den weisesten Mann, der jemals auf dieser Erde gelebt hat. Als Krönung hat er auch noch drei Bücher der Bibel verfasst. Ist das nicht verrückt? Wenn sein Vater nicht gesündigt hätte, wäre Salomo niemals geboren worden. Man könnte sogar mit Fug und Recht behaupten, dass Salomo niemals hätte geboren werden sollen. Aber er kam auf die Welt, und nicht nur das, sondern er war auch der Sohn, den Gott auserwählt hatte, um das Erbe anzutreten, das Gott seinem Vater David verheißen hatte. Das ist Gnade. Unverdiente, nicht erarbeitete, unerwartete, unerklärliche, unglaubliche Gnade. Deshalb hielt Gott sein Versprechen gegenüber einem Menschen, der Versprechen gebrochen hatte wie kaum ein anderer in der Geschichte der Menschheit.

Zwischen Davids und unserem Leben gibt es vermutlich kaum Berührungspunkte, doch eins haben wir alle mit ihm gemeinsam. Wir alle haben Gottes Gnade auf die Probe gestellt. Wir alle haben sein Gesetz gebrochen. Mit seinen Segnungen sind wir verantwortungslos umgegangen. Wir haben eine Sünde bekannt, nur um sie gleich wieder zu begehen. Bei solchen Gelegenheiten beginne ich mich zu fragen: *Wie oft denn noch? Wie oft kann ich von Gott erwarten, dass er mir immer wieder dieselbe Sünde vergibt?* Jeder von uns hat schon einmal überlegt: *Wo hört die Gnade auf, wo fängt die Strafe an?* Nach Davids Geschichte zu urteilen, kennt Gnade keine Grenzen.

Hunderte von Jahren später drückte ein Mann, der sich als den »Schlimmsten« aller Sünder empfand (1. Timotheus 1,15), etwas ganz Ähnliches aus. In seinem Brief an die Christen in Rom formulierte er es so: »Das Gesetz aber wurde gegeben, damit alle Menschen erkennen konnten, wie sündig sie waren. Doch als das Ausmaß der Sünde unter den Menschen immer größer wurde, ist Gottes wunderbare *Gnade* noch grenzenloser geworden« (Römer 5,20; Hervorhebung des Autors). Genau diese Erfahrung hat David gemacht.

Davids Sünde hat das Ausmaß von Gottes Gnade auf so dramatische Weise offenbart, dass Matthäus, dem die Sünde selbst nicht fremd war, nicht widerstehen konnte, in dem von ihm zusammengestellten Stammbaum Jesu auf dieses dunkle Kapitel in Davids Geschichte anzuspielen. In seiner Liste, die fast ausschließlich männliche Vorfahren enthält, erinnert er seine Leser an Davids Fehltritt: »Obed war der Vater von Isai. Isai war der Vater von König David. David war der Vater von König Salomo (seine Mutter war Batseba, die Witwe Urias)« (Matthäus 1,5-6). Man fragt sich, warum Matthäus ausgerechnet das eine Ereignis in Davids Leben erwähnt, das man am liebsten unter den Tisch kehren würde. Ich glaube, für ihn war dieses Detail von wesentlicher Bedeutung für die Geschichte, die er erzählen wollte. Matthäus, der der Mensch gewordenen Gnade Auge in Auge gegenübergestanden hatte, wusste, dass die Gnade, die Jesus anbot, die Gnade der religiösen Führer seiner Zeit weit übertraf. In Jesus sah er die Gnade, die David erfahren hatte. Gnade, die die Sünde in ihrem ganzen Ausmaß auffangen konnte. Gnade, die die Sünde der Welt auffangen konnte.

Nach Davids Geschichte zu urteilen, kennt Gnade keine Grenzen.

Ganz egal, was Sie getan haben, egal, wie weit Sie vom Weg abgekommen sind, egal, wie lange es her ist, dass Sie sich direkt an Gott gewandt haben, egal, was man Ihnen erzählt hat, egal, wie Sie sich fühlen: Die Gnade wartet auf Sie. Gnade, die viel größer ist als all Ihre Sünde!

Kapitel 8:

Verblüfft von der Gnade

Bei der Gnade kann man nur vorhersehen, dass sie unvorhersehbar ist.

Die vielleicht tiefgründigste Aussage zur Gnade Gottes findet man in einer der seltsamsten Geschichten der Bibel – der Geschichte von Jona. Seit Jahrhunderten machen Skeptiker geltend, dass die Geschichte unmöglich wirklich passiert sein kann. Niemand kann im Bauch eines Fisches drei Tage überleben. Auch das Argument, dass es sich nicht um einen Fisch, sondern um einen Wal gehandelt haben könnte, hilft im Grunde nicht weiter. Wenn diese Geschichte tatsächlich passiert ist, dann war ein Wunder nötig – eigentlich sogar mehrere. Jesus selbst nahm auf Jona Bezug. Offenbar hielt er ihn für eine historische Persönlichkeit und glaubte, dass die im Jonabuch erwähnten Ereignisse wirklich geschehen waren. Also ist das auch meine Meinung. In Streitfragen schlage ich mich immer auf die Seite Jesu. Warum? Weil er von den Toten auferstanden ist. Eines Tages möchte ich das auch. Deshalb halte ich mich an die Worte Jesu, auch wenn sie manchmal schwer zu verstehen sind.

Das nur als Vorbemerkung. Wenn Sie an der Geschichte von Jona schwer zu knabbern haben, möchte ich Ihnen einen Kompromiss vorschlagen. Betrachten Sie die Geschichte einfach als Mythos mit einer Botschaft. Vielleicht haben Sie sich schon einmal von einem Roman oder einer Geschichte inspiriert gefühlt. Sie haben Filme gesehen und Bücher gelesen, die nicht auf einer wahren Begebenheit basierten, Sie aber trotzdem zu Tränen bewegten und in Ihnen den Wunsch weckten, eine bessere Mutter, ein besserer Vater, Boxer, Gladiator oder was auch immer zu werden. Ordnen Sie die Geschichte also in diese Kategorie ein und machen Sie sich mit mir auf den Weg.

Unsere Betrachtung der Gnade im Alten Testament nähert sich ihrem Ende und wir werden demnächst zum Neuen Testament kommen. Geschichte und Botschaft des Jonabuchs sind so etwas wie ein Scharnier zwischen den beiden Teilen. Es geht hier nicht in erster Linie um einen Mann, der von einem Fisch verschluckt wurde, sondern um jemanden, der mit den Konsequenzen der Gnade zu kämpfen hat. Jona verstand, was es bedeutete, der Gnade zu bedürfen. Gleichzeitig sah er sich jedoch nicht in der Lage, bestimmten Menschen Gnade zu erweisen. In erster Linie handelte es sich dabei um Leute, die seiner Meinung nach keine Gnade verdienten. Das Problem ist natürlich, dass niemand Gnade verdient. Wenn sie verdient ist, ist es keine Gnade. Aber ich greife vor.

Jona lebte um das achte vorchristliche Jahrhundert herum in einem winzigen Dorf bei Nazareth während einer ungewöhnlichen Friedensperiode für Israel. Die beiden Hauptfeinde Israels im Norden – die Aramäer und die Assyrer – hatten in den vorausgegangenen Jahrzehnten immer wieder abwechselnd Angriffe geführt, mussten sich jedoch plötzlich anderen Problemen widmen. Etwa vierzig Jahre lang fiel kein Heer in Israel ein. Während dieser militärischen Atempause berief Gott Jona zu einer Mission der Gnade.

»›Mach dich auf den Weg und geh in die große Stadt Ninive! Ruf aus, was ich gegen sie vorbringen muss, denn ihre Bosheit stieg bis zu mir hinauf!‹ Doch Jona machte sich auf den Weg, um vor dem Herrn nach Tarsis zu fliehen. Er ging hinunter nach Jafo, wo er ein Schiff fand, das nach Tarsis auslief. Er bezahlte die Überfahrt und ging an Bord, um nach Tarsis zu kommen. Er wollte weg vom Angesicht des Herrn« (Jona 1,2-3).

Ninive lag etwa achthundert Kilometer nordöstlich von Jonas Wohnort, Tarsis dagegen an der Südküste Spaniens, über dreitausendsiebenhundert Kilometer westlich am anderen Ende des Mittelmeers. Jona hätte sich keinen Ort aussuchen können, der weiter entfernt von Ninive lag. Er gab sich nicht damit zufrieden, Gottes Auftrag einfach abzulehnen. Er lief in die entgegengesetzte Richtung.

Interessanterweise suchte er keinen Ort auf, der ihm vertraut war, und er wählte auch nicht den Landweg. Wenn man schon vor Gott wegrennt, warum flüchtet man sich nicht an einen Ort, von dem man weiß, dass er sicher ist, und warum entscheidet man sich für das gefährlichste Transportmittel? Schiffe und Navigationsmethoden waren damals primitiv, um es gelinde auszudrücken. Die Reise würde ihn überdies durch die gefährlichsten Seegebiete der Antike führen. Doch genau das tun Menschen, wenn sie vor Gott davonlaufen: Sie flüchten sich an die seltsamsten und gefährlichsten Orte und treffen die unsinnigsten Entscheidungen.

Um fair zu sein: Ich kann verstehen, warum Jona nicht gehen wollte. Ninive war die Hauptstadt des Assyrischen Reichs, das zu den schlimmsten Feinden Israels gehörte. Die Assyrer hatten Grausamkeit zu einer Kunstform erhoben und ihre Foltermethoden zur Vollkommenheit gebracht. Sie entstellten Menschen und trennten ihnen Körperteile ab, häuteten sie bei lebendigem Leibe, kochten sie in Öl und pfählten sie. Von Jonas Standpunkt aus gesehen waren diese Menschen es nicht wert, dass man sie rettete. Ein Botschafter der Gnade Gottes zu sein, war das Letzte, was er wollte. Sie verdienten keine Gnade. Sie verdienten ein hartes Urteil. Deshalb rannte er davon. Er begab sich zum nächsten Seehafen und bezahlte die Passage zum am weitesten entfernten Ziel, das noch von einem Schiff angelaufen wurde. Der rebellische Prophet sollte jedoch bald eine wertvolle Lektion lernen: Man kann zwar vor Gott weglaufen, doch er holt einen immer wieder ein.

Man kann zwar vor Gott weglaufen, doch er holt einen immer wieder ein.

Jona brachte sein Gepäck an Bord und seufzte erleichtert, als die israelische Küste hinter dem Horizont verschwand. Doch die Reise hatte kaum begonnen, als ein plötzlich aufkommender Sturm das Schiff in seine Einzelteile zu zerlegen drohte. Die Seeleute begannen, Vorräte und Ladung über Bord zu werfen, um das Schiff leichter zu machen, während sie zu ihren Göttern beteten.

Sie kamen schließlich zu dem Schluss, dass es sich um eine übernatürliche Strafe für jemanden handelte, der sich an Bord befand. Daher warfen sie das Los – eine Form der Wahrsagerei –, um herauszufinden, welcher der Anwesenden seine Gottheit erzürnt hatte. Als alle Zeichen auf Jona hindeuteten, stellten ihn die Männer zur Rede.

»Sag uns doch, warum dieses Unglück über uns hereinbricht«, sprachen sie. »Was ist dein Beruf? Aus welchem Land kommst du? Zu welchem Volk gehörst du?« Er antwortete ihnen: »Ich bin ein Hebräer, und ich bete den Herrn an, den Gott des Himmels, der Meer und Land geschaffen hat« (Jona 1,8-9).

Die Seeleute stellten daraufhin eine Frage, die mit ihrem Weltbild völlig in Einklang stand. »Was können wir nur mit dir tun, damit das Meer um uns herum zur Ruhe kommt?« (Vers 11). Als religiöse Männer glaubten sie, dass die Götter die Naturgewalten sandten, um Menschen zu bestrafen, die sie verärgert hatten. Jona aber kannte den wahren Grund für diesen Sturm. In diesem Augenblick begriff er, dass Gott ihn eingeholt hatte. Doch statt Buße zu tun und Gott zu bitten, ihm zu vergeben und das Schiff zu retten, versuchte er gewissermaßen, Selbstmord zu begehen. Er sagte: »Nehmt mich und werft mich ins Meer, [...] dann wird es sich um euch herum beruhigen. Denn ich weiß, dass dieser schreckliche Sturm meinetwegen über euch gekommen ist« (Vers 12). Lieber wollte er sterben, als nach Ninive zu gehen.

Die heidnische Mannschaft weigerte sich zunächst und versuchte, aus der Gefahrenzone zu rudern, doch der Herr ließ den Sturm noch stärker werden. Weil die Seeleute nicht in der Lage waren, den Konsequenzen zu entkommen, die Jonas Ungehorsam nach sich gezogen hatte, beteten sie zum Gott Israels, baten ihn um Vergebung und warfen den Propheten über Bord, wie er es vorgeschlagen hatte. Für sie war die Geschichte hier zu Ende. Die See beruhigte sich wieder. Zweifellos kehrten sie zu dem Hafen zurück, von dem sie ausgelaufen waren, beluden das Schiff von Neuem und erzählten allen von diesem unglaublichen Erlebnis.

Für Jona dagegen hatte die Geschichte gerade erst angefangen. Als er in den Wellen versank, wurde ihm mit einem Mal bewusst, dass Gott ihn nicht aufgegeben hatte, nur weil *er* Gott aufgegeben hatte. Vermutlich tun wir alle gut daran, uns von Zeit zu Zeit an diese Tatsache zu erinnern. Bald sollte derselbe Gedanke auch im größeren Zusammenhang deutlich werden: Jona hatte die Einwohner von Ninive schon aufgegeben, Gott aber noch nicht. »Der Herr schickte einen großen Fisch, der Jona verschlang. Drei Tage und drei Nächte war Jona im Bauch des Fisches« (Jona 2,1).

Drei Tage und drei Nächte im pechschwarzen Bauch eines Fisches, umgeben von Seetang, sind eine lange Zeit. Ich weiß es nicht mit Sicherheit, aber ich glaube nicht, dass Jona drei Tage und Nächte brauchte, um seine Meinung zu ändern, was die Reise nach Ninive betraf. Ich vermute, dass er bereits in den ersten Minuten mit Gott zu handeln versuchte, um eine zweite Chance herauszuschlagen. Am Ende des ersten Tages hatte er Gott wahrscheinlich alles Mögliche versprochen, wenn der ihn nur aus seiner Lage befreite – ähnlich wie ein Kind, das mit seinem Vater zu verhandeln versucht, wenn es bestraft werden soll.

Ich glaube also nicht, dass Jona drei Tage brauchte, um seine Meinung zu ändern. Meiner Meinung nach brauchte er drei Tage, um seine Lektion zu lernen. Im Lauf dieses Prozesses verstand Jona etwas, das er niemals wieder vergessen sollte: Wenn Gott einen Menschen züchtigt, ist er gründlich. Daher würde Jona dieselbe Lektion nicht noch einmal über sich ergehen lassen müssen. Einmal reichte aus. Doch das war nicht das Einzige, was er aus diesen drei Tagen unter Wasser lernte.

Wenn Gott einen Menschen züchtigt, ist er gründlich.

Nachdem diese Prüfung vorbei war, setzte sich Jona hin und schrieb das Gebet auf, das er im Fischbauch gesprochen hatte. Ich liebe die erste Zeile über alles:

In meiner Not rief ich zum Herrn …

Wie oft haben wir schon in unserer Not zum Herrn gerufen? In Notlagen, für die wir selbst verantwortlich waren. Oder in Notlagen, die uns andere bereitet haben. In Jonas Fall handelte es sich um ein selbst verschuldetes Problem.

> In meiner Not rief ich zum Herrn
> und er antwortete mir.
> Ich schrie zu dir aus dem Totenreich,
> und du hörtest meine Stimme! (Jona 2,2).

Warum sollte Gott das Gebet eines Menschen erhören, der sich von ihm abgewandt hatte und erst wieder etwas von ihm wissen wollte, nachdem er ganz unten war? Ein Gebet, mit dem man sich Gott erneut hingibt, hat im Bauch eines Fisches nicht viel Gewicht. Denn was könnte egoistischer sein? Doch selbst, als Jona die Konsequenzen seines Handelns zu spüren bekam, praktisch am Ende war und allein sich selbst die Schuld zuschreiben musste, hörte Gott seinen Schrei nach Hilfe. Vielleicht begriff Jona genau in diesem Augenblick, dass Gott ihn nicht züchtigte, um es ihm heimzuzahlen, sondern um ihn wieder auf den richtigen Weg zu bringen. So gesehen war Gottes Züchtigung schlicht und einfach ein unerwarteter Ausdruck seiner Gnade, auch wenn Jona es in diesem Moment nicht so empfand.

Der Prophet fuhr fort:

> Du warfst mich in die Tiefe,
> ins Herz des Meeres,
> und eine Strömung umgab mich.
> Alle deine Brandungen und Wellen
> begruben mich (Jona 2,4).

Ja, die Seeleute hatten Jona zwar gepackt und »in die Tiefe« gestürzt, doch Gott hatte die Situation geschaffen, die es erforderlich machte, ihn über Bord zu werfen. Die Männer wurden zu Werkzeugen Gottes, um dessen Strategie in die Tat umzusetzen und Jona zu züchtigen. Doch Jona nahm keinen Anstoß an Gottes Handeln. Es ist nicht ungewöhnlich, dass Menschen, die eine Zeit lang vor Gott weggelaufen sind, ihm für die schweren Situationen danken, die sie wieder zu ihm zurückgebracht haben. Die züchtigende Gnade ist ganz gewiss nicht angenehm, wenn man sie selbst erfahren muss. Doch später lernt man sie zu schätzen.

Vielleicht begriff Jona genau in diesem Augenblick, dass Gott ihn nicht züchtigte, um es ihm heimzuzahlen, sondern um ihn wieder auf den richtigen Weg zu bringen.

Ich glaube also nicht, dass es drei Tage dauerte, bis Jona endlich bereute. Vielmehr bereute er drei Tage lang, was er getan hatte. In dieser Zeit dämmerte ihm: Wer vor Gott wegläuft, läuft auch vor der Gnade weg. Später schrieb er: »Die sich halten an das Nichtige, verlassen ihre *Gnade*« (Jona 2,9; ELB; Hervorhebung des Autors). Er hatte begriffen, dass er genau wie die heidnischen Bewohner Ninives seine eigenen selbstsüchtigen Interessen verfolgte. Damit entging ihm das volle Maß der Gnade Gottes.

Als die Zeit verstrichen war, die Gott für die Züchtigung Jonas angesetzt hatte, sprach der Herr »zu dem Fisch und der spie Jona aus ans Land« (Jona 2,11). Ich kann mir nicht vorstellen, wie das wohl aussah. Oder wie es roch. Egal, jedenfalls bot Gott Jona eine zweite Chance, nach Ninive zu gehen. Es ist keine große Überraschung, dass er sie nutzte.

Zwar gehorchte er seinem Herrn und machte sich auf den Weg nach Ninive, doch mit dem Herzen war er nicht dabei. Immer noch konnte er Gottes Entscheidung nichts abgewinnen, diesen gewalttätigen, gnadenlosen Feinden Israels die Chance zu geben, Buße zu tun und damit ihre Strafe abzuwenden. Er wollte, dass die Einwohner Ninives für ihre Verbrechen an seinem Volk bezahlten. Sie sollten die Suppe auslöffeln, die sie sich selbst eingebrockt hatten – da kannte Jona keine Gnade. Er konnte seine Vorurteile nicht überwinden. Zwar war er schnell dabei, für sich selbst um Gnade zu bitten, doch fiel es ihm nicht leicht, sie anderen zu erweisen. Vor allem den Einwohnern von Ninive. Trotzdem hatte Gott sich entschieden, ihn zu senden. Sogar ein zweites Mal zu senden.

Wer vor Gott wegläuft, läuft auch vor der Gnade weg.

Ninive war nach antiken Maßstäben eine große Stadt. Archäologen haben gut elf Kilometer der Stadtmauer ausgegraben, die ein Gebiet von etwas mehr als sieben Quadratkilometern umschloss. Diese Fläche bot bis zu einhundertzwanzigtausend Einwohnern innerhalb der Mauern Platz, dazu einer unbekannten Anzahl von Menschen, die außerhalb in den umliegenden Orten wohnten. Jona brauchte der Bibel zufolge ganze drei Tage, um der Stadt die Bußbotschaft zu verkündigen. Wir können uns vorstellen, wie er mit einem Plakat auf Bauch und Rücken durch die Stadt zog und rief: »Ninive wird in vierzig Tagen zerstört werden!« (Jona 3,4). Vielleicht hörte er sich dabei so begeistert an wie ein Mann, der beim Augenarzt eine Buchstabenreihe vorliest, aber die Leute reagierten! Sie glaubten seiner Botschaft, riefen in der ganzen Stadt Fastentage aus, kleideten sich in Sacktuch – das traditionelle Zeichen der Trauer – und flehten Gott an, sie zu verschonen.

Jona war völlig überrascht. Er war ein Jude, der den Leuten von Ninive eine Botschaft von einem Gott übermittelte, an den sie nicht glaubten. Warum sollte seine Predigt irgendetwas bewirken? Die Geschichte bezeugt uns drei Ereignisse, die die Einwohner Ninives vielleicht bußfertig machten. Zuerst wurden sie Zeuge einer totalen Sonnenfinsternis, die im Altertum als schreckliches Omen galt. Zweitens hatten sich räuberische Stämme zusammengeschlossen und gewannen immer mehr an Schlagkraft, als sie in südlicher Richtung auf die Stadt zu marschierten und etwa einhundertfünfzig Kilometer vor Ninive ihr Lager aufschlugen. Drittens hatte die Stadt innerhalb von fünf Jahren zwei große Epidemien durchgemacht, denen ein großer Teil der Bevölkerung zum Opfer gefallen war und die den Niniviten zu dieser Zeit noch in schlechter Erinnerung waren. Als nun ein Prophet aus einem vormals mit ihnen verfeindeten Land durch die Stadt zog und sie vor dem bevorstehenden Strafgericht warnte, waren sie bereit, Buße zu tun.

Das wäre ein guter Schlusspunkt für diese Geschichte gewesen. Gott war im Recht, Jona im Unrecht, der Prophet gehorchte und brachte seinen Auftrag mit überwältigendem Erfolg zu einem guten Ende. Doch die Geschichte geht weiter. Als Gott sah, dass die Einwohner von Ninive Buße taten, zerstörte er die Stadt nicht, so wie er es angedroht hatte. Von Jona aber hörte man keinen Seufzer der Erleichterung. Er war wütend und beklagte sich bei Gott: »Ach Herr, habe ich das nicht schon gesagt, bevor ich von zu Hause aufbrach? Deshalb bin ich ja fortgelaufen nach Tarsis!« (Jona 4,2).

Dann machte Jona eine der tiefsinnigsten Bemerkungen über die Gnade, die in der ganzen Bibel zu finden ist. Solch eine Aussage würde man am ehesten im Neuen Testament vermuten, jedoch nicht von einem alttestamentlichen Propheten erwarten – schon gar nicht von einem, der wie Jona dachte. Wenn Sie immer noch Zweifel am Ausmaß der Gnade Gottes hegen, halten Sie einmal inne und lassen sich den folgenden Satz auf der Zunge zergehen. Jonas Zusammenfassung bezüglich Gott und seiner Gnade … auch wenn er sich darüber ärgerte: »Ich wusste, dass du ein gnädiger und barmherziger Gott bist, dass du geduldig und voller Gnade bist, weil du das Unheil bedauerst« (Jona 4,2).

Jona ließ all seine Erfahrungen mit Gott Revue passieren und kam zu dem Schluss, dass Gott nach Möglichkeiten sucht, den Menschen seine Gnade und Barmherzigkeit zu erweisen. Es dauert lange, bis er zornig wird. Seine Liebe kennt keine Grenzen. Häufig entschließt er sich, einem Sünder nicht das zu geben, was er verdient. Jona war mit all dem einverstanden, solange es ihm und dem Volk Israel zugutekam. Aber den Leuten von Ninive? Das konnte doch wohl nur ein Scherz sein. Jona war so enttäuscht, dass Gott Ninive Gnade erwies, dass er sich am liebsten wieder ins Meer gestürzt hätte (vgl. Jona 4,1-4). Er wollte Gerechtigkeit. Gott bestand auf Barmherzigkeit. Jona wollte ein hartes Urteil. Gott hatte Mitleid. Jona vertrat eine tadellose Theologie, aber in ihrer praktischen Anwendung war er auf einem Auge blind.

Ich wusste, dass du ein gnädiger und barmherziger Gott bist, dass du geduldig und voller Gnade bist, weil du das Unheil bedauerst.

Bald nachdem Jona Gott mitgeteilt hatte, dass er lieber sterben würde, als die Rettung der Niniviten mitzuerleben, suchte er sich ein Plätzchen östlich der Stadt, errichtete sich eine provisorische Unterkunft und wartete ab, was passieren würde. War die Reue der Stadtbewohner echt oder handelte es sich nur um eine kurzlebige Taktik, um den Zorn Gottes noch einmal aufzuhalten? Während er dort saß und die Stadt im Blick behielt, ließ Gott über Nacht einen Rizinus wachsen, der ihn vor der sengenden Sonne schützen sollte. Jona freute sich sehr darüber. Am nächsten Tag jedoch schickte Gott einen Wurm, der die Pflanze eingehen ließ. Um alles noch schlimmer zu machen, sandte Gott einen heißen Ostwind, den sogenannten Schirokko. Normalerweise führt dieser trockene Wüstenwind feinen roten Staub mit sich, und innerhalb von wenigen Minuten steigt die Temperatur um acht bis elf Grad. Unglücklicherweise hatte Jona keine Möglichkeit, sich vor diesem Sturm zu schützen. Und wieder murrte er, weil er mit der Situation unzufrieden war.

Die Geschichte von Jona bricht jäh ab und lässt Jona in einer Art moralischem Dilemma zurück. Einem Dilemma der Gnade. Einem Dilemma, das auch Jesus einige Hundert Jahre später durchmachen würde. Hier nun die beiden letzten Verse des Jonabuchs. Hören Sie auf Gottes Frage. Hören Sie darauf, wie *betrübt* er ist.

> Und der HERR sprach: Du bist *betrübt* wegen des Rizinus, um den du dich nicht gemüht und den du nicht großgezogen hast, der als Sohn einer Nacht entstand und als Sohn einer Nacht zugrunde ging. Und ich, ich sollte nicht *betrübt* sein wegen der großen Stadt Ninive, in der mehr als hundertzwanzigtausend Menschen sind, die nicht unterscheiden können zwischen ihrer Rechten und ihrer Linken, und eine Menge Vieh?« (Jona 4,10-22; ELB; Hervorhebung des Autors).

Ein eigenartiger Schluss, oder? Doch wenn Sie diesen letzten Wortwechsel näher betrachten, finden Sie ihn möglicherweise eher überzeugend als seltsam. Gott führt Jona vor Augen, was ihn eigentlich traurig macht. Im Grunde sagt er: »Du warst betrübt wegen eines Rizinus, hattest Mitleid mit ihm. Mir dagegen tut eine große Stadt voller Menschen leid. Menschen, die ich geschaffen habe. Männer und Frauen, die mich nicht besser verstehen können als ein Kind.« Wer nun meint, dass das kein besonders gutes Licht auf Jona wirft, untertreibt ganz gewaltig. Auf Jonas Liste rangierten die Einwohner Ninives noch weit unter dem Wohlergehen eines Rizinusstrauchs. Dass eine Pflanze einging, die über Nacht für ihn gewachsen war, erzürnte ihn gewaltig, doch das Schicksal der Menschen von Ninive ließ ihn kalt.

Die Pflanze zeigte Gottes Gnade gegenüber Jona. Dass Gott das Gericht nicht über Ninive hereinbrechen ließ, zeigt seine Gnade gegenüber den Einwohnern dieser Stadt. Für das eine konnte Jona sich begeistern, für das andere überhaupt nicht. Er war dankbar, dass Gott ihm auf vielfältige Weise Gnade erwies, weigerte sich jedoch, sich über die Gnade zu freuen, die Gott dieser Stadt zeigte. Die Moral von der Geschichte ist ziemlich klar: Gnade zu empfangen ist oft leichter, als sie zu gewähren.

Jonas Sünde bestand darin, dass sich seine Religion im Grunde um ihn selbst drehte. Zwar fügte er sich zu guter Letzt dem Willen Gottes, doch fügte er sich nicht in die Pläne, die Gott mit dieser Welt hatte. Obwohl er ein Nachkomme Abrahams war, des Mannes, durch den die Welt gesegnet werden sollte, begriff er nicht, warum Menschen, die nicht zu Israel gehörten, Gnade erwiesen werden sollte. Trotz seiner Rolle als Prophet in Israel, dem Volk, das geschaffen wurde, um ein »Licht der Nationen« (Jesaja 42,6; ELB) zu sein, sträubte er sich gegen die Vorstellung, dass Gott Menschen außerhalb der Grenzen seines Landes Gnade erweisen könnte. Aus irgendeinem Grund konnte Jona die Botschaft von der weltumspannenden Gnade Gottes nicht annehmen.

Gnade zu empfangen ist oft leichter, als sie zu gewähren.

Doch Jona ist nicht allein. Wenn wir das Neue Testament aufschlagen, entdecken wir, dass diese Sünde Jonas die Meinung der Mehrheit in Israel repräsentierte. Auch die frühe Kirche war in dieser Frage geteilter Meinung. Um die Wahrheit zu sagen, bestimmt dieser Konflikt um die Gnade das Leben der Christen und der Kirche seit Generationen. Bevor wir ein übermäßig hartes Urteil über Jona fällen, sollten wir also eine persönliche Inventur durchführen. Wer sind die Einwohner Ninives in unserem Leben? Welchen Menschen können wir nur schwerlich Gnade erweisen? Bei wem freuen wir uns heimlich über Rückschläge und Probleme? Bei welchen Menschen wünschen wir uns insgeheim, dass sie das bekommen, was sie unserer Meinung nach verdienen? Fangen wir einmal mit einigen größeren Gruppen an. Den Reichen? Den Armen? Den Weißen? Den Schwarzen? Den Schlanken? Muslimen?

Gut, werden wir ein wenig konkreter. Wie steht es mit Ihrer Schwägerin? Oder Ihrem Schwager, der sich von Ihrer Schwester scheiden ließ und Ihre Nichten oder Neffen im Stich gelassen hat? Wie steht es mit Ihrem ehemaligen Chef? Ihrem Ex-Partner? Ihrem Ex-Mann oder

Ihrer Ex-Frau? Ich weiß, was Sie denken. Das ist doch etwas anderes. Das ist persönlich. Das stimmt zwar, doch im Grunde gibt es keinen bedeutenden Unterschied. Es handelt sich um Menschen, die Gottes Gnade brauchen, und eines Tages wird Gott Ihnen vielleicht den Auftrag geben, gerade diesen Menschen Gnade zu erweisen. Doch das ist eine Sache zwischen Gott und Ihnen. Und wenn er der Ansicht ist, dass Sie der oder die Richtige für diese Aufgabe sind, kann ich garantieren, dass Sie unseren Freund Jona ganz neu schätzen lernen werden.

Gnade hat also zwei Seiten. Man kann sie empfangen. Und man kann sie gewähren. Die beiden Aspekte hängen miteinander zusammen, doch Ersteres ist im Allgemeinen leichter als Zweiteres. Wenn wir unserem Thema nun weiter zusammen nachgehen, besonders wo es um Begegnungen mit Jesus im Neuen Testament geht, möchte ich Sie ermutigen, an solche Beziehungen zu denken, in denen die Gnade keinen Platz hat. Vielleicht ist es sogar hilfreich, einige Namen oder Anfangsbuchstaben auf dieser Seite zu notieren. Ich meine damit nicht, dass Sie sofort irgendetwas tun müssten, aber ich würde mir wünschen, dass Sie diese Gesichter auf die zweite Hälfte unserer Reise mitnehmen. Warum? Weil es sein könnte, dass Gott Sie weiter führt, als Jona jemals gegangen ist. Er möchte Sie möglicherweise mit der Wirklichkeit seiner Gnade so überwältigen, dass es Ihnen praktisch unmöglich scheint, eben diese Gnade den Menschen, die Ihnen gerade in den Sinn kamen, nicht weiterzugeben. Gnade kann unwiderstehlich sein.

Zwischenspiel: Sela

Geschichtenerzähler wissen um die Macht des Schweigens. Nichts weckt die Aufmerksamkeit des Publikums so sehr wie eine dramatische Pause zum rechten Zeitpunkt, vor allem, wenn sie ein wenig länger anhält als erwartet. Der Himmel wollte es, dass eine lange, dramatische Pause die Geschichte der Gnade Gottes unterbrach.

Als Jona seinen Auftrag in Ninive erfolgreich hinter sich gebracht hatte, reagierten die Feinde Israels auf Gottes gnädige Aufforderung zur Umkehr. Sie beherzigten seine Warnung, und daher setzte Gott die Strafe aus. Das Volk, mit dem Gott einen Bund geschlossen hatte, tat dagegen niemals konsequent Buße. Israel mit seinem allgegenwärtigen Götzendienst, zerrissen vom Bürgerkrieg, entfremdete sich Gott zusehends. Nach wiederholten Warnungen und schweren Strafen bewegte sich das Land, das Gott einst zum Licht der Völker bestimmt hatte, auf die dunkelste Epoche seiner Geschichte zu. Gott ließ zu, dass eine andere Nation das Gelobte Land einnahm und die Kinder Israels ins Exil führte.

Siebzig Jahre lebte das hebräische Volk in Babylonien, einer Region, die in alter Zeit als Ur in Chaldäa bekannt gewesen war (vgl. 1. Mose 11,31). Genau hier hatte Gott Abraham berufen. Ganz buchstäblich kehrte er mit seinem Plan dorthin zurück, wo alles angefangen hatte. Aus irdischer Perspektive betrachtet hatte Gottes Gnade offenbar nichts erreicht. Heidnische Götzendiener überfluteten das Land, und das Volk Gottes wurde wieder einmal im Ausland versklavt. Jahrhunderte hebräischer Geschichte endeten im Nichts.

In dieser finsteren Zeit bekräftigte Gott der Herr seinem Bundesvolk, dass seine Gnade siegen würde, auch wenn scheinbar das Böse die Oberhand gewonnen hatte. Er sagte:

»Erst wenn siebzig Jahre vergangen sind, werde ich mich wieder liebevoll um euch bemühen. Dann will ich das Gute, das ich euch versprochen habe, in Erfüllung gehen lassen und werde euch wieder in

> euer Land zurückbringen. Denn ich weiß genau, welche Pläne ich für euch gefasst habe«, spricht der Herr. »Mein Plan ist, euch Heil zu geben und kein Leid. Ich gebe euch Zukunft und Hoffnung. Wenn ihr dann zu mir rufen werdet, will ich euch antworten; wenn ihr zu mir betet, will ich euch erhören. Wenn ihr mich sucht, werdet ihr mich finden; ja, wenn ihr ernsthaft, mit ganzem Herzen nach mir verlangt, werde ich mich von euch finden lassen«, spricht der Herr. »Ich will euer Geschick wenden und euch aus allen Völkern und von allen Orten, wohin ich euch vertrieben habe, zusammenbringen«, spricht der Herr. »Ich will euch wieder dorthin zurückbringen, von wo ich euch fortgejagt habe« (Jeremia 29,10-14).

Gott stand zu seiner Verheißung und brachte einen Überrest der ursprünglichen zwölf Stämme in das Gelobte Land zurück. Doch nichts war mehr wie früher. Die Freude über das angetretene Erbe war getrübt. Nach siebzig Jahren im Exil kamen die Juden aus Babylon wie damals beim Auszug aus Ägypten in eine Heimat, die sie nie gesehen hatten. Wie Abraham ließen sie Vertrautes zurück, um in ein Land zu ziehen, das Gott ihnen zeigen würde. Zunächst bauten sie Jerusalem, das in Schutt und Asche lag, wieder auf und errichteten einen neuen Tempel aus Steinen, die noch die Spuren des vergangenen Krieges zeigten. Sie kämpften darum, die heidnischen Feinde auf Abstand zu halten und gleichzeitig ihren Besitz zu sichern. In der Zwischenzeit wurde die Stimme Gottes leiser und war immer seltener zu vernehmen. Schließlich verstummte sie ganz.

Vierhundert Jahre vergingen ohne ein Wort. Kein einziger echter Prophet sprach in seinem Namen. Wie bei einer unangekündigten Pause senkte sich der Vorhang des Weltgeschehens auf die Geschichte der Gnade Gottes, und auf der Bühne gingen die Lichter aus.

Während dieser Zeit des Schweigens kämpfte das Volk Israel ums Überleben. Sie hielten sich treu zu Gott, und Gott wiederum bestätigte ihnen durch Wunder, dass er sie immer noch liebte. Zum Beispiel führte Judas Makkabäus (»der Hammer«) die jüdische Nation zum Sieg über die Invasoren; nachdem sie sich mit Erfolg der ausländischen Herrscher entledigt hatten, weihten die Juden den Tempel neu und entzündeten die heiligen Lichter. Die Priester merkten jedoch, dass das geweihte Lampenöl nur noch für einen einzigen Tag reichte. Für die Herstellung neuen geweihten Öls brauchte man dagegen acht Tage. Im Vertrauen auf den Herrn begannen sie trotzdem mit ihrer Arbeit, und auf wunderbare Weise brannten die Lichter acht Tage lang. Heute, fast zweitausenddreihundert Jahre später, feiert man im Judentum immer noch das Tempelweih- oder Lichterfest, besser bekannt als Chanukka.

Trotzdem gab es in dieser Zeit keinen Propheten, der auch nur ein einziges Wort Gottes weitergab. Noch zweihundert Jahre nach dem Chanukkawunder schwieg Gott, und die Hoffnung für Israel schwand mit jedem Jahr. Manche fielen ganz vom Glauben ab und tauschten ihn gegen etwas Greifbareres ein, eine Religion, die sich aus der menschlichen Willenskraft nährte. Andere warteten verzweifelt auf den verheißenen Retter. Trotzdem vertraute ein Überrest darauf, dass ihr Gott weder sein Wesen noch seine Macht eingebüßt hatte, und sie erinnerten einander an seine Verheißungen.

Im Garten Eden hatte Gott der Herr Satan gewarnt: »Von nun an setze ich Feindschaft zwischen dir und der Frau und deinem Nachkommen und ihrem Nachkommen. Er wird dir den Kopf zertreten und du wirst ihn in seine Ferse beißen« (1. Mose 3,15).

Abraham hatte er verheißen: »Alle Völker der Erde werden durch dich gesegnet werden« (1. Mose 12,3).

Juda hatte er Folgendes versprochen: »Nie weicht von Juda das Zepter, der Herrscherstab von seinen Füßen, bis der kommt, dem er gehört, dem der Gehorsam der Völker gebührt« (1. Mose 49,10; EÜ).

Dem Volk Israel hatte er vorhergesagt:

> Wenn euch nun alle diese Segnungen oder Flüche widerfahren, von denen ich zu euch gesprochen habe, und ihr über sie nachdenkt; wenn ihr bei den Völkern seid, zu denen der Herr, euer Gott, euch verstoßen hat[,] [...] wird der Herr euer Schicksal wieder zum Guten wenden. [...] Er wird euch zurückführen in das Land, das euren Vorfahren gehörte, und ihr werdet das Land wieder besitzen. Ja, er wird euch noch wohlhabender und zahlreicher machen als eure Vorfahren! (5. Mose 30,1.3.5).

Der Herr hatte David verheißen: »Dein Haus und deine Königsherrschaft werden für alle Zeit vor mir bestehen bleiben und dein Thron wird für immer feststehen« (2. Samuel 7,16).

Und in seinem letzten Wort vor dem vierhundertjährigen Schweigen versprach Gott der Herr dem kleinen Häuflein der Juden, die treu zu ihm standen, einen Retter: »Du, Bethlehem Efrata, bist zwar zu klein, um unter die großen Städte Judas gerechnet zu werden. Dennoch wird aus dir einer kommen, der über Israel herrschen soll. Seine Herkunft reicht in ferne Vergangenheit zurück, ja bis in die Urzeit« (Micha 5,1).

Hoffnungsvolle Erwartung und Zweifel lagen im Widerstreit miteinander, wenn alle paar Jahre ein geistig verwirrter Möchtegern-Messias aus der Wüste in Israel auftauchte. Jeder dieser falschen Christusse sammelte eine Schar von fanatischen Anhängern um sich, nur um sie dann in den sicheren Tod zu schicken, den Glauben der Gott treu Gebliebenen auf die Probe zu stellen und die Gottlosen in ihrem Zynismus zu bestätigen. Doch dann erschütterte Gottes Gnade die Welt in ihren Grundfesten, mit der ganzen Gewalt einer Ouvertüre zum dritten Akt und zu einem perfekt gewählten Zeitpunkt. Ein kleiner Lichtpunkt weckte die Aufmerksamkeit einiger Mystiker am anderen Ende der arabischen Wüste (vgl. Matthäus 2,1-12). Irgendwo auf den Weiden, die das hinterwäldlerische Städtchen Bethlehem umgaben, zerrissen die himmlischen Heerscharen den Schleier zwischen Himmel und Erde, um die atemberaubende Botschaft zu verkünden: Der Messias ist geboren (vgl. Lukas 2,8-10)!

Wie der Prophet Jesaja vorhergesagt hatte (vgl. Jesaja 7,10-16), schenkte ein neugeborenes Kind Israel neue Hoffnung. Die meisten Menschen hatten diese Weissagung im übertragenen Sinn verstanden, doch nun lag die buchstäbliche Erfüllung der Vision dieses Propheten in einer improvisierten Wiege mitten in der Stadt Davids. Geboren von einer Jungfrau. Ein Nachkomme Davids. Ein König, der des israelitischen Throns würdig war. Sein Name Immanuel, übersetzt »Gott ist mit uns«, hatte eine viel wörtlichere Bedeutung, als man sich hätte träumen lassen. Im Lauf der Zeit sollte er allen beweisen, dass Gott die Menschheit mit der Geburt des Erlösers nicht nur aus dem tödlichen Griff der Sünde befreit hatte, sondern einer von uns geworden war.

Kapitel 9:

Angenommen von der Gnade

Gnade lädt die Ungerechten ein und bedroht die Selbstgerechten.

Als Pastor zu arbeiten, ist Fluch und Segen zugleich. Nun ja, *Fluch* ist vielleicht etwas zu stark ausgedrückt. Sagen wir, es hat auch seine Nachteile. Was den Segen betrifft, so ist es nicht ungewöhnlich, dass völlig Fremde im Restaurant meine Rechnung bezahlen. Das geschieht zwar nicht immer, aber doch oft genug, dass ich mich darüber freue, Geistlicher zu sein. Leider ist es mir noch nie in einem Autohaus oder bei meinem Apple-Händler passiert.

Was die weniger segensreichen Aspekte betrifft: Manche Leute fühlen sich in meiner Gegenwart unwohl. Wenn sie herausfinden, wie ich meinen Lebensunterhalt verdiene, wirken sie auf einmal sehr schüchtern. Sie entschuldigen sich dafür, dass sie geflucht haben. Damen schließen einen Knopf mehr an ihrer Bluse. Kinder nehmen ihre Mütze oder ihre Baseballkappe ab. Raucher drücken ihre Zigarette aus. Oder schlimmer noch, sie versuchen, sie zu verbergen. Nicht die Schachtel, sondern die angezündete Zigarette.

Ich wünschte, es wäre nicht so. Manchmal fühle ich mich wie ein Ersatzgewissen. Ich betrete einen Raum, und sofort bekommt jemand Schuldgefühle. Immer wieder findet jemand heraus, dass ich Pastor bin, und dann erklärt er mir sofort lang und breit, warum er schon lange nicht mehr in der Kirche war. Ich habe es auch schon erlebt, dass jemand anfängt, mir seine Sünden zu bekennen. Im anderen Extrem haben jedoch auch schon Menschen die Unterhaltung jäh abgebrochen, sobald sie von meinem Beruf erfuhren. Sie wollten nichts mit mir zu tun haben, obwohl ich ein ziemlich liebenswerter Mensch bin. Jedenfalls sagt das meine Frau.

Daran stört mich am meisten, dass es den neutestamentlichen Berichten zufolge bei Jesus völlig anders war. Menschen, die Jesus überhaupt nicht ähnlich waren, mochten ihn. Sie benahmen sich nicht nur respektvoll, sondern hatten ihn wirklich gern. In seiner Gegenwart fühlten sie sich wohl. Sie luden Jesus zu sich nach Hause ein, sogar zusammen mit ihren Freunden, die ihm ebenso unähnlich waren wie sie selbst. Wenn man diese Berichte liest, stellt man noch etwas anderes fest: Jesus mochte Menschen, die ihm überhaupt nicht ähnlich waren. Er fühlte sich in ihrer Gegenwart ebenso wohl wie sie, vielleicht sogar noch wohler.

> *Menschen, die Jesus überhaupt nicht ähnlich waren, mochten ihn.*

Immer wieder sehen wir, dass Jesus, der Mensch gewordene Gott, sich unter Menschen mischte, die selbst einräumten, fern von Gott zu sein. Trotzdem suchten sie die Gesellschaft Jesu, der Gerechtigkeit in Person. Als wäre das nicht schon seltsam genug, sprach Jesus diesen nicht allzu gesetzestreuen Bürgern hin und wieder eine Einladung aus. Doch nicht die Einladung, die wir erwarten würden. Sie lautete schlicht und einfach: »Folge mir nach.«

Der Apostel Johannes durfte das persönlich erleben. Er gehörte zu den ersten Nachfolgern Jesu und beobachtete, wie er mit Menschen Umgang hatte, die vom religiösen System abgelehnt wurden. Mit Jesus zusammen ging er auf Partys bei Leuten, vor denen ihn seine Mutter immer gewarnt hatte. Jesus nachzufolgen, bedeutete für Johannes, seine religiöse Komfortzone zu verlassen, und zwar so oft, dass er bestimmt das Gefühl hatte, er kehre seiner Religion den Rücken. Jesus war ganz anders als die anderen Rabbis, die er gesehen oder von denen er gehört hatte. Obwohl er außergewöhnlich fromm war, verbrachte er kaum Zeit mit den frommen Männern Israels. Wenn er in der Synagoge lehrte, fühlte er sich genauso wohl wie bei einer gemeinsamen Mahlzeit mit stadtbekannten Sündern.

> *Jesus mochte Menschen, die ihm überhaupt nicht ähnlich waren.*

Es stimmt schon, er war ein Paradoxon. Aber er war mehr als das. Johannes kam zu dem Schluss, dass er wirklich der Sohn Gottes und Retter der Welt war.

In der Einleitung zu seinem Evangelium fasst Johannes zusammen, was das bedeutet:

> Er, der das Wort ist, wurde Mensch und lebte unter uns. Er war voll Gnade und Wahrheit und wir wurden Zeugen seiner Herrlichkeit, der Herrlichkeit, die der Vater ihm, seinem einzigen Sohn, gegeben hat (Johannes 1,14).

»Voll Gnade und Wahrheit.« Jesus versuchte nicht, ein gutes Gleichgewicht zwischen Wahrheit und Gnade zu finden. Er brachte beides zur Vollendung. Johannes hatte es mit eigenen Augen gesehen. Er hatte erlebt, dass Jesus jedem einzelnen Menschen mit der vollkommenen Mischung aus Gnade und Wahrheit begegnet war. Und er war dabei gewesen, als er einen Mann gnädig einlud, ihm nachzufolgen, der zu den ungewöhnlichsten Kandidaten gehörte, die man sich nur vorstellen kann: einen Steuereintreiber namens Levi.

Kein Zweifel: Levi verabscheute sich selbst. Das war vermutlich der einzige Punkt, in dem er und die frommen Männer aus der Synagoge einer Meinung waren. Obwohl er einen alten hebräischen Namen trug, jüdisches Blut in seinen Adern floss und er Jahrhunderte jüdischer Kultur mit der Muttermilch aufgesogen hatte, fühlte er sich im Gelobten Land völlig fehl am Platz. Er war ein Kind der unteren Mittelschicht, und seine Eltern hatten ihn gelehrt, die Frömmigkeit der Pharisäer zu respektieren, doch ihr heuchlerisches Getue konnte er nicht ausstehen. Diese Männer erweckten den Eindruck, zutiefst gläubig zu sein. Sie trugen ihre Religion zur Schau und widmeten den größten Teil des Tages bestimmten Reinigungsritualen und der Befolgung von Gesetzesvorschriften. Es lag in der Natur der Sache, dass sie daneben keine Zeit mehr hatten, ihren Lebensunterhalt zu verdienen. Daher waren sie auf Almosen aus der arbeitenden Bevölkerung angewiesen. Mit der einen Hand nahmen sie deren hart erarbeitetes Geld entgegen, mit den Fingern der anderen zeigten sie verächtlich auf ihre Wohltäter.

Dann gab es noch die Sadduzäer. Levi schien es, als begriffen diese Aristokraten ihre Zeit besser als irgendjemand anderes. Sie hatten sich mit den unerfreulichen Seiten des Lebens in Israel arrangiert. Die Römer herrschten in Judäa, und nur ein Wunder würde irgendetwas daran ändern. In den vorangegangenen zweihundert Jahren hatte es noch kein Volk geschafft, die römischen Besatzer abzuschütteln, und deshalb gab es nur zwei Möglichkeiten: Entweder begehrte man gegen den Kaiser auf, der mit eiserner Hand regierte, und bezahlte den Versuch mit dem Tod, oder man schwamm mit dem Strom. Die Sadduzäer hatten sich ganz offen für die zweite Möglichkeit entschieden. Doch sie schwammen nicht nur mit dem Strom, sondern hatten auch noch entdeckt, wie sie diese unglückselige Situation zu ihrem Vorteil nutzen konnten. Die Hoffnung auf ein freies Israel hatten sie zwar niemals aufgegeben, doch die Kooperation mit den Römern war für sie die einzige realistische Möglichkeit, das Beste aus der gegebenen Situation zu machen. Rom wollte Geld, und die Juden wollten ihre Unabhängigkeit. Die Sadduzäer kamen den Bedürfnissen beider Gruppen entgegen, indem sie bewusst als Juden auftraten, während sie im politischen Amt römische Interessen vertraten. Im Gegensatz zu den Pharisäern verbargen sie ihre Motive nicht. Vielleicht wollte Levi sich nur selbst rechtfertigen, aber er konnte die unverblümte Gier der Sadduzäer leichter akzeptieren als die Heuchelei der Pharisäer. So leicht, dass er ihnen ähneln wollte. Daher wurde er Steuereintreiber.

Der griechische Begriff für dieses Amt lautete *telonäs*. Inhaber dieses Postens wurden im gesamten Römischen Reich gehasst, weil sie unweigerlich korrupt waren. Rom verlangte jeden Monat einen bestimmten Anteil, doch die *telonai* konnten kraft ihrer Autorität aus jedem Menschen jede beliebige Summe herauspressen. Die eigentliche Steuer wanderte in die römischen Kassen; der Überschuss machte den Steuereintreiber sehr reich. Um seinen Profit zu maximieren, musste er den Menschen genug Furcht einflößen, um den Geldstrom nicht versiegen zu lassen, andererseits aber vermeiden, in solchem Maß zur Zielscheibe des Hasses zu werden, dass man ihn umbrachte.

Für die Juden in Israel war die korrupte Buchführung noch die geringste Sünde der Steuereintreiber. Um ein *telonäs* zu werden, musste man das Amt von einem anderen Beamten kaufen. Das erforderte, seinen Besitz zu veräußern oder eine Hypothek auf den eigenen Grund und Boden aufzunehmen. Für uns Nichtjuden im einundzwanzigsten Jahrhundert hört sich das nach einer ganz normalen geschäftlichen

Entscheidung an. Schließlich würde schon bald ein bedeutender Profit heraussspringen, wenn man seinen Grundbesitz verkaufte. Doch die Juden machten ihre Identität teilweise daran fest, dass ihnen ein Stück des Gelobten Landes gehörte. Wer einen Teil dieses Landes, das Abraham verheißen worden war, verkaufte, verwirkte die Teilhabe am Bund, den Gott mit Israel geschlossen hatte, ganz ähnlich wie Esau sein Erstgeburtsrecht für ein Linsengericht verkauft hatte (vgl. 1. Mose 25,29-34). Daher wurden Steuereinnehmer im Judentum als Verräter betrachtet, weil sie ihr Volk, ihr Erbe, ihren Tempel und ihren Gott verraten hatten. Wie Prostituierte, die ihren Körper verkaufen, hatten sich die Steuereintreiber an Rom verkauft. Sogar die Sadduzäer blickten verächtlich auf das Amt des *telonäs* als widerwärtiges, aber notwendiges Übel hinab.

Levi war nach dem dritten Sohn Jakobs benannt, dem Stammvater des Stammes Levi. Während des Auszugs aus Ägypten hielt nur dieser Stamm Gott die Treue, während die elf anderen ein goldenes Kalb anbeteten (vgl. 2. Mose 32). Als Belohnung setzte Gott fest, dass die Nachkommen Levis ihm als Priester dienen sollten. In der religiösen Tradition des Judentums sollte die Rolle der Priester immer wichtiger werden, vor allem nachdem unter König Salomo der Tempel erbaut worden war. Gewöhnliche Juden suchten die Priester auf, wenn sie wegen ihrer Sünden ein Tieropfer darbringen mussten. Priester kümmerten sich um das Haus Gottes. Nur ein Priester durfte einmal im Jahr das Allerheiligste betreten, um die Sünden der Menschen zu sühnen.

Für einen Juden war es schlimm genug, sein Erbe in den Wind zu schlagen und ein Steuereinnehmer zu werden. Doch wenn ein Angehöriger des Stammes Levi so etwas tat, ging das über jede Vorstellungskraft hinaus. Solch eine Entscheidung betrachtete man als Verrat. Ein Steuereintreiber arbeitete als finanzieller Mittelsmann und füllte eine fast priesterliche Rolle zwischen dem römischen Fiskus und seinen jüdischen Landsleuten aus. In einer zutiefst religiösen Kultur, wo praktisch jeden Monat ein Feier- oder Gedenktag begangen wurde, müssen Levi die Schuldgefühle wie sein Schatten verfolgt haben. Jedes Mal, wenn er seinen Namen niederschrieb, wurde er daran erinnert, wozu er eigentlich bestimmt war und was stattdessen aus ihm geworden war. Gleichzeitig aber bestätigte ihn die religiöse Elite in seiner Verachtung für die Religion mit ihren heuchlerischen Traditionen und dumpfen Regeln. Er wusste gut genug, was hinter den Kulissen vor sich ging, um beurteilen zu können, dass viele religiöse Führer ebenso korrupt waren wie er selbst. Es stimmte schon, er war ein Sünder. Aber ein Heuchler war er nicht.

Vor diesem Hintergrund stellen Sie sich nun einmal Levis Überraschung vor, als ihn der berühmteste, dynamischste Rabbi ganz Galiläas in seine Nachfolge einlud. Einen Mann, der verdächtig wenig Einladungen zu Veranstaltungen religiöser Art bekam, musste das völlig aus der Fassung gebracht haben. Doch die Einladung Jesu war nur der Auftakt zu einer ganzen Reihe von neuen Erfahrungen, die schließlich dazu führten, dass aus Levi ein ganz neuer Mensch wurde. Selbst seinen Namen änderte er. In die Geschichte der Bibel sollte er als Matthäus eingehen, der Verfasser des ersten Evangeliums – eines Berichtes über das Leben Jesu aus jüdischer Perspektive.

Zum ersten Mal begegneten sich Matthäus und Jesus, als der Herr mit seinen Jüngern Kapernaum besuchte. Dieser belebte Fischerhafen lag am Nordende des Sees Genezareth und war zu einem Mittelpunkt des jüdischen Lebens in der Region geworden. Als Jesus lehrte, möglicherweise in der Synagoge oder einem geräumigen Privathaus, unternahmen vier Männer große Anstrengungen, um ihren gelähmten Freund zu Jesus zu bringen, damit er ihn heilte. Die Menge wartete gespannt, was Jesus tun würde. Unter ihnen befanden sich einflussreiche religiöse Führer und gebildete Schriftgelehrte. Um diese Zeit munkelte man bereits, dass Jesus vielleicht der lang erwartete Messias sei. Die Zeit würde es zeigen. Vor ihren Augen beugte sich Jesus zu dem gelähmten jungen Mann herunter und sagte etwas völlig Unerwartetes, das mit der augenblicklichen Situation offenbar absolut nichts zu tun hatte: »Nur Mut, mein Sohn! Deine Sünden sind dir vergeben« (Matthäus 9,2).

So interessant das auch sein mochte – das war *nicht* der Grund gewesen, weshalb die Männer sich so viel Mühe gegeben hatten, ihren

Freund zu Jesus zu bringen. Sie hatten mehr etwas in der Richtung erwartet wie: »Sei geheilt!«, oder: »Lähmung, weiche!« Ein gewöhnlicher Priester konnte sich mit den Sünden dieses Mannes befassen. Sie wollten, dass Jesus sich um die Lähmung kümmerte.

Doch sie waren nicht die Einzigen, die sich an den Worten Jesu stießen. Auch die führenden Köpfe des Judentums waren mit seiner Antwort nicht sehr glücklich. Sie hielten sie für Gotteslästerung, weil ihrer Auffassung nach nur Gott Sünden vergeben konnte. Wenn Jesus also sagte: »Deine Sünden sind dir vergeben«, zog er Gottes Autorität in Zweifel oder stellte sich auf eine Stufe mit Gott. Als sie begannen, ihren Unmut in Worte zu fassen, brachte Jesus das sich anbahnende Drama zu einem jähen Ende, zwinkerte dem jungen Mann zu und sagte: »Steh auf und nimm deine Trage und geh nach Hause, denn du bist geheilt!« (Matthäus 9,6). Nun ja, ehrlich gesagt weiß ich nicht, ob er ihm wirklich zuzwinkerte oder nicht. Aber ich frage mich einfach, ob er sich bei dem Mann und seinen vier Freunden nicht einen kleinen Scherz erlaubte. Er wusste, warum sie da waren. Und er wusste, wer ihm über die Schultern blickte. Also ging er mit zwei denkwürdigen Aussagen auf die unmittelbaren und die letztgültigen Bedürfnisse des Mannes ein. Zum Erstaunen aller sagte Jesus, was nur Gott sagen kann, und dann tat er, was nur Gott tun kann. Der Mann stand auf, nahm seine Matte und ging nach Hause.

Wir wissen nicht, ob Matthäus das alles mit eigenen Augen sah. Wahrscheinlich ist, dass er noch bei der Arbeit saß und Steuern eintrieb. In jedem Fall legte er Wert darauf, uns mitzuteilen, dass er wenig später selbst Jesus zum ersten Mal begegnete. Diese Begegnung schildert er mit den folgenden Worten: »Und als Jesus von dort [also der Heilung des Gelähmten] weiterging, sah er einen Menschen mit Namen Matthäus am Zollhaus sitzen« (Matthäus 9,9).

An diesem Punkt der Geschichte hätten Matthäus' Leser aufgehorcht. Der Abschaum der Gesellschaft, ein Verräter am eigenen Volk, ein rituell unreiner moralischer Versager blickte von seinen Büchern auf, in denen er seine krummen Geschäfte festhielt, und sah die Gerechtigkeit in Person auf sich zukommen. Den Mensch gewordenen Gott. Was würde die personifizierte Heiligkeit wohl zu einem Mann sagen, der seine Seele an die Römer für das Recht verkauft hatte, seine Landsleute zu bestehlen?

Vergessen wir nicht, dass Jesus nicht allein unterwegs war. Hinter ihm kamen seine Jünger, darunter auch Jakobus und Johannes, die einmal Feuer vom Himmel auf eine Stadt herunterrufen wollten, weil man Jesus dort nicht freundlich aufgenommen hatte (vgl. Lukas 9,54). Wir wissen nicht, wann sich Simon, der Zelot, dieser Gruppe angeschlossen hatte, doch sein Beiname weist darauf hin, dass er sich einst mit Männern zusammengetan hatte, die Sympathisanten der römischen Besatzer und andere Leute wie Matthäus umgebracht hatten. Auch Petrus, der häufig den Mund aufmachte, ohne vorher nachzudenken, gehörte zu den Jüngern. Was würden diese Männer sagen, wenn sie an Levis Zollstation vorbeikamen?

Bevor jemand ein Schimpfwort ausstoßen und verächtlich auf den Boden spucken konnte, sagte Jesus zum Steuereinnehmer: »Komm mit und folge mir nach« (Matthäus 9,9).

Das waren übrigens genau die Worte, mit denen Jesus Jakobus, Johannes, Petrus und vermutlich auch Simon eingeladen hatte (vgl. Matthäus 4,18-22). Doch die Einladung zur Nachfolge, die an diese Menschen ergangen war, ergab einen Sinn. Sie kamen alle aus frommen jüdischen Familien, die in Kapernaum lebten und dort zur Synagoge gingen. Es handelte sich um hart arbeitende Juden aus der Mittelschicht, die Gott und ihrem geistlichen Erbe die Treue gehalten hatten. Zweifellos beteten sie für die Ankunft des Messias, und Simon war sogar bereit, für die Befreiung der Nation zu kämpfen. Man stelle sich also ihre Reaktion vor, als Jesus einen Steuereinnehmer einlud, sich dem engsten Jüngerkreis anzuschließen. Einer von ihnen zu werden. Sie müssen heftig geschluckt haben – oder Schlimmeres.

Viele Jahre später, nach der Auferstehung Jesu, schrieb Matthäus die Geschichte auf, wie es kam, dass der Messias einer Welt vergab, die krank vor Sünde war, und wie er Menschen errettete, bei denen nach Meinung der meisten Menschen Errettung gar nicht mehr möglich war. Trotz seines gespannten Verhältnisses zum traditionellen Judentum erzählte er diese Geschichte von Jesus aus einem entschieden jüdischen Blickwinkel. Im Gegensatz zum Markus- oder Lukasevangelium, die den Leser sofort in die temporeich erzählte Handlung mitnehmen, beginnt das Matthäusevangelium so: »Dies ist ein Verzeichnis der Vorfahren von Jesus Christus, einem Nachkommen des Königs David und Abrahams: Abraham war der Vater von Isaak. Isaak war der Vater von Jakob. Jakob war der Vater von Juda und seinen Brüdern. Juda war der Vater von Perez und Serach ...« (Matthäus 1,1-3).

Nicht gerade die faszinierendste Art, eine Geschichte anzufangen. Kein moderner Schriftsteller würde auch nur im Traum daran denken, seine ersten Sätze so zu wählen. Trotzdem erstreckt sich der Stammbaum Jesu, den Matthäus hier festhält, über sechzehn Verse. Er beginnt mit Abraham und verfolgt die Linie über vierzig Generationen bis hin zu Josef, Marias Mann. Aber warum? Warum begann Matthäus seine Erzählung so?

Oft wird darauf hingewiesen, wie wichtig es war, einen handfesten Stammbaum nachzuweisen. Matthäus' Entscheidung mag zumindest teilweise auf diese Überlegung zurückgehen. Wenn eine jüdische Leserschaft auch nur in Erwägung ziehen sollte, dass Jesus der Messias sein könnte, musste man sie überzeugen, dass er von den richtigen Leuten abstammte. Matthäus wusste, dass er Jesus nicht nur mit den üblichen Verdächtigen – Abraham, Isaak und Jakob – in Verbindung bringen musste, sondern auch mit den Königen Israels. Wie wir bereits wissen, musste der Gesalbte aus dem Stamm Juda hervorgehen und ein direkter Nachkomme Davids sein. Daher zeigt Matthäus die väterliche Linie Jesu über seinen Adoptivvater Josef auf.

Hätte Matthäus sich mit einem typischen Stammbaum zufriedengegeben, würde diese Erklärung ausreichen. Doch wie wir bereits gesehen haben, tat er das nicht, sondern peppte seine Liste mit einigen Frauen von zweifelhaftem Ruf und ein, zwei redaktionellen Bemerkungen auf. Er wollte die Geschichte der Gnade in epischer Breite erzählen. Eine Geschichte, die für viele seiner jüdischen Leser sonst scheinbar nichts mit dem Alten Testament zu tun gehabt hätte. Eine Geschichte, die Gott in scharfem Kontrast zu dem darstellte, wie ihn die religiösen Führer des ersten Jahrhunderts beschrieben. Er wollte in seinem Evangelium darlegen, dass Gott die Nichtjuden genauso am Herzen lagen wie die Juden (vgl. Matthäus 8,28-32) und dass er auch die schrecklichsten Sünden vergab. Und dass er völlig ungeeignete Menschen erwählte und gebrauchte. Vielleicht war es dieser letzte Gedanke, der Matthäus bewog, sein Evangelium mit dem Alten Testament zu verknüpfen. Denn auch er gehörte zu diesen völlig ungeeigneten Menschen.

Er schrieb also diesen Stammbaum nieder, um zu zeigen, welches Ziel Gott verfolgte, als er in der Person Jesu Christi auf diese Erde kam. Matthäus wusste besser als die meisten Menschen, dass die Geschichte Jesu die Geschichte des Gottes ist, der denen nahe kommt, die durch die Sünde von ihm getrennt wurden und in der Folge von selbstgerechten Menschen abgelehnt wurden. Aus diesem Grund zeigt uns Matthäus einen sehr ungewöhnlichen Stammbaum, der beweist, dass Jesus ein echter Jude war, von königlichem Geblüt, und – das ist am wichtigsten – von Menschen abstammte, die verzweifelt Gottes Gnade brauchten.

Die Geschichte Jesu ist die Geschichte des Gottes, der denen nahe kommt, die durch die Sünde von ihm getrennt wurden und in der Folge von selbstgerechten Menschen abgelehnt wurden.

Matthäus war sicherlich nicht der Erste, der einen Stammbaum präsentierte, als er die Geschichte eines bedeutenden Menschen erzählte. Doch seine ergänzenden und in manchen Fällen unangebrachten Kommentare haben kein Vorbild in der Literatur. Im Altertum wurden solche geschichtlichen Werke von Schriftstellern im Auftrag von Generälen, Königen, Kaisern und Politikern verfasst. Dabei sollten sie ihren Auftraggeber im allerbesten Licht darstellen und in manchen Fällen einige Einzelheiten übertreiben oder sogar fälschen, um ihnen einen Platz in der Geschichte zu sichern. Diese Auftragsarbeiten haben also naturgemäß Lücken. Militärische Niederlagen und schmutzige Vorgehensweisen in der Politik werden nur beiläufig erwähnt und manchmal völlig unter den Teppich gekehrt. Kinder, die die Familie mit Stolz erfüllen, werden hingegen immer erwähnt. Und Kinder, die nicht so gut geraten sind? Manchmal hört man überhaupt nichts von ihnen.

Stammbäume waren im Altertum sehr wichtig, vor allem für Familien, die auf diese Weise ihren Herrschaftsanspruch untermauern wollten. Wenn man also den Stammbaum manipulierte, wollte man sich positiver, nicht negativer darstellen.

Als Matthäus aufschrieb, wer wen gezeugt hatte, wäre es verständlich gewesen, die wichtigen Namen besonders hervorzuheben und andere, die von der eigentlichen Geschichte ablenkten, zu übergehen. Doch Matthäus machte es genau andersherum. Wie wir gesehen haben, hob er gerade die Personen in Jesu Stammbaum hervor, die mit einem Makel behaftet waren. Statt die peinlichen Momente unter den Teppich zu kehren, lenkte er das Augenmerk noch darauf. Was andere Geschichtsschreiber ausgelassen hätten, betonte er besonders. Zum Beispiel: »Dies ist ein Verzeichnis der Vorfahren von Jesus Christus, einem Nachkommen des Königs David und Abrahams: Abraham war der Vater von Isaak. Isaak war der Vater von Jakob. Jakob war der Vater von Juda *und seinen Brüdern*. Juda war der Vater von Perez und Serach (*ihre Mutter war Tamar*)« (Matthäus 1,1-3; Hervorhebung des Autors).

Der Zusatz »und seinen Brüdern« trug nichts zur Genealogie bei, wenn Matthäus lediglich im Sinn gehabt hätte, die Abstammungslinie des Messias darzulegen. Jeder Jude, der über seine Geschichte Bescheid wusste, musste sich bei diesen Worten daran erinnern, wie schändlich Josef von Juda und seinen Brüdern behandelt worden war. Sie riefen dem Leser ins Gedächtnis, dass Josef besser war als seine Brüder. Er hatte seine Familie vor dem Hungertod gerettet. Juda dagegen war ein Lügner und Opportunist. Trotzdem entschied sich Gott dafür, den Messias als Nachkommen Judas in diese Welt zu bringen. Matthäus fügte diese schlichten, eigentlich unnötigen Worte ein und zwang seine Leser so, sich an die Ungereimtheiten in der Geschichte des Messias zu erinnern.

Achten Sie auch darauf, dass Tamar erwähnt wird. Warum eine Frau in einer Liste voller Männer? Und wenn schon eine Frau, warum dann ausgerechnet sie? Mit Tamars Erwähnung wird doch nur die alte und peinliche Geschichte wieder aufgewärmt, wie Perez und Serach gezeugt wurden. Wie wir in Kapitel 2 gesehen haben, wären die beiden niemals geboren worden, wenn Tamar Juda nicht getäuscht hätte. Gott gebrauchte diese skurrile Episode, um seinen Heilsplan in die Tat umzusetzen. Die messianische Linie setzte sich mit Serach fort, dem Sohn, den Juda mit Tamar gezeugt hatte.

Matthäus fährt in seinem Stammbaum ganz traditionell mit Vater-Sohn-Beziehungen fort, doch dann erwähnt er noch eine andere Frau: »Salmon war der Vater von Boas (*seine Mutter war Rahab*)« (Matthäus 1,5; Hervorhebung des Autors).

Warum sollte er Sara oder Rebekka überspringen, sich dann aber die Mühe machen, Rahab zu erwähnen? Sie war nicht einmal jüdisch. Eine ehemalige Prostituierte, die in das Volk Israel aufgenommen worden war. Matthäus jedoch hielt es für wichtiger, sie in diesem Stammbaum zu erwähnen als zwei ehrbare hebräische Frauen. Aus Gnade hatte Gott eine bußfertige Frau und ihre Familie aus der heidnischen Stadt Jericho errettet. Aus Gnade nahm er sie in die Familie der Israeliten auf und machte sie zur Vorfahrin von Königen.

Doch Matthäus war noch nicht fertig. »Boas war der Vater von Obed (*seine Mutter war Rut*). Obed war der Vater von Isai. Isai war der Vater von König David« (Matthäus 1,5-6; Hervorhebung des Autors). Die Geschichte von Rut ist hingegen wunderschön. Ruts liebevolle Aufopferung für ihre Schwiegermutter Noomi ist ein eindrückliches Beispiel dafür, wie Gnade aussehen kann, vor allen Dingen, wenn man sich die äußeren Umstände ihrer Beziehung vor Augen führt. Doch wie Rahab war auch Rut keine Jüdin. Ihre Eltern waren Moabiter und hatten Götzen angebetet. Rut war eine Ausländerin. Trotzdem wurde sie zur Urgroßmutter von König David.

Auch an dieser Stelle scheint Matthäus sich besondere Mühe zu geben, seine Leser daran zu erinnern, dass der Messias nichtjüdische Vorfahren hatte. Doch genau das gehörte ganz wesentlich zu der Geschichte, die er erzählen wollte. Denn wie er später erklären würde, wurde das Blut des Messias für Menschen aus allen Völkern vergossen, für Juden und Nichtjuden.

Doch Matthäus war immer noch nicht fertig. Zwei weitere Namen verdienten es seiner Meinung nach, erwähnt zu werden: »David war der Vater von König Salomo (*seine Mutter war Batseba, die Frau Urias*)« (Matthäus 1,6; Hervorhebung des Autors). Der Name Salomo hätte genügt, um die königliche Abstammung Jesu zu belegen. Jeder seiner jüdischen Leser, der über seine Geschichte Bescheid wusste, wäre in Gedanken kurz zurückgegangen, doch Matthäus wollte sichergehen, dass niemandem die skandalösen Umstände entgingen, die Salomos Zeugung umgaben. Er schrieb nicht: »Salomo, der weiseste Mann der Welt«, oder »Salomo, dessen Mutter Batseba war«. Stattdessen fügte er ein Detail ein, das den Skandal um die Geburt Salomos herum nur noch betonte.

Niemandem würde Matthäus' Botschaft entgehen. Unter den Vorfahren des jüdischen Messias gab es einige zweifelhafte Figuren. Es gab Lügner, Betrüger und Gesetzesbrecher. Es gab einen Mörder, einen Sklavenhändler, einen Ehebrecher und eine Prostituierte. Vielleicht dachte Matthäus mit einem Lächeln: »Das sind Menschen wie ich.« Zumindest waren sie das gewesen. Und auch Matthäus hatte sich an dem Tag verändert, als er Jesus begegnete. Es hatte keinen Sinn, die sündigen und alles andere als makellosen Vorfahren Jesu zu verstecken. In vielerlei Hinsicht war das gerade der springende Punkt der Geschichte. Denn gerade um solche Menschen ging es Matthäus in seinem Evangelium. Diese Botschaft mussten die Juden des ersten Jahrhunderts unbedingt hören.

Es hatte keinen Sinn, die sündigen und alles andere als makellosen Vorfahren Jesu zu verstecken. In vielerlei Hinsicht war das gerade der springende Punkt der Geschichte.

Als Jesus anfing, in der Öffentlichkeit zu wirken, sah er, dass das Volk Israel in einer wichtigen Frage gespalten war: Wie schafft man es, vor Gott gerecht dazustehen? Ein Lager machte geltend, dass man dazu das Gesetz halten müsse. Um das zu schaffen, musste man allerdings die Kunst der Selbsttäuschung zur Vollkommenheit bringen. Darüber hinaus musste man gewisse Gebote verwässern, um sie mit dem eigenen Verhalten in Übereinstimmung zu bringen, das man ja nicht ändern wollte.

Am anderen Ende des Spektrums fanden sich Menschen, die sich weigerten, ständig ihre Unzulänglichkeit zu leugnen. Wenn das Gesetz der Maßstab war, dann würden sie niemals gut genug sein, um sich das Wohlgefallen Gottes zu verdienen. Also gingen sie auf Abstand zu ihm.

Die Selbstgerechten verachteten diejenigen, die sich selbst verurteilten, und umgekehrt. Denn wer sich selbst als gerecht empfand, hielt sich für besser als jemand, der einräumte, Unrecht zu tun. Die Ungerechten dagegen hatten das Gefühl, von den sogenannten Gerechten abgestempelt zu werden, und gleichzeitig sahen sie auch den heuchlerischen Unterschied zwischen Schein und Sein bei ihnen.

Zu der Zeit, als Jesus in der Öffentlichkeit auftrat, konnte man diese Spannung am deutlichsten im Tempel miterleben. Jesus illustrierte dieses Problem mit einem Gleichnis, das höchstwahrscheinlich auf einer tatsächlichen Begebenheit beruhte:

> Zwei Männer gingen in den Tempel, um zu beten. Der eine war ein Pharisäer, der andere ein Steuereintreiber. Der stolze Pharisäer stand da und betete: »Ich danke dir, Gott, dass ich kein Sünder bin wie die anderen Menschen, wie die Räuber und die Ungerechten, die Ehebrecher oder besonders wie dieser Steuereintreiber da! Denn ich betrüge niemanden, ich begehe keinen Ehebruch, ich faste zwei Mal in der Woche und gebe dir regelmäßig den zehnten Teil von meinem Einkommen.« Der Steuereintreiber dagegen blieb in einigem Abstand stehen und wagte nicht einmal, den Blick zu heben, während er betete: »O Gott, sei mir gnädig, denn ich bin ein Sünder.« Ich sage euch, dieser Sünder – und nicht der Pharisäer – kehrte heim als ein vor Gott Gerechtfertigter. Denn die Stolzen werden gedemütigt, die Demütigen aber werden geehrt werden (Lukas 18,10-14).

Dieses Gleichnis brachte es auf den Punkt: Da war auf der einen Seite eine Gruppe von Menschen, die nicht so gut war, wie sie glaubte, und auf der anderen Seite eine Gruppe von Menschen, die wusste, dass sie nicht so gut war, wie es nötig wäre. Da standen sie nun zusammen im Tempel, *dem* Symbol für Gottes Wunsch, bei den Menschen zu wohnen und sie mit sich zu versöhnen trotz ihrer Sünden. Schon die Architektur des Tempels mit seinen Portalen und Plätzen signalisierte den einladenden Ruf an Sünder, Juden wie Nichtjuden. Die blutigen Opfer erinnerten täglich an die Unfähigkeit des Menschen, durch richtiges Verhalten

Gerechtigkeit vor Gott zu erlangen. Der Tempel ließ keinen Freiraum für Selbstgerechtigkeit, und ebenso wenig musste man sich hinter seiner Sündhaftigkeit verstecken. Offenbar war allen der springende Punkt entgangen. Die Selbstgerechten jagten die Sünder fort, und die Sünder rannten vom eigenen Schamgefühl getrieben immer weiter.

Doch dann erschien Jesus auf der Bildfläche. Er kam, um die Pattsituation zwischen den Moralisten, die ihrer Selbsttäuschung erlegen waren, und den ehrlichen Ungläubigen zu durchbrechen. Er kam, um die Selbstgerechten im Licht der Wahrheit zu entlarven und allen, die vor Scham vergingen, einen Weg zurück anzubieten. Als Jesus Levi begegnete, hatte der solch einen Weg zurück mit Sicherheit nötig. Als Jesus also sagte: »Folge mir nach«, tat er genau das. Er stand auf und folgte ihm nach. Doch Jesus führte ihn nicht in den Tempel. Er lud sich selbst bei Matthäus zu Hause ein. Seltsamerweise hatte Matthäus nichts dagegen einzuwenden. Im Gegenteil, er sagte allen seinen Freunden Bescheid, dass er eine spontane Party feiere und jeder eingeladen sei.

Jesus, dem Mensch gewordenen Sohn Gottes, war nicht unbehaglich zumute, wenn ihn Menschen umgaben, die unbedingt eine Brücke zurück zu Gott brauchten, eine Brücke, die nur die Gnade bauen konnte.

Bald füllte sich Matthäus' Haus mit seinen Kollegen aus den Zollstationen. Auch eine bunte Mischung von zwielichtigen Typen aus der ganzen Stadt war da. Die Rahabs, Batsebas, Judas und Davids von Kapernaum wollten sich dieses einzigartige Fest nicht entgehen lassen. Sie aßen und tranken zusammen mit Jesus und seinen Freunden, die mit all diesen religiös und gesellschaftlich Ausgestoßenen sangen und lachten. Die Gerechtigkeit in Person feierte mit Leuten, die alles andere als gerecht waren. An diesem heißen Nachmittag im Nahen Osten wurde Matthäus' Haus zu einem Ort der Gnade. Für eine kurze Zeit diente es als eine Art Ersatztempel. Gerechte und Ungerechte kamen dort zusammen, wie sie waren. Sie wussten genau, wer sie waren, und versuchten nicht vorzugeben, sie seien etwas anderes. *Und Jesus fühlte sich wohl.* Über diesen Satz darf man nicht zu schnell hinweglesen. Jesus, dem Mensch gewordenen Sohn Gottes, war nicht unbehaglich zumute, wenn ihn Menschen umgaben, die unbedingt eine Brücke zurück zu Gott brauchten, eine Brücke, die nur die Gnade bauen konnte.

Doch nicht alle empfanden so wie Jesus. Während drinnen eine Art Gottesdienst gefeiert wurde, standen die religiösen Autoritäten draußen vor der Tür. Gesetzeslehrer. Pharisäer. Die Guten. Selbst wenn man sie eingeladen hätte, wäre es ihnen nicht im Traum eingefallen, das Haus eines Sünders zu betreten. Denn damit hätten sie sich rituell verunreinigt. Wer einen Sünder wie Matthäus auch nur berührte, musste sich danach stundenlang waschen. Für diese Menschen glich die Sünde einer ansteckenden Krankheit. Nun standen sie in einer Gruppe zusammen, warfen missbilligende Blicke auf die Partygesellschaft und fragten einige der Jünger Jesu empört: »Wie kommt euer Meister dazu, mit solchem Abschaum zu essen?« (Matthäus 9,11).

Eine interessante Frage. Es gibt nur eine vernünftige Erklärung dafür: Sie verstanden einfach nicht, wie ein Mann, der behauptete, von Gott gesandt worden zu sein, sich mit Menschen einlassen konnte, die Gott überhaupt nicht ähnlich waren. Wie konnte es angehen, dass jemand, der völlig anders war als Matthäus, diesen offenbar *mochte*? Das konnten sie nicht einordnen. Und tolerieren schon gar nicht.

Als Jesus von den Einwänden hörte, die die religiöse Elite draußen vorbrachte, ließ er ihnen eine Botschaft überbringen: »Die Gesunden brauchen keinen Arzt – wohl aber die Kranken« (Matthäus 9,12). Einen Augenblick lang ging Jesus auf ihre Denkmuster ein. Sie nahmen von sich an, sie seien gesund, Matthäus und seine Genossen krank. Dann zitierte Jesus einen Abschnitt aus dem Alten Testament, der den Pharisäern sehr vertraut gewesen sein muss. Matthäus gibt die Worte Jesu auf Griechisch wieder, doch er zitierte einen hebräischen Text aus Hosea 6,6: »Ich will, dass ihr barmherzig seid; eure Opfer will ich nicht.« Hinter dem Wort, das hier mit »barmherzig« übersetzt wird, steht ein hebräischer Begriff, dem wir bereits begegnet sind: *chesed*. Damit wurde die Gnade Gottes umschrieben. »Ich will, dass ihr barmherzig seid, eure Opfer will ich nicht.« Was war der springende Punkt? Für Gott ist Gnade wichtiger als Opfer. Schließlich formulierte Jesus seinen Auftrag in einem Satz: »Denn ich bin nicht gekommen, Gerechte zu rufen, sondern Sünder« (Matthäus 9,13; ELB).

Ich bin nicht gekommen, um die zu rufen, die sich selbst für gerecht halten, sondern die, die wissen, dass sie Sünder sind.

Jesus gebrauchte die Begriffe *Gerechte* und *Sünder* in diesem Zusammenhang in sarkastischer Weise. Er sagte mehr oder weniger: »Ich bin nicht gekommen, um die zu rufen, die sich selbst für gerecht halten, sondern die, die wissen, dass sie Sünder sind.« Wenn wir die Zeit für einen Augenblick anhalten könnten, würden wir an dieser Stelle mit einer erstaunlichen und vielleicht unbequemen Wahrheit konfrontiert: Gnade lädt die Ungerechten ein und wirkt auf die Selbstgerechten bedrohlich.

Dass Jesus Matthäus in die Nachfolge einlädt und ihn zu Hause besucht, bekräftigt noch einmal: Gnade verdient man sich nicht; sie wird einem angeboten. Dieses Konzept war nicht neu, sondern so alt wie der Garten Eden. Doch wie es immer wieder geschehen sollte, war die einfache Botschaft von der Gnade unter einem Berg von komplizierten Religionsvorschriften begraben worden – Vorschriften, die von Menschen geschaffen worden waren, die sich Gerechtigkeit verdienen wollten, statt sich einzugestehen und inneren Frieden darin zu finden, dass man nur durch Gnade gerecht wird.

Gnade verdient man sich nicht; sie wird einem angeboten.

In den folgenden Jahren wurde Matthäus deutlich, dass Christus die personifizierte Gnade Gottes war. Er sah mit eigenen Augen, wie Jesus die Unberührbaren berührte und Kontakte mit Menschen knüpfte, die am Rand der Gesellschaft standen. Er erlebte, wie Jesus Wunder an Menschen vollbrachte, die sie nicht verdient hatten und es ihm nicht vergelten konnten. Jesus bekräftigte, dass das Gesetz immer noch gültig war, doch gleichzeitig nahm er den Gesetzesbrecher an. Er setzte sich für Frauen und Kinder ein. Er bezahlte seine Steuern, gab Fremden zu essen und liebte seine Feinde.

Als Matthäus und seine neuen Freunde mit Jesus von Stadt zu Stadt zogen, erlebten sie, dass nur eines ihn zum Zorn reizte: gnadenlose Religion. Mit Rom lag er niemals im Konflikt, sondern mit den Pharisäern, den Sadduzäern und Gesetzeslehrern – denjenigen, die die Geschichten der Gnade Gottes mit Israel am besten kannten. Diesen Menschen war die Aufgabe anvertraut, diese Geschichten zu bewahren. Sie sollten weitererzählen, wie Gott in die Geschicke des Volkes eingegriffen hatte, und sie waren dafür verantwortlich, dass man diese

Berichte in Israel verinnerlichte und niemals vergaß. Doch sie hatten versagt. Unter ihrer Ägide hatte sich eine Form des Judentums herausgebildet, die praktisch keine Gnade kannte. Und diese gnadenlose Religion reizte Jesus zum gerechten Zorn, der zum Konflikt mit der religiösen Elite in Israel führte, sodass sie ihn schließlich verhafteten, verurteilten und kreuzigten. Sie nutzten die Macht der Römer, ihrer Erzfeinde, zu ihrem Vorteil, brachen ihre eigenen Gesetze und brachten die Stimme der Gnade zum Verstummen.

Doch nur für einen Augenblick.

Matthäus hatte bei all diesen Ereignissen einen Platz in der ersten Reihe. Und er war da, als Maria und ihre Begleiterinnen vom leeren Grab berichteten. Später sollte er den auferstandenen Jesus sehen, berühren, mit ihm essen und ihn anbeten. Und ihm würde das Vorrecht zuteilwerden, ein Evangelium zu verfassen. Es überrascht nicht, dass gerade sein Evangelium die Botschaft der Gnade für die ganze Welt an einer Stelle besonders nachdrücklich formuliert. Oft hört man dafür die Bezeichnung »Missionsbefehl«. Treffender wäre eigentlich »Angebot der Gnade«: »Darum geht zu allen Völkern und macht sie zu Jüngern« (Matthäus 28,19).

Zu allen Völkern. Diese Botschaft galt jedem. Der Ausdruck, der Matthäus jedoch vielleicht am meisten am Herzen lag, lautete: »Macht sie zu Jüngern.« Genau das hatte Jesus mit ihm getan. Er hatte ihn zu einem Nachfolger gemacht; und dieser Prozess der Umgestaltung hatte nicht mit einem Befehl begonnen, sondern einer Einladung. Diese Einladung, das hatte Matthäus verstanden, wurde nun auf jeden Menschen ausgeweitet: Folge mir nach.

Die Spannung zwischen den Selbstgerechten und den Menschen, die sich selbst ins gottferne Exil verbannt hatten, hörte mit dem Kommen Jesu nicht auf. Es gibt sie bis heute. Vielleicht wäre jetzt der geeignete Zeitpunkt, sich zu fragen: »Zu welcher Seite neige ich?« Wenn Matthäus Sie zu seiner Party eingeladen hätte, hätten Sie sich dann unbehaglich gefühlt? Wäre Ihr erster Impuls gewesen, draußen stehen zu bleiben? Würden Sie sich fragen, warum Jesus mit Sündern Gemeinschaft hatte, bevor er ihnen ihre Sünden vorhielt? Hätten Sie sich Sorgen gemacht, dass Jesus die Sünde in gewisser Weise guthieß, weil er nicht gleich darauf zu sprechen kam?

Oder neigen Sie zur anderen Seite? Würde Sie irgendetwas in Ihrem gegenwärtigen Lebensstil oder vielleicht auch in Ihrer Vergangenheit innehalten lassen, bevor Sie in die Gegenwart Jesu kämen? Würden Sie sich schämen? Stünden Sie in der Versuchung, draußen zu bleiben, in der Hoffnung, Sie könnten einen Blick auf ihn erhaschen, dabei aber jeglichen Augenkontakt vermeiden? Denn schließlich kennen Sie sich genau. Sie wissen, wer Sie sind und wer Sie vorgeben zu sein. Mit dieser ganzen Last in die Gegenwart der Gerechtigkeit selbst zu kommen? Sie wären doch verrückt, wenn Sie sofort losliefen? Oder?

Höchstwahrscheinlich finden wir in jedem von uns beide Seiten. Bei gewissen Leuten oder Verhaltensweisen neigen wir dazu, zu verurteilen; bei anderen Gelegenheiten erlegen wir uns selbst eine Auszeit auf und verbannen uns aus der Gegenwart Gottes ins selbstgewählte Exil. In beiden Fällen jedoch beschreiten wir den ausgetretenen Pfad der gnadenlosen Religion. Denn im Grunde handelt es sich um zwei Seiten derselben Medaille: »Ich bin nicht würdig« auf der einen und »Aber wenn ich mich genug anstrenge, kann ich es werden« auf der anderen.

Matthäus, der Jesus oft beobachtete, würde wohl sagen: Es gibt noch einen dritten Weg. Den Weg der Gnade. Er wird uns angeboten, wir können ihn uns nicht erarbeiten. Jedem Menschen gilt dieses Angebot, ganz gleich, wer er auch sein mag. Wenn Sie sich also selbst dabei ertappen, wie Sie heute jemand anders verurteilen und morgen sich selbst, dann halten Sie inne. Halten Sie inne und denken Sie daran: Man *kann* gar nicht gut genug sein; man muss es auch nicht. So ist die Gnade.

Kapitel 10:

Neu geboren aus Gnade

Gottes Gesetz erinnert uns daran, dass wir Gottes Gnade brauchen.

Hier ein kleines Quiz: Was haben folgende Gruppen und Personen gemeinsam?

- Klingonen
- Philister
- Cruella De Vil
- Sheriff von Nottingham
- Pharisäer

So, die Zeit ist abgelaufen.

Wie Sie vermutlich erraten haben, sind all diese Einzelpersonen und Gruppen jemandes Erzfeind oder Rivale. *Star Trek*-Fans aller Generationen sind mit den Klingonen vertraut. Wenn Sie als Kind zur Sonntagsschule gegangen sind, wissen Sie, dass die alten Israeliten ständig in Kämpfe mit den Philistern verwickelt waren. Disneys Dalmatiner wussten, dass sie Cruella besser aus dem Weg gehen sollten. Der Sheriff von Nottingham war Robin Hood ein ständiger Stachel im Fleisch. Und wenn Sie sich im Neuen Testament auskennen, wissen Sie, dass praktisch überall, wo Jesus hinkam, die Pharisäer bereits auf ihn warteten und auf eine Chance lauerten, ihn bei der Bevölkerung in Misskredit zu bringen.

Wenn man den Begriff *Pharisäer* im Wörterbuch nachschlägt, findet man mindestens zwei Definitionen. Erstens wird erklärt, dass es sich hierbei um eine Gruppe von religiösen Führern im Judentum des ersten nachchristlichen Jahrhunderts handelt, die das mosaische Gesetz besonders streng auslegten und befolgten. Die zweite Definition wird in etwa so lauten: ein selbstgerechter, scheinheiliger oder gesetzlicher Mensch. Davon ausgehend, würden sich die meisten von uns wohl lieber als Klingone denn als Pharisäer bezeichnen lassen.

In vielerlei Hinsicht verdienten die Pharisäer ihren Ruf. Ihre Befolgung des mosaischen Gesetzes hatte extreme Formen angenommen. Als wären sechshundert Gesetze nicht genug, stellten sie noch zusätzliche Listen mit Ritualen und Verhaltensweisen auf, um sicherzustellen, dass man die eigentlichen Gebote nicht versehentlich brach. Nicht weniger als neununddreißig Dinge waren einer dieser Listen zufolge am Sabbat verboten, und ironischerweise verwandelte sich dieser Ruhetag damit in einen Tag, an dem man intensiv daran arbeitete, alle möglichen religiösen Vorschriften zu beachten. Auch rituelle Waschungen betrachteten sie als äußerst wichtig. Hier ein kleiner Einblick in die extremen Maßnahmen, zu denen Angehörige dieser Gruppe griffen, um sich nicht versehentlich zu verunreinigen:

> Vor jeder Mahlzeit hielt man Wasserkrüge bereit. Die minimale Wassermenge für die Waschung wurde auf ein Viertel Log festgesetzt – die Menge, die man brauchte, um anderthalb Eierschalen zu füllen. Das Wasser wurde zunächst über beide Hände gegossen, wobei die Finger nach oben zeigten, und musste dann bis zum Handgelenk hinunterlaufen. Dort musste man es abtropfen lassen, denn das Wasser war nun auch unrein geworden, nachdem es mit den unreinen Händen in Kontakt gekommen war, und wenn man es wieder über die Finger rinnen ließe, würde es sie wieder unrein machen. Der Vorgang wurde noch einmal wiederholt, wobei die Finger nun nach unten zeigten; und schließlich wurde jede Hand gereinigt, indem man sie an der anderen Faust rieb. Ein strenger Jude wusch sich nicht nur vor jeder Mahlzeit so, sondern auch zwischen den einzelnen Gängen einer Mahlzeit.[1]

Auch wenn diese ermüdenden Prozeduren es nicht vermuten lassen – viele Pharisäer wollten Gott wirklich gefallen und wurden wegen ihrer Güte und Großzügigkeit von ihrer Umgebung hoch geschätzt. Hillel, der einflussreichste Lehrer in der Geschichte der Pharisäer, wird im Babylonischen Talmud folgendermaßen zitiert: »Was dir verhasst ist, tu deinem Mitmenschen nicht an. Das ist die ganze Thora; der Rest ist Auslegung; nun gehe hin und lerne.«[2] Diese Männer waren den am meisten respektierten Religionsführern unserer Tage nicht unähnlich. Man hielt sie für gute Menschen. Sie hatten nach allgemeiner Auffassung Gottes Segen für dieses Leben und das nächste am ehesten verdient. Sie waren vorbildliche Bürger im Reich Gottes.

Ein Pharisäer namens Nikodemus hatte sich in dieser einzigartigen Gruppe besonders bewährt. Wenn es eine Kategorie »gut genug« gäbe, gehörte er mit Sicherheit hinein. Wenn man sich Gerechtigkeit verdienen könnte, dann hatte er sie sich verdient. Wenn jemand Gewissheit erlangen könnte, dass man in Gottes Gunst stand, dann Nikodemus. Zumindest glaubte er das. Doch eines Tages begegnete er der Mensch gewordenen Gerechtigkeit in einem Paar Sandalen. An diesem Punkt geriet seine Welt durcheinander.

Im Gegensatz zu Matthäus, dem Steuereintreiber, war Nikodemus, der Pharisäer, sehr zufrieden damit, was aus ihm geworden war. Er hatte sich hochgearbeitet und andere jüdische Politiker und Kleriker hinter sich gelassen, um zu einem »Lehrer Israels« (Johannes 3,10) zu werden, wie Jesus ihn nannte. De facto war er eine Autorität in allen religiösen Fragen. Er übte die Macht und den Einfluss eines Sadduzäers aus, ohne den moralischen Kompass eines Pharisäers verloren zu haben. Die aristokratische Führungsschicht im Tempel wusste er zu beeinflussen, und trotzdem war ihm die Hochachtung der kleinen Leute sicher.

Seit einigen Monaten hörte man in Jerusalem von einem bemerkenswerten neuen Rabbi aus der ländlichen Provinz Galiläa. Er war ein mitreißender Lehrer. Er sprach mit ungewöhnlicher Autorität. Was er über das Reich Gottes zu sagen wusste, war frisch und bezwingend. Außerdem – und das war vielleicht das Erstaunlichste – munkelte man, dass er Kranke durch eine einzige Berührung heilen konnte. Doch manches wirkte auch verstörend: Er behauptete von sich, Sünden vergeben zu können, und das stand eigentlich Gott allein zu. Die religiösen Autoritäten, die solche Behauptungen aus erster Hand gehört hatten, waren entsetzt. Doch ihre Beschwerden fielen kaum ins Gewicht, wenn man bedachte, dass er zweifellos Vollmacht über Krankheiten, ja über die ganze Natur hatte. Eine ständig wachsende Zahl von Anhängern folgte ihm von Dorf zu Dorf, und manche wagten es sogar, das Wort mit »M« in den Mund zu nehmen: *Messias*. Vor allem dieses Gerücht ließ Nikodemus aufhorchen.

Dem Johannesevangelium zufolge war Nikodemus ein Mitglied des Hohen Rats (vgl. Johannes 3,1), eines politischen Organs, auch bekannt unter der Bezeichnung Sanhedrin. Für Israel war diese Körperschaft Parlament, Oberster Gerichtshof und Vatikan in einem. Siebzig erfahrene Staatsmänner, angeführt vom Vertrauten des Hohepriesters, repräsentierten Israel gegenüber Rom, und umgekehrt regierten sie im Auftrag Roms das Volk. Eifrig verteidigten sie ihre Autoritätsposition, nicht nur, weil der Kaiser die herrschende Klasse für die Bewahrung des Friedens im Land überaus gut bezahlte, sondern auch, weil man den Zorn Roms fürchtete. Der Kaiser und sein Statthalter erlaubten den Juden, ihren einzigartigen, unsichtbaren Gott anzubeten, und räumten ihnen das Recht ein, ihr Gelobtes Land ihren Traditionen gemäß zu regieren, solange Ruhe herrschte und alle ihre Steuern zahlten. Daher interessierte sich der Sanhedrin für jeden, der von sich behauptete, der Messias, also der König der Juden, zu sein.

Dieser neue wundertätige Rabbi aus Galiläa hatte während des Passahfestes im Tempel Aufsehen erregt. Nicht nur, dass er die Tische der Händler umgestürzt hatte, die mit Genehmigung des Hohepriesters im Tempel arbeiteten; nein, er hatte auch noch behauptet, der Tempel gehöre ihm, und hatte ihn als »Haus meines Vaters« (Johannes 2,16) bezeichnet. Die religiösen Führer hatten das infrage gestellt und ein »Zeichen« von ihm als Beweis verlangt, dass er wirklich der Messias sei. Jesus hatte ihren Einwand beiseitegewischt und weiterhin Menschen geheilt, als wollte er sagen: »Schaut einfach her, und dann bekommt ihr alle Beweise, die ihr braucht.« In Wirklichkeit wollten sie gar nicht, dass Jesus seine Behauptung mit einem Beweis untermauerte. Sie wollten nicht die Kontrolle über die Volksmassen verlieren. Sadduzäer und Pharisäer betrachteten sich als Konkurrenten im Kampf um die politische Macht, doch was die Zukunft Israels betraf, hatten sie ganz ähnliche Vorstellungen. Sie träumten von einem Gottesreich, das auf kluger Politik und militärischer Macht beruhte, angeführt von einem Messias, der ihre Vision teilte und ihre Machtposition stützte. Jesus war offenbar nicht der richtige Mann dafür.

So sehr sie es sich auch gewünscht hätten, sie konnten Jesus weder loswerden noch in Misskredit bringen. Schließlich »kamen viele zum Glauben an ihn, weil sie die Wunder sahen, die er vollbrachte« (Johannes 2,23). Andererseits war es zu riskant und zu früh, um diesen Möchtegernmessias zu unterstützen. Während sie unentschieden hin und her überlegten, schaute das Volk auf sie, um Richtungsweisung zu erhalten. War er der Messias oder nicht? Der Sanhedrin hatte ein echtes Problem.

Nikodemus wollte sich nicht auf Gerüchte verlassen und suchte Jesus auf, um eine eigene Entscheidung treffen zu können. Er ging allein und in der Nacht. Wir erfahren nicht, warum. Doch weil Johannes dieses Detail bewusst einfügt, können wir davon ausgehen, dass er einen bestimmten Zweck damit verfolgte. Nikodemus hätte es gefährlich werden können, Jesus zu besuchen. Hätte man die beiden zusammen gesehen, hätte man ihm möglicherweise Fragen gestellt, die er weder beantworten wollte noch konnte. Also ging er nachts.

Manche argumentieren, dass Johannes ganz bewusst die Aufmerksamkeit auf die späte Stunde lenkte, um mit den literarischen Symbolen Licht und Finsternis zu spielen. In den ersten Zeilen seines Evangeliums schrieb er von Jesus: »In ihm war das Leben, und dieses Leben war das Licht für die Menschen. Das Licht strahlt in der Dunkelheit, aber die Dunkelheit hat sich ihm verschlossen« (Johannes 1,4-5; GNB). Und wie Nikodemus noch entdecken sollte, gab es vieles, das ihm verschlossen war.

Ob Nikodemus nun auf eigene Faust handelte oder im Auftrag des Sanhedrius mit Jesus Kontakt aufnahm, wissen wir nicht mit Sicherheit. Die folgenden Sätze verraten uns jedoch, dass ihm eine Frage auf den Nägeln brannte – eine Frage, die vielen durch den Kopf ging, die Jesus persönlich erlebt oder durch andere Menschen von ihm erfahren hatten: *Ist er der Messias?*

Wie jeder fromme Jude lebte Nikodemus in der stillen Hoffnung, dass der Gesalbte Gottes noch zu seinen Lebzeiten erscheinen würde. Es war sein Kindheitstraum, mit eigenen Augen zu sehen, wie der

Messias an die Macht kam und den Königsthron bestieg. Nikodemus war mit den Geschichten von einem Kriegerkönig aufgewachsen, der eines Tages die ganze Nation inspirieren und eine Volksbewegung anführen würde, die der Herrschaft der Römer ein Ende setzte, damit das Gelobte Land wieder politische Unabhängigkeit genoss und man in Sicherheit dort leben konnte. Jedes Mal, wenn diese Geschichten in der Synagoge oder zu Hause erzählt wurden, wurde die Erinnerung an alttestamentliche Bilder wach, die Israel als eine dominante Weltmacht darstellten.

Nikodemus erwartete genau wie seine Gefährten, dass der Messias David gleichen würde, nur ohne Seifenoper, oder auch Salomo, aber ohne Harem. Er träumte von militärischen Eroberungen und wirtschaftlicher Blüte, und nun wollte er Jesus besuchen, um selbst herauszufinden: War er der, der kommen sollte?

Wer Jesus nun genau war, blieb ein Geheimnis, doch einer Sache war sich Nikodemus gewiss: Dieser Wundertäter aus Galiläa war von Gott gesandt, und deshalb musste man ihm mit derselben Ehrerbietung begegnen wie einem Lehrer. Aus diesem Grund redete er Jesus respektvoll mit dem Titel »Rabbi« an. »Rabbi, wir wissen, dass Gott dich gesandt und dich als Lehrer bestätigt hat. Nur mit Gottes Hilfe kann jemand solche Wunder vollbringen, wie du sie tust« (Johannes 3,2). Nikodemus könnte Jesus hier natürlich aus diplomatischen Gründen geschmeichelt haben, doch wenn wir das gesamte Gespräch in Betracht ziehen, war das wohl eher nicht der Fall. Er war überzeugt, dass an Jesus irgendetwas einzigartig war.

Was er jedoch nicht ahnte: Jesus konnte jedem Menschen ins Herz blicken. Er wusste, warum Nikodemus zu ihm gekommen war, noch bevor er seine erste Frage gestellt hatte. Und Nikodemus entdeckte noch etwas anderes. Jesus hatte die irritierende Gewohnheit, Fragen zu beantworten, die niemand gestellt hatte, die aber gestellt werden mussten. Da er einem Menschen ins Herz blicken konnte, konnte er somit irrige Denkmuster aufdecken und das Gespräch auf die Themen lenken, die diesem Irrtum zugrunde lagen.

Nikodemus kam also, weil er wissen wollte, wer Jesus wirklich war. Doch Jesus hatte einen anderen Gesprächsverlauf im Sinn. Das Thema »Messias« würde er überspringen und stattdessen darauf zu sprechen kommen, dass Nikodemus eine falsche Sichtweise von Gott hatte, weshalb er auch nicht richtig verstehen konnte, welche Pläne Gott mit seinem Land und dem Messias hatte. Seine Fragen wären irrelevant gewesen, weil er von falschen Voraussetzungen ausging. Ja, Jesus war der Messias Gottes. Aber nicht der Messias, auf den Nikodemus hoffte und für den er betete. Es würde keinen militärischen Feldzug geben, um einige Quadratkilometer Boden zu erobern. Der Messias hatte etwas viel Größeres im Sinn. Er war gekommen, um die ganze Welt zu befreien.

Kaum hatte Nikodemus seine einleitenden Bemerkungen über die Lippen gebracht, da unterbrach ihn Jesus auch schon, fast mitten im Satz, und kam direkt auf seinen eigentlichen Irrtum zu sprechen: »Ich versichere dir: Wenn jemand nicht von Neuem geboren wird, kann er das Reich Gottes nicht sehen« (Johannes 3,3).

Häh?

Ohne Vorwarnung strahlte ein Licht in der Finsternis auf. Und es blendete. War verwirrend. Bedrohlich. Raubte einem die Nerven. Als Diplomat hatte sich Nikodemus darauf eingestellt, nun ja, diplomatisch zu handeln: Man tastet sich vorsichtig vor und schneidet das eigentliche Thema ganz allmählich an. Die wichtigen Fragen. Doch Jesus kam ganz undiplomatisch sofort auf den springenden Punkt zu sprechen. Nikodemus hatte völlig falsche Vorstellungen vom Reich Gottes. Darum hatte er auch ein schiefes Bild vom Messias.

> *Der Messias hatte etwas viel Größeres im Sinn. Er war gekommen, um die ganze Welt zu befreien.*

Nikodemus hatte gelernt und als Lehrer selbst gelehrt, dass jeder Nachkomme Abrahams von Geburt an das Bürgerrecht im Reich Gottes habe. Die Juden wurden in das Reich Gottes hineingeboren. Wer sonst noch daran teilhaben wollte, musste zum Judentum konvertieren. Voraussetzung dafür war eine längere Unterweisung in den hebräischen heiligen Schriften und eine rituelle Waschung, die man als Taufe bezeichnete. Männer mussten noch etwas mehr auf sich nehmen und sich beschneiden lassen. Nur so konnte ein Heide am Bund Gottes mit Abraham teilhaben und zum Bürger des Gottesreichs werden. Die Neubekehrten bezeichnete man oft als »Kindlein«.

Doch all das war eigentlich gar nicht das Thema. Schließlich hatte Nikodemus Jesus nicht aufgesucht, um darüber zu diskutieren, wie man ins Reich Gottes kommt. Diese Frage hatte man bereits vor Jahrhunderten geklärt. Die entscheidende Frage war, ob Jesus sich damit zufrieden gab, die Rolle des Rabbi zu spielen, oder ob er mehr war. War er der Messias? Nichts von dem, was Jesus sagte, konnte Nikodemus in seine bis ins Letzte ausgefeilte Weltsicht einordnen. So wie er das Wesen von Gott und Religion verstand, gab es für ihn nur eine einfache Formel: Die Juden gehören dazu, die Heiden nicht. Ansonsten ging es nur noch darum, das Gesetz zu halten. Wer das schaffte, hatte sich Gottes Segen erarbeitet. Wer das Gesetz brach, musste damit rechnen, dass Gott ihn verurteilte.

Hätte Jesus nur »geboren« gesagt, hätte alles einen Sinn ergeben. Natürlich musste ein Mensch geboren werden, damit er in das Reich Gottes eintreten konnte. Wenn er gesagt hätte: »als Kind eines jüdischen Vaters geboren«, hätte das ebenfalls einen Sinn ergeben. Aber »von Neuem geboren«? Das war etwas Neues. Und es war auch nicht das Thema, über das Nikodemus sich unterhalten wollte.

Manche Bibelausgaben übersetzen auch »von oben her« geboren vgl. Johannes 3,31; 19,11. Beides ist möglich. Um Anteil am Reich Gottes zu haben, muss man von oben geboren werden. Von Neuem geboren, von oben her geboren – wie auch immer, Jesus deutete damit auf eine Art zweite Geburt hin. So gab er zu verstehen, dass es nicht ausreichte, ein Nachkomme Abrahams zu sein. Und das war nicht nur ungewöhnlich, sondern roch nach Gotteslästerung. Doch hätte Nikodemus das thematisieren wollen, hätte er seine ersten Worte zurückziehen müssen: »Meister, [...] wir alle wissen, dass Gott dich gesandt hat, um uns zu lehren. Die Wunder, die du tust, beweisen, dass Gott mit dir ist« (Johannes 3,2).

Nikodemus steckte in einer Zwickmühle. Er war verwirrt, aber auch neugierig. Also gab er seinen ursprünglichen Plan auf und ließ sich auf Jesus ein, so gut er konnte. »Was meinst du damit?«, fragte er. »Wie kann denn ein alter Mensch wieder in den Leib seiner Mutter zurückkehren und zum zweiten Mal geboren werden?« (Johannes 3,4). Zweifellos musste Jesus lächeln, als er dieses absurde Bild vor seinem geistigen Auge sah. Vielleicht lächelten beide.

Doch Jesus gab nicht nach, sondern ging noch einen Schritt weiter. »Ich sage dir: Niemand kommt in das Reich Gottes, der nicht aus Wasser und Geist geboren wird. Menschen können nur menschliches Leben hervorbringen, der Heilige Geist jedoch schenkt neues Leben von Gott her« (Verse 5-6). Nikodemus' verwirrte Miene sprach Bände. Jesus fuhr fort: »Darum wundere dich nicht, wenn ich sage, dass ihr von Neuem geboren werden müsst« (Vers 7).

Die Botschaft hätte deutlicher nicht sein können. Jesus sagte ihm damit im Grunde: »Nikodemus, ausgerechnet du solltest wissen, dass allein die richtige Geburt nicht ausreicht, damit man Zutritt zum Reich Gottes hat. Dazu gehört mehr. Etwas muss von oben geschehen.«

Trotz seiner Erziehung und seiner gründlichen Kenntnis der jüdischen Bibel reagierte Nikodemus überrascht: »Wie ist so etwas möglich?« (Vers 9; GNB). Vielleicht meinte er in Wirklichkeit: »Jetzt verstehe ich, aber wie konnte mir das nur so lange entgehen?«

Jesus fuhr fort: »Aber wenn ihr mir nicht einmal glaubt, wenn ich euch von Dingen erzähle, die hier auf Erden geschehen, wie werdet ihr mir dann glauben können, wenn ich euch sage, was im Himmel geschieht? Es ist noch nie jemand in den Himmel hinaufgestiegen, bis auf den Menschensohn, der vom Himmel herab auf die Erde gekommen ist« (Verse 12-13).

Jetzt geriet die Lage außer Kontrolle. Jesus behauptete, vom Himmel gekommen zu sein. Zugegeben, Johannes hatte erkannt, dass Jesus von Gott »gesandt« worden war. Aber buchstäblich vom Himmel?

Was das implizierte, ließ einem den Atem stocken. Entweder war dieser Mann völlig verrückt – oder aber er war der, auf den sie gewartet hatten. Wir müssen Nikodemus zugutehalten, dass er dieses gleißende Licht aushielt, das Jesus auf seine Unwissenheit und Verwirrtheit scheinen ließ. Für eine führende Persönlichkeit in seiner Stellung wäre es ein Leichtes gewesen, sich hinter seiner Bildung und seiner Abstammung zu verschanzen. Niemand hätte ihm einen Vorwurf gemacht, wenn er sich schnell verabschiedet hätte, bevor dieser Wanderprediger seine Denkmuster noch weiter durcheinandergebracht hätte. Nikodemus hatte sein ganzes Leben lang gelernt, gelehrt und ein religiöses System hochgehalten, das seine Identität prägte und seinem Leben Sinn gab; und trotzdem zog er die Möglichkeit in Erwägung, dass ihm etwas entgangen war.

Jesus erkannte, dass Nikodemus aufrichtig war, und war vielleicht von seiner Bereitschaft beeindruckt, das Gespräch weiterzuführen. Deshalb suchte er eine gemeinsame Grundlage in einer Geschichte aus dem Alten Testament: »Und wie Mose in der Wüste die Bronzeschlange auf einem Pfahl aufgerichtet hat …« (Johannes 3,14).

Endlich! Damit konnte Nikodemus etwas anfangen. Jeder Jude kannte diese Geschichte, die sich nach dem Auszug aus Ägypten ereignet hatte (vgl. 4. Mose 21,6-9). Vierzig Jahre war das Volk durch die Wüste gewandert, nachdem es Ägypten verlassen hatte, und zwar nicht, weil es sich verirrt hatte, sondern weil es sein Vertrauen nicht auf Gott gesetzt hatte, als der Zeitpunkt gekommen war, das Gelobte Land in Besitz zu nehmen. Sie hatten zwölf Kundschafter ausgesandt, und zehn waren mit einem pessimistischen Bericht zurückgekehrt: Zu starke und zu viele Feinde, und wir sind zu schwach und zu wenige (vgl. 4. Mose 13,28-29). Gott züchtigte Israel, indem er es in der Wüste umherirren ließ, bis die gesamte Generation der Zweifler ausgestorben war.

In jener Zeit hatten sich die Israeliten einmal in einem Gebiet aufgehalten, in dem es von Giftschlangen wimmelte. Als sie ihre Lage begriffen, war es schon zu spät, irgendetwas zu unternehmen. Hunderte wurden gebissen, viele brachen am Wegrand zusammen und starben. Der Herr wies Mose an, eine Bronzeschlange anzufertigen und sie auf einen Pfahl zu setzen. Wer von einer Schlange gebissen wurde und dann auf die eherne Schlange blickte, blieb am Leben (vgl. 4. Mose 21,9). Diese praktische Lehrstunde sollte das Volk ermutigen, auf Gott zu blicken, weil er sie beschützte und versorgte.

Doch Jesus war noch nicht fertig. »Und wie Mose in der Wüste die Bronzeschlange auf einem Pfahl aufgerichtet hat, so muss auch der Menschensohn an einem Pfahl aufgerichtet werden, damit jeder, der glaubt, das ewige Leben hat« (Johannes 3,14-15).

Damit hatte Nikodemus nicht gerechnet. Doch zumindest hatte er nun eine Antwort bekommen: Jesus behauptete, der von Gott gesandte

Gesalbte zu sein. Der Messias. Mit dieser Bemerkung sagte Jesus, dass er ewiges Leben schenken könne. Er war seiner eigenen Aussage zufolge der Mittler zwischen Gott und Mensch.

Das Vergleichswort »wie« – deutlicher ausgedrückt »genauso wie« – verstörte Nikodemus. Ein Mann, der auf einem Pfahl aufgerichtet wurde, war ein Mann, den man zum Tod verurteilt hatte. In seiner Theologie war kein Platz für einen hingerichteten Messias. Vielleicht hatte er Jesus missverstanden. Doch eine Sache irritierte ihn sogar noch mehr. Jesus hatte »jeder« gesagt. Meinte er damit wirklich *jeden*? Ganz gewiss hatte er damit alle Nachkommen von Abraham, Isaak und Jakob gemeint. Aber er hatte gesagt: »jeder, der glaubt«.

Die Schlichtheit dieser Gleichung überwältigte Nikodemus bei seiner ersten Begegnung mit Christus. Er konnte es nicht fassen. Jesus setzte *Glauben* oder *Vertrauen* mit dem ewigen Leben gleich. An keiner Stelle erwähnte er das Gesetz, den Tempel oder Opfer. Es gab nur eine mögliche Verbindung: die Andeutung, dass Jesus selbst umgebracht werden würde und seine Hinrichtung eine Art Brücke zum ewigen Leben schlagen würde. Für jeden.

Jesus setzte Glauben oder Vertrauen mit dem ewigen Leben gleich.

Für jemanden, der wie Nikodemus erzogen worden war, muss das viel zu einfach geklungen haben. Wenn er ihn richtig verstanden hatte, machte Jesus es absolut jedem möglich, das ewige Leben zu bekommen und damit Anteil am Reich Gottes zu erhalten. So verstörend das auf ihn gewirkt haben mag, ein befreiender Aspekt war doch dabei. Denn Jesus war nicht der Einzige, der Nikodemus' Herz kannte. Auch Nikodemus selbst wusste, wie es in seinem Herzen aussah. So sehr er sich auch bemühte, Gottes Gesetz zu halten, er wusste, dass er es nicht geschafft hatte. Wenn das ewige Leben nur den wirklich guten Menschen vorbehalten war, dann konnte selbst ein so frommer Mann wie Nikodemus dem Maßstab nicht genügen.

Mehr wissen wir nicht von Nikodemus' erster Begegnung mit Jesus. Es gibt keinen Hinweis darauf, dass er sofort seine religiösen Überzeugungen, die über Jahrzehnte gewachsen waren, über Bord geworfen hätte. Doch lief er auch nicht in die Dunkelheit zurück, sondern setzte sich dem intensiven, durchdringendem Licht der Wahrheit aus. Mit der Zeit gewöhnten sich seine Augen daran. Er sah, was er niemals zuvor gesehen hatte. Er sah, dass der Messias für sein Volk sterben musste, statt eine Revolte gegen Rom anzuführen. Er sah, dass Israel von seiner Sünde erlöst werden musste, bevor man auch nur einen Gedanken daran verschwenden konnte, das Land von den römischen Besatzern zu befreien.

Die Zeit ging ins Land. Jesus wurde beim Volk immer beliebter, und immer mehr Menschen hörten ihm zu. Doch während sein Ansehen bei den kleinen Leuten wuchs, machte sich im Sanhedrin Beunruhigung breit. Man musste etwas unternehmen. Für Jesus Partei zu ergreifen, kam nicht infrage. Doch einfach nur abzuwarten, während ihnen die Kontrolle über die Bevölkerung entglitt, kam ebenfalls nicht infrage. Im Grunde blieb ihnen nur eine Möglichkeit: Sie mussten Jesus zum Schweigen bringen.

Nachdem der Versuch, Jesus zu verhaften, gescheitert war, traf sich eine Gruppe von Pharisäern mit dem Sanhedrin, um über weitere Maßnahmen zu beraten. Auch Nikodemus war anwesend. Die Diskussion wurde ihm immer unheimlicher, und schließlich konnte er nicht mehr still dasitzen. Auf die Gefahr hin, seine Glaubwürdigkeit zu verlieren, stand er auf und stellte eine provozierende Frage, die er jedoch, da bin ich sicher, für völlig angebracht und nötig hielt: »Entspricht es etwa unserem Gesetz, einen Mann zu verurteilen, ehe man ihn angehört und erkannt hat, ob er schuldig ist?« (Johannes 7,51). Den anderen blieb der Mund offen stehen. Schlimmer noch, er hatte sie in die Ecke gedrängt. Nikodemus hatte recht. Man hatte überhaupt keine Untersuchung durchgeführt. Es gab nur unbewiesene Vorwürfe. Doch weil sie sich ihre Vorurteile nicht von harten Fakten kaputt machen lassen wollten, wechselten sie das Thema. Sie erwiderten: »Stammst du etwa auch aus Galiläa? Forsche doch in der Schrift nach, dann wirst du es selbst sehen: Aus Galiläa kommt kein Prophet!« (Vers 52). In diesem Punkt hatten sie recht. Doch wenn sie sich die Zeit genommen hätten, der Sache nachzugehen, hätten sie entdeckt, dass Jesus gar nicht aus Galiläa stammte. Er war in Bethlehem geboren worden, der Stadt der Könige, der Stadt Davids. Weil sie einsahen, dass sie nicht vorwärtskamen, so erzählt uns Johannes, vertagten sie die Angelegenheit und gingen auseinander (Vers 53).

Seine erste Begegnung mit Jesus hinterließ bei Nikodemus einen nachhaltigen Eindruck. Irgendetwas in ihm wünschte sich, dass Jesus recht hatte. Recht, was das ewige Leben betraf. Recht, was das Reich Gottes betraf. Das Doppelspiel der Sadduzäer, die Heuchelei der Pharisäer – all das ließ Fragen aufkommen, und er hoffte, dass es noch mehr gäbe als das. Etwas Besseres. Nikodemus hatte das Licht gesehen. Und das Licht hob die Finsternis der gnadenlosen Religion, in der er aufgewachsen war, nur noch hervor. Endlich verstand er, warum Heuchelei praktisch unausweichlich war in einem System, in dem das ewige Leben die Befolgung des Gesetzes voraussetzte. Sie war unvermeidlich; denn wenn das ewige Leben vom eigenen Verhalten abhing, musste man Schlupflöcher finden, mit denen man das Gesetz umgehen konnte. Kein Wunder, dass man so viel Mühe darauf verwandte, die Regeln neu zu definieren und unbequeme Verbote und Gebote auf kreative Weise zu umgehen. Doch Jesus hatte ihm die Augen geöffnet und Nikodemus konnte nicht mehr zurück.

Wir können uns nur vorstellen, was sich in Nikodemus abspielte, als er hörte, dass Jesus tatsächlich verhaftet worden war und man in einer Reihe von Scheinprozessen seine Hinrichtung vorantrieb. Er wusste, dass das Urteil schon vor der Verhandlung feststand. Vielleicht war es ein Fehler gewesen, an Jesus zu glauben. Doch er war sicher, dass das, was sich in Pilatus' Palast abspielte, das größere Übel war. Als sich immer deutlicher herauskristallisierte, dass Jesus der Grausamkeit der aufgestachelten Menge und Pilatus' Unrechtsurteil nicht entgehen würde, fiel es ihm wie Schuppen von den Augen: Genau das hatte Jesus vorhergesagt. Das war schon immer der Plan gewesen.

Jesu Leiden und Hinrichtung raubte der Mehrheit seiner Anhänger alle Illusionen. Seine besten Freunde ließen ihn am Ende im Stich, aus sehr verständlichen Gründen. Denn die Jünger hatten einen Messias erwartet, der die Römer aus dem Land werfen und Israel wieder zu einem unabhängigen Land machen würde. Dass Jesus nun von den Römern gekreuzigt wurde, war ein endgültiges Zeichen der Niederlage. Sie hatten die ganze Zeit falschgelegen; Jesus war nicht der, für den sie ihn gehalten hatten.

Nikodemus aber sah das offensichtlich anders. Was für Petrus, Andreas, Jakobus und Johannes eine Niederlage war, bedeutete für Nikodemus einen Neuanfang. Genau das hatte Jesus vorhergesagt. Er wusste es! Er wusste, dass Jesus genau aus diesem Grund gekommen war. Jesus war sich nicht nur im Klaren darüber gewesen, dass man ihn hinrichten, sondern auch, welchen Tod er sterben würde. Das Ereignis, das den engsten Kreis seiner Nachfolger an ihrem Glauben verzweifeln ließ, sorgte dafür, dass Nikodemus alle Puzzleteile zusammensetzen konnte. Dieser Jesus war der leidende Gottesknecht, von dem der Prophet Jesaja Jahrhunderte zuvor geschrieben hatte (vgl. Jesaja 53,5) – der leidende Gottesknecht, den die Gelehrten seiner eigenen Zeit nicht als den kommenden Messias erkannt hatten. Wie konnte ihnen das entgangen sein? Nikodemus kannte diese Verse auswendig:

> Er wurde verachtet und von den Menschen abgelehnt –
> ein Mann der Schmerzen, mit Krankheit vertraut,
> jemand, vor dem man sein Gesicht verbirgt.
> Er war verachtet und bedeutete uns nichts.
> Dennoch: Er nahm unsere Krankheiten auf sich
> und trug unsere Schmerzen.
> Und wir dachten, er wäre von Gott geächtet,
> geschlagen und erniedrigt! (Jesaja 53,3-4).

Als ihm die nächste Zeile dieses prophetischen Wortes in den Sinn kam, muss ihm der Atem gestockt haben:

> Doch wegen unserer Vergehen wurde er durchbohrt,
> wegen unserer Übertretungen zerschlagen.
> Er wurde gestraft, damit wir Frieden haben.
> Durch seine Wunden wurden wir geheilt! (Vers 5).

»Wegen unserer Vergehen durchbohrt.« Da hatte er es. »Wegen unserer Übertretungen zerschlagen.« Vergebung und ewiges Leben erlangte man nicht, indem man das Gesetz befolgte. Vergebung erforderte, dass jemand dafür bezahlte. Jesaja hatte dem Volk und der ganzen Welt verkündet, dass Gott ein endgültiges Sündopfer schicken würde. Ein Opfer, das ein für alle Mal Frieden zwischen Gott und Mensch stiften würde.

> Wir alle gingen in die Irre wie Schafe.
> Jeder ging seinen eigenen Weg.
> Doch ihn ließ der Herr
> die Schuld von uns allen treffen (Vers 6).

Vergebung und ewiges Leben erlangte man nicht, indem man das Gesetz befolgte.

Jesaja hatte vorhergesagt, dass Gott die Sünden der ganzen Menschheit dem Messias aufbürden wollte. Nun war dieser Tag gekommen. Nikodemus' Gebete waren erhört worden. Noch zu seinen Lebzeiten war Israel erlöst worden. Aber nicht so, wie er es sich vorgestellt hatte, sondern so, wie Gott es die ganze Zeit geplant hatte:

> Doch es war der Wille des Herrn, ihn leiden zu lassen und zu vernichten.
> Wenn sein Leben jedoch als Opfer für die Sünde dargebracht wird,
> wird er viele Nachfolger haben. Er wird lange leben
> und die Absichten des Herrn werden durch seine Hand gedeihen (Vers 10).

Die heiligen Schriften, die hebräische Gelehrte schon seit Jahrhunderten verwirrt hatten, erschlossen sich ihm innerhalb eines Augenblicks in ihrer ganzen Fülle, ebenso wie die Worte Jesu:

»So muss auch der Menschensohn an einem Pfahl aufgerichtet werden, damit jeder, der glaubt, das ewige Leben hat« (Johannes 3,14-15).

Nikodemus stand in der Menge und beobachtete, wie Jesus am Querbalken des Kreuzes emporgehoben wurde. Vielleicht war er der Einzige, der die Bedeutung und Heiligkeit dieses Augenblicks verstand. Und als er den Messias sterben sah, glaubte er. Er wurde von oben her geboren. Zum ersten Mal in seinem rechtschaffenen Leben hatte er die Gewissheit, dass er vor Gott gerechtfertigt dastand.

Wenn Nikodemus sich vor Kurzem noch Sorgen um seinen Ruf und seine gesellschaftliche Stellung gemacht hatte – an diesem Nachmittag war es damit vorbei. Es spielte keine Rolle mehr. Er scherte sich nicht um Konventionen, sondern schloss sich der kleinen entmutigten Gruppe der Nachfolger Jesu an. Einer dieser Nachfolger gab sich erst nach dem Tod Jesu zu erkennen. Wie Nikodemus gehörte auch Josef von Arimathäa zu den oberen Zehntausend. Wie Nikodemus hatte er viel zu verlieren, wenn er sich öffentlich zu Jesus bekannte. Also ließ er es sein, zumindest bis Jesus gestorben war.

Die Bibel sagt uns nicht, was Josef dazu brachte, aus der Deckung zu kommen, doch wahrscheinlich hatte es etwas mit dem Leichnam Jesu zu tun und was damit passieren sollte. Es war illegal, den Leichnam eines Gekreuzigten zu bestatten. Die Kreuzigung sollte auch eine öffentliche Demütigung sein. Deshalb ließ man den Toten oft einige Tage am Kreuz hängen. Wenn man ihn schließlich abnahm, warf man ihn auf die Müllkippe. Weder ein Begräbnis noch eine Totenfeier waren erlaubt. Das wäre auch Jesu Schicksal gewesen, wenn nicht jemand eingegriffen hätte. Hin und wieder baten Angehörige eines Gekreuzigten die Behörden, ihnen den Leichnam zu übergeben, damit er ein richtiges Begräbnis bekam. Wo eine offizielle Anfrage abgelehnt wurde, konnte Schmiergeld helfen. Es war also nicht völlig unüblich, dass Josef von Arimathäa auf Pilatus zukam und ihn bat, ihm den Leichnam Jesu auszuhändigen. Aber er musste ihn fragen. Andernfalls wäre der Leichnam noch vor Beginn des Passahfestes abgenommen und auf einen Wagen mit den sterblichen Überresten der anderen Delinquenten geladen worden. Der Leichen hätte man sich dann vor dem Stadttor entledigt.

Doch Josef von Arimathäa konnte nicht einfach tatenlos zusehen, wie das geschah. Also entschloss er sich, seinen Einfluss geltend zu machen, sein Geld einzusetzen und den Leichnam zu retten. Aber damit flog auch seine Deckung als geheimer Jünger Jesu auf. Johannes schildert es folgendermaßen: »Danach bat Josef von Arimathäa Pilatus um die Erlaubnis, den Leichnam vom Kreuz abnehmen zu dürfen. Er war insgeheim ein Jünger von Jesus, denn er fürchtete sich vor den führenden Juden. Als Pilatus es ihm gestattete, ging er und holte den Leichnam« (Johannes 19,38).

Josef war nicht allein gekommen. »Auch Nikodemus, der Jesus einmal in der Nacht aufgesucht hatte, kam und brachte zum Einbalsamieren etwa dreißig Kilogramm Myrrhe und Aloe mit. Gemeinsam wickelten sie den Leichnam mit den Kräutern in ein langes Leinentuch, wie es bei den Juden vor dem Begräbnis Brauch ist« (Johannes 19,39-40).

Das ist der letzte Satz, den wir über Nikodemus lesen. Er konnte nicht ahnen, dass seine kurze Begegnung mit Jesus einmal zu einer der beliebtesten Geschichten des Neuen Testaments werden würde. Natürlich wusste er nicht einmal, dass es überhaupt ein Neues Testament geben würde. Doch es gab noch etwas anderes, das er nicht ahnen konnte. Etwas von außergewöhnlich großer Bedeutung.

Sein Glaube an und seine Liebe zu Jesus veranlassten ihn, etwas zu tun, wozu selbst dem engsten Jüngerkreis der Mut fehlte. Sein Entschluss, um den Leichnam Jesu zu bitten und ihn für die Bestattung vorzubereiten, liefert uns Christen des einundzwanzigsten Jahrhunderts einen unwiderlegbaren Beweis für seine Auferstehung.

Dass Jesus wirklich tot war, glauben wir deshalb, weil man ihn beerdigte. Jesus wurde nicht einfach in eine Müllgrube geworfen. Wenn ein Gekreuzigter, den man nur sechs Stunden am Kreuz hatte hängen lassen, lebendig in der Stadt aufgetaucht wäre, nachdem man ihn in eine Müllgrube geworfen hatte, wäre das zwar höchst ungewöhnlich, aber doch keinesfalls unmöglich gewesen. Offenbar hatte er die Kreuzigung überlebt. Aber wenn es Leute gab, die den Leichnam vom Kreuz abnahmen, überprüften, ob es noch Vitalfunktionen gab, und ihn anschließend, als sie keine fanden, für die Bestattung nach jüdischem Brauch vorbereiteten, dann war er wirklich tot. Und wenn er nicht tot war, wäre er spätestens erstickt, als man ihn in mehrere Lagen Tücher gewickelt hatte, mit Kräutern und aromatischen Ölen durchsetzt. Nikodemus' Glaube an Jesus führte dazu, dass wir heute einen äußerst stichhaltigen Beweis für seine Auferstehung in Händen halten.

Wie passend, dass der Mann, dem Jesus sagte, er müsse von Neuem geboren werden, so vielen Generationen den Weg zu Jesus ebnete, weil sie nun mit gutem Grund glauben konnten, dass Jesus wieder auferstanden war. Die Auferstehung Jesu bestätigte alles, was er hinsichtlich der Bedeutung seines bevorstehenden Todes gelehrt hatte. Für Nikodemus bekräftigte die Auferstehung die lebensverändernden Worte, die Jesus ihm im Schutz der Dunkelheit gesagt hatte: »Und wie Mose in der

Wüste die Bronzeschlange auf einem Pfahl aufgerichtet hat, so muss auch der Menschensohn an einem Pfahl aufgerichtet werden, damit jeder, der glaubt, das ewige Leben hat« (Johannes 3,14-15).

Wir können uns nicht einmal ansatzweise vorstellen, was es Nikodemus gekostet haben muss, sich einzugestehen, dass er sein ganzes Leben lang falschgelegen hatte, und das in einer so grundlegenden Frage wie der Teilhabe am Reich Gottes. Was er bis zu seinem Gespräch mit Jesus geglaubt hatte, war so plausibel und allgemein akzeptiert, dass es keinen Grund gab, daran zu zweifeln oder sich nach einer Alternative umzusehen. Gott schenkt guten Menschen gute Dinge. Das ewige Leben ist etwas Gutes. Gott muss also guten Menschen das ewige Leben schenken. Das ist doch total logisch, oder? So war es immer gewesen. Warum sonst hätte Gott Israel all diese Gesetze geben sollen? Zieht man zusätzlich noch in Betracht, dass Nikodemus ein guter Mensch war, ein wirklich guter Mensch, so musste jedermann annehmen, dass er zum Reich Gottes gehörte.

Das ewige Leben ist keine Belohnung für gute Menschen, sondern Gottes Geschenk für Menschen, denen er vergeben hat.

Doch nach seiner Begegnung mit dem Erlöser begann Nikodemus, alles noch einmal zu überdenken. Nach einiger Zeit war er bereit, das loszulassen, was er immer geglaubt hatte. Er sah ein, dass sogar er, einer von den Guten, von oben her geboren werden musste. Das Gesetz Gottes war nicht genug; er brauchte die Gnade Gottes.

Jesu Worte bedeuteten für Nikodemus eine radikale Abkehr von seinem bisherigen Denken, und vielleicht gilt das ebenso für Sie. Wenn ja, lassen Sie sich noch einmal den Gedanken durch den Kopf gehen, den wir bereits bei Jesaja finden, den Jesus lehrte und Nikodemus entdeckte: Das ewige Leben ist keine Belohnung für gute Menschen, sondern Gottes Geschenk für Menschen, denen er vergeben hat. Als Jesus an jenem Nachmittag auf dem Hügel Golgata aufgerichtet wurde, geschah das, damit er die Sünde der Welt trug. Ihre Sünde und meine. Sein Tod beglich alles, was die Sünde von uns forderte. Was immer Sie Gott zu schulden glauben, es ist bezahlt. Als Jesus am Kreuz sagte: »Es ist vollbracht« (Johannes 19,30), meinte er, dass es wirklich und wahrhaftig vollbracht ist. Wir müssen uns nichts mehr erarbeiten. Nur zu empfangen gibt es noch etwas: Vergebung. Und mit der Vergebung erhalten wir das Geschenk des ewigen Lebens zugesprochen.

Es bleibt Ihnen also nur noch eine einzige Frage zu beantworten: *Habe ich Gottes Geschenk des ewigen Lebens empfangen, und zwar durch den Glauben, dass Christus mit seinem Tod ein für alle Mal für meine Sünde bezahlt hat?* Die einzige andere Möglichkeit ist, uns durch einwandfreies Verhalten sein Wohlgefallen zu erarbeiten. Doch wie Nikodemus schließlich begriffen hat, ist keiner von uns gut genug. Daher noch einmal die Frage: Haben Sie Gottes Geschenk des ewigen Lebens empfangen, durch den Glauben, dass Christus mit seinem Tod ein für alle Mal für Ihre Sünde bezahlt hat?

Wenn nicht, oder falls Sie nicht sicher sind, habe ich für Sie ein Gebet angefügt, das ich so ähnlich vor vielen Jahren gesprochen habe. Es drückt einfach den Glauben daran aus, was Christus für uns getan hat. Wenn wir nun die Geschichte von Nikodemus hinter uns lassen, möchte ich Ihnen Mut machen, einmal innezuhalten und darüber nachzudenken, ob Sie durch die Gnade unseres Vaters schon von oben her geboren wurden.

Himmlischer Vater, ich bekenne, dass ich zwar versucht habe, so gut zu sein, wie es mir irgend möglich ist, ich aber dennoch nicht gut genug bin, um das ewige Leben zu verdienen. Ich bin ein Sünder. Ich brauche viel mehr als nur eine zweite Chance – ich brauche einen Erlöser. Ich glaube, dass Jesus, dein Sohn, in diese Welt kam, um mein Erlöser zu sein. Hier und jetzt will ich all mein Vertrauen darauf setzen, dass er mit seinem Tod am Kreuz ein für alle Mal für meine Sünde bezahlt hat. Ich baue nicht mehr auf meine Moral, auf meine eigenen Bemühungen, auf mein Engagement oder auf meine Beharrlichkeit. Ich vertraue nur noch Jesus. Danke, dass du mir vergibst. Danke, dass du mir das ewige Leben versprichst. Das bete ich im Namen Jesu. Amen.

Kapitel 11:

Erfüllt von der Gnade

Gnade ist Gottes Antwort auf die durstige Seele.

Frage: Wie viel Sand muss man vertilgen, um seinen Durst zu löschen? Ich gebe Ihnen eine Minute, um Ihren Taschenrechner zu finden.

Ich weiß. Das ist absurd. Niemand würde versuchen, seinen Durst mit Sand zu löschen. Angenommen, der Betreffende überlebt, würde er nur noch verzweifelter nach dem rufen, was er wirklich braucht: Wasser (oder zumindest etwas, das Wasser enthält).

Nächste Frage: Wie viele Gegenstände müsste jemand kaufen und horten, um seine Sehnsucht nach Anerkennung zu stillen? Auch das ergibt nicht viel Sinn, oder? Anerkennung und Materielles sind zwei völlig verschiedene Schubladen. Man kann das eine ohne das andere haben. Aber wir alle kennen Leute, die versuchen, sich das eine mit dem anderen zu erkaufen, oder? Vielleicht haben Sie schon einmal einen von ihnen im Spiegel gesehen.

Letzte Frage: Wie viele Beziehungen braucht ein einzelner Mensch, um seine Sehnsucht nach einer Beziehung mit Gott zu stillen? Auch hier gibt es keine richtige Verbindung, oder? Doch eine Menge Leute jagen dieser falschen Spur hinterher.

Der Mensch ist für die Beziehung zu Gott geschaffen. Wir haben nicht den leisesten Hinweis darauf, dass sich Gott im Garten Eden irgendjemandem vorstellen musste. Stellen Sie sich das einmal vor: »Hallo Adam – du heißt doch Adam, oder? Ich bin Gott, schön, dich kennenzulernen. Oh, und du bist seine Schwester? Haha, ich habe nur einen Scherz gemacht. Du siehst viel zu jung aus, um seine Frau zu sein.«

Entschuldigung.

Die ganze Menschheit ist für die Beziehung mit Gott geschaffen. Doch die Sünde hat einen Keil in diese Beziehung getrieben. Dass Adam und Eva plötzlich aus dem Garten Eden verschwinden mussten, spiegelt die Distanz zwischen Gott und Mensch wider, für die die

Sünde verantwortlich ist. Diese Distanz bekommen wir alle hin und wieder zu spüren. Wir empfinden sie, wenn wir allein sind. Vielleicht haben Sie sie schon einmal beim Beten bemerkt. Manchmal schmerzt sie uns fast. Dann ähnelt sie wieder einer starken Sehnsucht. Jesus beschrieb sie als Durst.

So peinlich es auch ist, das zuzugeben, aber manchmal unterscheiden sich unsere Bemühungen, diesen geistlichen Durst zu stillen, kaum von dem Versuch, körperlichen Durst mit Sand zu löschen. Wir werden nur noch durstiger. Und auch das Ergebnis sieht kaum anders aus. Bei meiner Arbeit als Pastor begegne ich jede Woche Menschen, die ihren Durst nach Gott mit allem Möglichen zu stillen versuchen, abgesehen von Gott selbst: Beziehungen, Essen, Sex, Alkohol, Arbeit, Leistung, Anerkennung, Wohlstand, Nervenkitzel und vielleicht dem trockensten Sand von allem, Religion. Das Problem ist so alt wie die Zeit und so weit verbreitet wie die Menschheit. Johannes erzählt in seinem Evangelium, wie Jesus einer durstigen Frau half, den Zusammenhang zwischen ihrem unstillbaren Durst und einer Reihe von Beziehungen zu finden, die sie nur noch durstiger machten.

Jesus begegnete dieser Frau, als er von Judäa im Süden Israels in das nördlich gelegene Galiläa zog. Dazwischen lag Samarien. Der kürzeste Weg von Judäa nach Galiläa führte durch die Stadt Sychar, wo diese Frau lebte, doch kein Jude, der etwas auf sich hielt, wählte jemals diese Reiseroute, weil er mit seinen Füßen nicht den unreinen Boden Samariens berühren wollte. Nur ein einziger Weg von Judäa nach Galiläa galt als akzeptabel, und der knickte scharf nach Osten ab und führte um Samarien herum. Als Johannes viele Jahre später noch einmal über diese Vorkommnisse nachdachte, schrieb er über Jesus, dass ihn sein Weg durch Samarien »führte« (Johannes 4,4). Ein Leser aus dem ersten Jahrhundert hätte diese Bemerkung sehr spannend gefunden. Der Herr nahm geografisch gesehen den kürzesten Weg, doch in kultureller Hinsicht war das sehr problematisch.

722 v. Chr. hatte der assyrische König Sargon die nördlichen Gebiete Israels erobert und setzte einen einzigartigen Plan in die Tat um, um die

Kontrolle über dieses Gebiet nicht aus der Hand zu geben. Einen beträchtlichen Anteil der jüdischen Bevölkerung vertrieb er, siedelte ihn über sein ganzes Reich verstreut neu an und ersetzte sie auf den israelischen Gebieten durch Nichtjuden aus anderen eroberten Ländern. Indem er so verschiedene Volksgruppen zusammen wohnen ließ und sie ermunterte, untereinander zu heiraten, ging die jüdische Bevölkerung in den von ihm eroberten Gebieten praktisch unter. Schon ein paar Generationen nach Sargons Feldzügen gab es in Samarien niemanden mehr, der sich auf eine ausschließlich jüdische Abstammungslinie berufen konnte.

Die südliche Hälfte Israels, Juda (oder Judäa, wie es die Römer nannten), wehrte sich erfolgreich gegen Sargons Invasionsversuch. Später fiel sie an Nebukadnezar, den babylonischen König. Er ließ die Juden deportieren, zwang sie jedoch nicht zu Mischehen. Als sie schließlich nach Judäa zurückkehrten, hatten sie sich nicht mit anderen Völkern vermischt und konnten so einen Neuanfang machen.

Einige Jahrhunderte später, zur Zeit Jesu, hatten Juden und Samariter begonnen, sich zu hassen. Die Juden sahen auf die Samariter hinab, weil sie sich mit anderen Völkern vermischt hatten. Die Samariter verachteten die Juden, weil sie ihrer Meinung nach elitäre Snobs waren. Auch religiöse Differenzen spielten dabei eine Rolle. Die Juden beteten Gott in Jerusalem an, dort, wo der ursprüngliche salomonische Tempel gestanden hatte. Die Samariter hatten einen eigenen Tempel auf dem Berg Garizim errichtet, dem Standort der Stiftshütte. Die Tempel wurden gegenseitig nicht anerkannt.

Trotzdem führte Jesus sein Weg durch Samarien. Er hatte eine göttliche Verabredung mit einer Frau, die verzweifelt auf etwas zu trinken wartete.

Diese in Sychar ansässige Frau war mit fünf verschiedenen Männern verheiratet gewesen. So etwas wäre schon heute ungewöhnlich, in der damaligen Kultur kam es jedoch außergewöhnlich selten vor. Nicht nur, dass sie fünfmal verheiratet gewesen war, sie lebte auch noch mit einem Mann zusammen, mit dem sie nicht verheiratet war. Die Begriffe, die Johannes hier gebraucht, deuten darauf hin, dass der Betreffende nicht als ihr Ehemann galt, weil er noch mit einer anderen Frau verheiratet war. Sie hatte seelische Narben davongetragen, eine Folge von tragischen Umständen und unklugen Entscheidungen.

Johannes sagt uns nicht, warum sie fünf Männer gehabt hatte. Vielleicht waren sie alle gestorben. Man muss sich nicht dafür schämen, eine Witwe zu sein. Doch wenn jemand in der Antike von solch einem Unglück heimgesucht wurde, fragten sich die Leute, ob der Betreffende nicht vielleicht von Gott verflucht war. Vielleicht hatten sie alle ihre Männer wegen einer anderen Frau verlassen. Auch wenn ihr daraus kein Vorwurf zu machen wäre, muss man sich vorstellen, wie gedemütigt und unwürdig sie sich vorkam. Manche Menschen werden kaum damit fertig, wenn sie ein Partner verlassen hat; was würden dann fünf bedeuten?

Wir wissen nicht, ob ihr eigenes Verhalten dafür verantwortlich war oder die fünf Männer ihrer überdrüssig wurden. Wir wissen nur, dass das Leben für diese Frau schwierig war, und weil in einer Kleinstadt wie Sychar jeder alles über jeden wusste, trug die öffentliche Demütigung noch zu ihrem Elend bei. Ihre ausgetrocknete Seele schrie nach Wasser.

Glücklicherweise hatte Jesus einige Kilometer weiter südlich und einige Tage zuvor seine Reiseroute geplant, und der Weg führte ihn durch Samarien.

Die Sonne brannte auf die erschöpften Wanderer hinab, als sie an einem bekannten Wegzeichen vorüberkamen, dem Jakobsbrunnen. Jakob, auch Israel genannt, hatte dieses Stück Land gekauft und es seinem Sohn Josef als Erbteil vermacht (vgl. 1. Mose 33,19; Josua 24,32). Als die Israeliten aus Ägypten auszogen, erfüllten sie Josefs letzten Wunsch und setzten seine Gebeine auf diesem Stück Land bei. Über eintausend Jahre schon hatte man sich hier erfrischt und der vergangenen Zeiten gedacht.

Jesus setzte sich an den Brunnen, während die Jünger in die Stadt gingen, um etwas zu essen aufzutreiben. Auf dem Weg wandten sie pflichtbewusst die Augen ab, als ihnen eine Frau entgegenkam, die geschickt einen Wasserkrug auf dem Kopf balancierte. Normalerweise ging man in den kühleren Morgenstunden zum Wasserholen. Diese Frau jedoch zog offenbar die Nachmittagshitze der Gesellschaft der anderen Frauen in der Stadt vor. Ein schneller Blick auf die Kleidung der Jünger bestätigte ihr, dass sie Juden waren; ansonsten setzte sie ihren einsamen Gang fort, als würden sie nicht existieren.

Als sie sich dem Brunnen näherte, sah sie einen anderen Juden dicht bei der Brunnenöffnung sitzen. Wortlos stellte sie den Krug auf den Boden, griff hinein und zog ein Seil heraus. In diesem Augenblick überraschte sie eine Stimme.

»Bitte, gib mir zu trinken.«

War das ein Witz? Ein jüdischer Mann bat sie, mit ihrem alles andere als rein-jüdischen, von Sünden verunreinigten Krug Wasser zu schöpfen? Erlaubte er sich einen Spaß? Oder hatte er sich verirrt? Darauf war sie nicht gefasst. Die einzigen jüdischen Männer, denen sie bisher begegnet war, waren prüde, rassistische Snobs gewesen. Für sie gab es nur eine Menschengruppe, die noch unter den Steuereintreibern stand: die Samariter. Und die niedrigsten Samariter waren die Frauen. Trotzdem saß hier ein jüdischer Mann, der ihr nicht nur in die Augen blickte und mit ihr sprach, sondern sogar bereit war, aus ihrem Gefäß zu trinken. Entweder war er fast am Verdursten oder es war noch etwas anderes im Spiel. Ihr fiel nur eine mögliche Antwort ein. »Du bist ein Jude und ich bin eine Samariterin. Warum bittest du mich, dir zu trinken zu geben?«

Jesus antwortete: »Wenn du wüsstest, welche Gabe Gott für dich bereithält und wer der ist, der zu dir sagt: ›Gib mir zu trinken‹, dann wärst du diejenige, die ihn bittet, und er würde dir lebendiges Wasser geben« (Johannes 4,9-10).

Jesus gebrauchte den Ausdruck »lebendiges Wasser« im übertragenen Sinn. Normalerweise bezeichnete man damit fließendes Brunnenwasser im Gegensatz zum stehenden Wasser einer Zisterne. Der Jakobsbrunnen konnte abhängig von der Jahreszeit eine Zisterne zur Wasserspeicherung oder auch ein von einer Quelle gespeister Brunnen sein.

Die Frau hielt einen Augenblick inne und blickte Jesus forschend an. Er meinte wohl etwas, das über die offensichtliche Bedeutung hinausging. Schlagfertig entgegnete sie: »Aber, Herr, du hast weder ein Seil noch einen Eimer, [...] und dieser Brunnen ist sehr tief. Woher willst du denn dieses lebendige Wasser nehmen?« (Vers 11). Anders ausgedrückt: »Entweder haben deine Worte eine tiefere Bedeutung oder du weißt nicht, was du sagst!«

Sie fuhr fort: »Bist du etwa größer als unser Vater Jakob, der uns diesen Brunnen hinterließ? Wie kannst du besseres Wasser versprechen, als er und seine Söhne und sein Vieh hatten?« (Vers 12). Sie verstand, dass Jesus ihr etwas Besseres anbot als das Wasser, das sie gerade holen wollte, doch nachdem sie so viele Schmerzen und so viel Verrat erlebt hatte, fiel es ihr schwer, jemandem Vertrauen zu schenken. Jakobs Erbe – sein Brunnen und seine Religion – stillten ihren Durst nur vorübergehend, doch beides war ihr vertraut und würde auch morgen noch da sein.

Jesus erwiderte: »Wenn die Menschen dieses Wasser getrunken haben, werden sie schon nach kurzer Zeit wieder durstig. Wer aber von dem Wasser trinkt, das ich ihm geben werde, der wird niemals mehr Durst haben. Das Wasser, das ich ihm gebe, wird in ihm zu einer nie versiegenden Quelle, die unaufhörlich bis ins ewige Leben fließt« (Verse 13-14). Johannes sollte einige Seiten später in seinem Evangelium erklären, was Jesus unter diesem ewigen Leben verstand: »Dies aber ist das ewige Leben, dass sie dich, den allein wahren Gott, und den du gesandt hast, Jesus Christus, erkennen« (Johannes 17,3; ELB).

Das »Wasser«, das Jesus anbot, war genau das, wonach ihre Seele dürstete und wozu sie geschaffen war: eine Beziehung zum Schöpfer. *Ewiges* Leben stand in schroffem Gegensatz zu dem Leben, das sie kannte. *Ewiges* Leben war mehr, als eine Frau wie sie erhoffen konnte. Und vielleicht machte gerade das ihr am meisten Angst. Zum ersten Mal seit langer Zeit verspürte sie einen Funken Hoffnung. Der Gedanke, dass es mehr geben könnte als dieses Leben, das sie zurzeit führte, erinnerte sie daran, wie durstig sie geworden war. Deshalb musste sie nachfragen.

»Bitte, Herr«, sagte die Frau, »gib mir von diesem Wasser! Dann werde ich nie wieder durstig und brauche nicht mehr herzukommen, um Wasser zu schöpfen« (Johannes 4,15).

Nun geschah etwas Schockierendes. Vielleicht ist »grausam« sogar die bessere Umschreibung. Und es bekräftigt meinen Glauben an die Historizität des Johannesevangeliums. Warum? Niemand würde sich so etwas ausdenken. Niemand, der einem Jesus-Mythos Vorschub leisten wollte, würde so etwas in sein Manuskript einfügen. Ehrlich gesagt bin ich überrascht, dass kein Lektor diesen Absatz irgendwann gestrichen hat!

Gerade als die Frau sich der Möglichkeit öffnete, dass es Hoffnung für sie geben könnte, gerade als sie sich verletzlicher zeigte als in den Jahren zuvor, sagte Jesus: »Geh, rufe deinen Mann und komm mit ihm hierher« (Vers 16). Ihren Mann? Sie hatte Jesus gerade um das ewige Leben gebeten, und zwar deshalb, weil Jesus sie ermutigt hatte, darum zu bitten. Warum wechselte er also das Thema? Schlimmer noch: Er wechselte nicht nur das Thema, sondern rührte absichtlich an eine offene Wunde. Ihre Hoffnung verwandelte sich plötzlich in Schmerz, Verlegenheit, Demütigung. Erinnerungen, die sie immer und immer wieder begraben hatte, tauchten wieder auf. Zusammen mit ihnen das Bedauern. Wie dumm von ihr, solche Hoffnungen gehegt zu haben. »Ich habe keinen Mann«, entgegnete die Frau (Vers 17).

Jesus wusste offenbar, dass alles Alte an der Wurzel gepackt und ausgerissen werden muss, damit es ein für alle Mal durch das Neue ersetzt werden kann.

Als sie das Seil zurück in ihren Krug stopfte und sich von Neuem einigelte, um sich selbst zu schützen, rührte Jesus noch einmal an ihre Wunde. »Du hattest fünf Ehemänner, und mit dem Mann, mit dem du jetzt zusammenlebst, bist du nicht verheiratet. Das hast du richtig gesagt« (Vers 18).

Zweitausend Jahre später kommt uns das falsch vor und wir fühlen uns unwohl bei solch einer Antwort, doch wir dürfen nicht vergessen, dass Jesus jedem Menschen ins Herz sehen konnte. Er war zu diesem staubigen Brunnen gekommen, um dieser Frau ewiges Leben zu schenken. Ein neues Leben im Austausch gegen das alte. Jesus wusste offenbar, dass alles Alte an der Wurzel gepackt und ausgerissen werden muss, damit es ein für alle Mal durch das Neue ersetzt werden kann.

So unbehaglich sie sich in diesem Augenblick auch gefühlt haben musste, sie ging nicht weg. Außerdem: Wie konnte er etwas davon wissen? Wie konnte ein fremder Jude so viel über sie wissen? So bedrohlich seine Frage auch geklungen hatte, seine Augen wirkten überhaupt nicht bedrohlich. Trotzdem war die Unterhaltung an diesem Punkt für sie beendet. Sie muss ein Schluchzen unterdrückt haben, als sie sich bemühte, das Seil in den Krug zu stopfen, so als handele es sich um ihre Würde. In der Hoffnung, ein Themenwechsel würde ihr genug Zeit verschaffen, um sich aus dem Staub zu machen, meinte sie: »Herr, [...] ich sehe, dass du ein Prophet bist. Sage mir doch, warum ihr Juden darauf besteht, dass Jerusalem der einzige Ort ist, um Gott anzubeten. Wir Samariter dagegen behaupten, dass es dieser Berg hier ist, wo unsere Vorfahren gebetet haben« (Verse 19-20). Es fällt uns immer leichter, über Theologie zu sprechen als über unseren Schmerz.

Jesus ließ der Frau dieses Ablenkungsmanöver durchgehen. Sie brauchte eine Atempause. Sanft und freundlich rückte er ihre verkehrte Perspektive zurecht und betonte, wie wichtig der Tempel in Jerusalem war. Er ließ sie auch einen Blick in die Zukunft werfen. Mit dem Kommen des Messias würde eine neue Ära der Anbetung eingeläutet werden. Das Haus Gottes würde dann nicht mehr der prächtige Tempel in Jerusalem sein. Gott würde im Herzen der Menschen wohnen, die ihn anbeten.

Es fällt uns immer leichter, über Theologie zu sprechen als über unseren Schmerz.

Als ihr Seil wieder mehr oder weniger im Krug verstaut war, zog sich ein herablassendes Lächeln über ihr Gesicht und sie sagte: »Ich weiß, dass der Messias kommen wird – der, den man den Christus nennt. Wenn er kommt, wird er uns alle diese Dinge erklären« (Johannes 4,25). Das war im ersten Jahrhundert ihre Art, Jesus zu verstehen zu geben: »Dann auf Wiedersehen! Ich wünsche dir noch alles Gute für dein restliches Leben.«

Doch Jesus war noch nicht am Ende. Er hatte die ganze Zeit auf diesen entscheidenden Moment hingearbeitet. Nun, da ihr Herz bereit war, verkündete er ihr die gute Botschaft. Eine Botschaft, die ihr den Atem stocken ließ.

»Ich bin es, der mit dir spricht!« (Vers 26).

Jesus entschied sich, seine wahre Identität zu den eigenartigsten Zeitpunkten denjenigen Menschen zu enthüllen, bei denen man es am wenigsten erwarten würde. Die religiösen Führer in Jerusalem hatten jeden Trick angewendet, der ihnen zu Gebote stand, um eine eindeutige Antwort auf diese Frage aus ihm herauszukitzeln. Er hatte ihnen daraufhin immer eine Geschichte erzählt, eine Gegenfrage gestellt oder einfach das Thema gewechselt. Doch nun, an diesem abgeschiedenen Ort, enthüllte Jesus vor einer Frau, die ihn noch nicht einmal darum gebeten hatte, seine Identität. Im tiefsten Innersten, an jenem Ort, wo wir auf geheimnisvolle Weise Gewissheit erlangen, wusste sie, dass Jesus ihr gerade die Wahrheit gesagt hatte. Ihre ausgetrocknete Seele bekam zum ersten Mal etwas Feuchtigkeit zu schmecken. Ihre Hoffnung war doch nicht vergeblich gewesen. Sie hatte lebendiges Wasser gefunden.

Ihre Unterhaltung wurde unterbrochen, als von Sychar her Stimmen näher kamen. Die Jünger kehrten mit einem kleinen Festmahl zurück. Es überraschte sie, Jesus im Gespräch mit einer Frau – einer samaritanischen Frau – zu sehen, doch niemand sagte etwas. Als sie begannen, das Mittagsmahl vorzubereiten, erhob sie sich und machte sich auf den langen Weg zurück in die Stadt. Doch Johannes weist eigens darauf hin, dass sie den Krug neben dem Brunnen stehen ließ.

Was sie als Nächstes tat, erforderte sehr viel Mut. Als sie die Stadt betrat, ging sie schnurstracks zu den Ältesten. »Kommt mit und lernt einen Mann kennen, der mir alles ins Gesicht gesagt hat, was ich jemals getan habe! Könnte das vielleicht der Christus sein?« (Vers 29). Vermutlich brachen die Männer in Gelächter aus. »Jeder weiß doch alles, was du irgendwann einmal getan hast! Dazu braucht man keinen Propheten!« Doch lange lachten sie nicht. Sie blieb bei ihrer Geschichte. Offenbar erlaubte sie sich keinen Scherz. Und irgendetwas war anders als sonst. Alle merkten, dass ihre Aufregung echt war, und daher folgten sie der Frau zurück zum Brunnen.

Johannes zufolge, der diese Begebenheit als Augenzeuge miterlebte, blieben Jesus und seine Jünger noch zwei Tage in Sychar. Die Folge: »Viele Samariter aus dem Dorf glaubten nun an Jesus, weil die Frau ihnen erzählt hatte: ›Er hat mir alles ins Gesicht gesagt, was ich jemals getan habe!‹« (Johannes 4,39).

Ich habe diese scheinbar zufällige Begegnung mit Jesus mit aufgenommen, weil sie uns mit einem weiteren wichtigen Aspekt der Gnade Gottes vertraut macht. Vielleicht nahm Johannes diese Geschichte auch aus diesem Grund in sein Evangelium auf. Der einleitende Satz bringt es auf den Punkt: »Sein Weg führte ihn durch Samarien.« Wie wir bereits gesehen haben, war das im Grunde nicht notwendig. Die meisten Juden nahmen eine andere Route. Jesus entschied sich, eine abgelegene Stadt zu besuchen, um einer Frau, die am Rand der Gesellschaft stand, Gnade zu erweisen. Gnade in Form von neuem Leben. Einem neuen Leben, das ihr altes Leben nicht auslöschte. Einem neuen Leben, das nicht dazu diente, ihr altes zu rechtfertigen. Sie bekam ein neues Leben, das sie durchtragen würde, ein ganzes Leben lang, trotz allem, was sie in der Vergangenheit erlebt hatte. Natürlich gehörte auch Vergebung dazu, als ihr Jesus das ewige Leben anbot. Doch es war mehr als das. Dies war ein Angebot der *Trotz-allem*-Gnade. Sie fand Frieden und Freude, *trotz allem*, was sie durchgemacht hatte. Einen Frieden, der sie von ihrer friedlosen Umgebung loslöste. Einen Frieden, der sie mit ihrer Seele verband.

Endlich war sie in der Lage, all jenen ins Gesicht zu sehen, die alles über sie wussten. Aber nicht, indem sie sich hinter einer Maske der Gleichgültigkeit verbarg. Sie konnte denen, die sie am besten kannten, in die Augen schauen, weil sie sich nun selbst in die Augen schauen konnte. Sie brauchte keine Entschuldigungen mehr. Sie musste sich nicht länger einer Selbsttäuschung hingeben. Die Scham, ihre ständige Gefährtin, war verschwunden. Nichts an ihrer Situation hatte sich geändert. Doch sie selbst hatte sich verändert. Sie hatte neues Leben. Ewiges Leben. Leben, das auf unerklärliche Weise mit dem Leben hier und jetzt zu tun hatte. Ewiges Leben, das die Realität dieses Lebens nicht auslöschte, aber ihm den Stachel nahm. Genau das hatte sie gebraucht. Doch sie hatte nicht mit Sicherheit gewusst, dass es existierte. Es war Gottes Gnade, die sie durchtrug und ihr durchs Leben half.

Das Leben kann uns durstig machen. Die Jahre lassen uns mit unerfüllten Sehnsüchten zurück. Mit Schmerzen. Mit unerfüllten Träumen.

Verpassten Chancen. Ganz egal, was wir für ein Leben geführt haben, immer stoßen wir schließlich gegen ein Hindernis, das sich nicht aus dem Weg räumen lässt. Irgendetwas, das wir nicht ändern können. Konsequenzen, die wir selbst verschuldet haben. Konsequenzen, für die jemand anders verantwortlich ist. Wir alle möchten zu einem Tag, einem Wochenende, einem Abschnitt unseres Lebens zurückkehren und von da an alles anders machen. In manchen Fällen möchten auch wir in die Vergangenheit reisen, um einem uns nahestehenden Menschen dringend zu raten, etwas anders zu machen. Doch die Zeit bewegt sich nur in eine Richtung. Zwar stehen wir in der Versuchung zurückzublicken, aber zurückgehen können wir niemals. Genau diese Rückschau macht uns unseren Durst bewusst, einen Durst, von dem wir glauben, dass er nicht gelöscht werden kann.

Die Frau aus Sychar erkannte: Gottes Antwort auf eine durstige Seele ist Gnade. Wir würden eine Zeitreise vorziehen. Zweite Chancen. Noch einmal von vorn anfangen. Gott aber schenkt uns Gnade, die uns hindurchträgt. Gnade, die uns trotz unserer Vergangenheit eine bessere Zukunft schenkt. Gnade, die die Lücken füllt, die durch unsere Sünde oder die Sünde anderer Menschen entstanden sind. Gnade, die uns erlaubt, uns unserer Vergangenheit zu stellen und sie aufzuarbeiten, ohne dass sie uns gefangen nimmt. Gnade, die Verdrängung unnötig macht.

Gottes Antwort auf eine durstige Seele ist Gnade.

Der Verfasser des Hebräerbriefs formuliert es so: »Lasst uns deshalb zuversichtlich vor den Thron unseres gnädigen Gottes treten. Dort werden wir Barmherzigkeit empfangen und Gnade finden, die uns helfen wird, wenn wir sie brauchen« (Hebräer 4,16). Ich glaube, dass wir nicht automatisch um Gnade und Barmherzigkeit bitten, wenn es uns schlecht geht. Wir bitten stattdessen um das, was wir *brauchen*. Wir beten, dass sich die Situation verändert. Wir beten, dass wir vergessen mögen. Wir bitten darum, dass uns die Menschen besser behandeln. Und das sollten wir auch. Doch nichts davon ist uns verheißen. Dagegen verheißt uns Gott, dass er uns Gnade und Barmherzigkeit erweist, wenn wir in Not sind.

Der Apostel Paulus machte seine Zuhörer in Korinth mit dieser hindurchtragenden Gnade Gottes bekannt, indem er ihnen eine Geschichte erzählte. Er hatte offenbar mit irgendeiner körperlichen Krankheit zu kämpfen und bat Gott, ihm diese Krankheit zu nehmen – worum auch immer es sich dabei handelte. Gott sagte Nein. Das sollte uns im Grunde Mut machen. Wenn Gott Paulus mit Nein antwortete, macht es uns das etwas einfacher, auch ein Nein von Gott zu akzeptieren.

Gott veränderte die Situation nicht so, wie Paulus es sich gewünscht hätte, doch er schenkte ihm Gnade, die ihn durchtrug: »Meine Gnade ist alles, was du brauchst. Meine Kraft zeigt sich in deiner Schwäche« (2. Korinther 12,9). Die Folgerungen liegen klar auf der Hand. »Paulus, deine Schwäche wird nicht verschwinden. Aber ich werde dich hindurchtragen. Wie? Mit meiner Gnade.« Der Ausdruck »meine Kraft« bringt uns zurück zu der Erfahrung, die die Frau aus Sychar gemacht hat. Er impliziert, dass Gott gegenwärtig ist, immer gegenwärtig. Das wird auch deutlich an der Verbform *ist* im Satz »Meine Gnade ist alles, was du brauchst« – nämlich jeden Tag, für immer. Wie Jesus der Frau in Sychar einen Brunnen lebendigen Wassers anbot, der ihr ewiges Leben schenkte und nie versiegte, so versprach Gott Paulus eine nie versiegende Quelle göttlicher Kraft, die ihn in die Lage versetzen würde, trotz seiner Schwäche, die nicht verschwinden würde, zurechtzukommen.

Die Gnade Gottes ist das Leben des Erretters, das die Gläubigen erfüllt und uns durch die Situationen hindurchträgt, die sich nicht verändern werden oder können.

Gnade ist nicht auf ein einmaliges Handeln Gottes zur Zeit unserer Bekehrung beschränkt. Die Gnade Gottes ist das Leben des Erretters, das die Gläubigen erfüllt und uns durch die Situationen hindurchträgt, die sich nicht verändern werden oder können. Sie ist ein Brunnen lebendigen Wassers. Sie ist die Gnade, die in unserer Schwachheit mächtig wird. Daher erinnert sie uns ständig an seine Gegenwart. Wenn Sie schon einmal eine schwere Zeit durchgemacht haben und das Gefühl hatten, Gott trage Sie hindurch, haben Sie diese Form der Gnade am eigenen Leib erfahren. Vielleicht haben Sie schon einmal beobachtet, wie ein christlicher Freund durch ein dunkles Tal gehen musste, sei es nun im Hinblick auf Beziehungen, Gesundheit oder Finanzen, und trotzdem seinen inneren Frieden bewahren konnte. Das ist Gottes *Trotz-allem*-Gnade. Die Gnade, die uns durchhalten lässt. Man kann fälschlicherweise annehmen, dass jeder, der inmitten einer entsetzlichen persönlichen Krise diesen Frieden behalten kann, schlicht und einfach seine Situation verdrängt. Doch als Pastor habe ich diese Gnade in so vielen Menschen wirken sehen, dass ich weiß: Sie ist real. Der Apostel Paulus drückte es am besten aus. Er bezeichnete sie als Frieden, der alles menschliche Verstehen übersteigt (vgl. Philipper 4,7). Dieser Frieden, so sagte er, werde unsere Herzen und Sinne bewahren. Er vertraute diesem Ausdruck der Gnade Gottes so sehr, dass er den Philippern nahelegte, sich um nichts zu sorgen. Es ist höchst unsensibel, so etwas zu sagen, außer man ist sich absolut sicher, dass die Gnade Gottes einen Menschen durch alles hindurchträgt, was er erlebt. Paulus war sich sicher. Und auch wir können es sein.

Vielleicht fragen Sie sich wie die Frau aus Sychar: *Wie bekomme ich dieses lebendige Wasser? Wie bekomme ich diese* Trotz-allem-*Gnade?* Es gibt zwar kein Patentrezept, doch Johannes gibt uns in seiner Geschichte einige Hinweise. Gottes Gnade wird uns in dem Augenblick zuteil, da wir Jesus als Gottes Sohn anerkennen. Als Jesus der Frau aus Sychar sagte, er sei der lang erwartete Messias, musste sie eine Entscheidung treffen: zu glauben oder nicht zu glauben. Sie glaubte, und das setzte die »Räder der Gnade« in Bewegung. Bei uns ist es nicht anders. Gnade beginnt mit Glauben – der Entscheidung zu glauben, dass Jesus wirklich der ist, der er zu sein behauptet. Für diejenigen von uns, die noch diesseits von Jesu Tod und Auferstehung leben, beginnt Gnade mit der Entscheidung, darauf zu vertrauen, dass er mit seinem Tod am Kreuz für unsere Sünden bezahlt hat. Doch dort hört es noch lange nicht auf.

Wie die Frau aus Sychar haben wir alle Methoden entwickelt, um unsere Vergangenheit und unsere gegenwärtige Situation zu bewältigen. Jeder von uns hat Wege, wie er mit den Unsicherheiten der Zukunft umgeht. Die Gnade, die uns trägt, wird erst zu einer Realität, wenn wir auf diese unangemessenen, egoistischen Mechanismen verzichten. Ich glaube, das war auch der Grund, warum Jesus in der Vergangenheit dieser Frau herumwühlte. Er wollte das an die Oberfläche bringen, was die ganze Zeit schon da gewesen war: Durst. Durst nach Vergebung. Doch darüber hinaus brachte er ihren Durst danach zutage, sich endlich der Vergangenheit stellen zu können und mit der gegenwärtigen Situation zurechtzukommen. Damit Jesus ihren Durst löschen konnte, musste sie ihn zunächst einmal verspüren. Daher deckte er ihre Bewältigungsmechanismen auf und zeigte ihr dann, dass sie nicht funktionierten. Er wollte ihr Gnade in dem Lebensbereich erweisen, in dem sie am durstigsten war. Doch dafür musste sie erst einmal merken, dass sie durstig war.

Das Gleiche gilt für uns. Wir können Gottes Gnade und Vergebung nicht erfahren, wenn wir gleichzeitig unsere Probleme ableugnen oder aus eigener Kraft zu lösen versuchen. Um Gottes *Trotz-allem*-Gnade zu erfahren, müssen wir erst den Durst verspüren, der von unserer Vergangenheit ausgelöst wird. Wir müssen uns ihr stellen, bevor wir sie überwinden können. Dann müssen wir unsere Schwäche bekennen und zugeben, dass wir in unserer gegenwärtigen Situation nichts nötiger brauchen als Gottes Gnade, die uns durchträgt. Wie Paulus sagte: Nur wenn wir schwach sind, kann seine Stärke in uns wirksam werden. Unsere Kultur lehrt uns, unsere Schwächen zu verbergen und zu kompensieren. Jesus macht uns Mut, unsere Schwächen zuzugeben und uns dann an ihn zu klammern, damit seine Gnade uns trotz dieser Schwächen erfüllt. Wenn Sie zugeben, dass Sie schwach sind, laden Sie damit Ihren Erretter ein, in Ihnen stark zu sein. Wer einräumt, dass er Durst hat, lädt Gott ein, seinen Durst zu stillen.

Wer einräumt, dass er Durst hat, lädt Gott ein, seinen Durst zu stillen.

Schon seit vielen Jahren bete ich und lehre auch andere Menschen so zu beten: *Himmlischer Vater, ich kann es nicht, aber du kannst es. Ich kann es nicht, aber du kannst es. Möge deine Kraft in meiner Schwachheit mächtig werden.* Das ist etwas völlig anderes, als Gott zu versprechen, dass man ein besserer Mensch werden und sich noch mehr anstrengen will. Noch einmal: Nur wenn Sie schwach sind, hat er die Chance, in Ihnen stark zu werden. Nur dann können Sie sich an seiner Gnade genügen lassen. Nur dann wird seine Kraft in Ihrer Schwachheit mächtig werden.

Wenn wir nun an das Ende dieses Kapitels kommen, möchte ich Sie ermuntern, etwas zu tun, was auf den ersten Blick etwas merkwürdig wirkt. Wenn Sie allein sind, sprechen Sie den nächsten Satz einmal laut aus: »Himmlischer Vater, ich kann es nicht, aber du kannst es.« Meiner Erfahrung nach liegt eine große Kraft darin, es laut auszusprechen.

Gehen Sie nun noch einen Schritt weiter und fügen Sie einige Einzelheiten hinzu. Was genau ist Ihnen nahezu unmöglich? Mit welchen Situationen werden Sie praktisch nicht fertig? Was treibt Sie dazu, zu viel zu trinken oder Medikamente zu nehmen? Füllen Sie die Lücke aus und sprechen Sie es laut aus: »Himmlischer Vater, ich kann nicht ____________, aber ich glaube, du kannst es.«

Den Tag mit dem Eingeständnis zu beginnen, dass Sie schwach sind und sich allein auf Gottes Gnade verlassen wollen, ist vielleicht die beste Gewohnheit, die Sie sich überhaupt aneignen können. Damit räumen Sie ein, dass Sie Flüsse lebendigen Wassers brauchen, die Kopf, Herz und Gefühle durchströmen. Sie bringen damit Ihren Glauben zum Ausdruck, dass Gott willens und in der Lage ist, Sie zu tragen, *trotz allem,* was in der Vergangenheit vorgefallen ist und im Augenblick um Sie herum passiert. Wenn Sie daraus eine tägliche Gewohnheit machen, werden Sie lernen, sich auf die Gnade Gottes zu verlassen, die Sie hindurchträgt, und in ihr Ruhe zu finden.

Kapitel 12:

Errettet aus Gnade

Nicht an uns ist es, sich Gnade zu verdienen; sondern Gott teilt sie aus.

Um fünf Uhr morgens hatten sich einige Dutzend Männer auf dem brachliegenden Grundstück neben dem einzigen Lebensmittelladen der Stadt eingefunden. In Dreier-, Vierer- und Fünfergrüppchen standen sie herum, schlürften ihren Kaffee und unterhielten sich. Hin und wieder ließen sie ihren Blick zur Hauptstraße schweifen, um zu sehen, ob ihnen jemand Arbeit anbot. Bobs schlammbespritzter Pick-up fiel ihnen sofort auf, als er am Straßenrand anhielt.

Bob hatte vor Kurzem ein großes Stück verwahrlostes und von Unkraut überwuchertes Land unmittelbar südlich der Stadt erworben. Dort wollte er ein großes Treibhaus und eine Gärtnerei errichten, denn auch dieser Vorort wuchs mit der sich ausbreitenden Großstadt immer weiter. Doch die Zäune und Wirtschaftsgebäude waren über und über von Giersch und Efeu bedeckt. Fünf Männern bot er je einhundert Dollar für eine Zwölfstundenschicht an, um das Unkraut zu beseitigen. Er konnte kaum zu Ende sprechen, da waren schon fünf eifrige Arbeiter auf die Ladefläche seines Wagens gesprungen. Nicht einmal eine halbe Stunde später rückten sie bereits – mit Handschuhen und Werkzeug ausgerüstet – dem Gestrüpp zu Leibe. Bob erklärte den Ältesten der fünf zum Vorarbeiter und übertrug ihm die Verantwortung, bevor er sich wieder auf den Weg machte, um noch das eine oder andere zu erledigen.

Nach drei Stunden kehrte Bob mit einigen Wasserflaschen zurück. Er bemerkte einen eindrucksvollen Haufen mit Gartenabfällen am Straßenrand, konnte aber kaum ausmachen, wo die Männer gearbeitet hatten. Er brauchte wohl doch mehr Leute, als er gedacht hatte. Also stellte er das gekühlte Wasser in den Schatten unter einen Baum und fuhr noch einmal zu dem brachliegenden Grundstück in der Stadt zurück. Dort verdoppelte er sein Team, sodass sich nun zehn Leute an die

Arbeit machten, bevor er zu einer Besprechung mit dem Bürgermeister fuhr.

Als er mittags zu seinem Besitz zurückkehrte, stellte er weitere fünf Arbeiter ein, und um drei Uhr noch einmal dieselbe Anzahl. Auch wenn nun zwanzig Männer die Ranken zurückschnitten, befürchtete Bob, dass er hinter seinem Zeitplan zurückbleiben würde. Um fünf Uhr abends holte er daher noch fünf Männer dazu.

Um sechs Uhr musste Bob der Wahrheit ins Gesicht blicken: Er brauchte schweres Gerät, um das Land nutzbar zu machen. Nach einem kurzen Abstecher zur Bank kam er mit einer Handvoll Bargeld zurück. Den Vorarbeiter wies er an: »Bezahlen Sie die Männer für den heutigen Arbeitstag und fangen Sie mit denen an, die zuletzt gekommen sind.«

Der Vorarbeiter ließ einen gellenden Pfiff ertönen und winkte die Männer heran. Sie stellten sich in einer Reihe auf, um ihren Lohn zu empfangen. Die Arbeiter, die erst um fünf Uhr nachmittags gekommen waren, freuten sich, als sie für eine Stunde Arbeit einen neuen Hundertdollarschein in die Hand gedrückt bekamen. Schnell sprach es sich bis zu den letzten in der Schlange herum, wie großzügig ihr Arbeitgeber war. Die letzten fünf begannen schon zu rechnen und zu feiern. Ihr Lächeln erstarb allerdings in dem Augenblick, da der Vorarbeiter jedem von ihnen einen nagelneuen Hundertdollarschein überreichte.

»Einen Augenblick mal«, meinte einer der Arbeiter. Er sprach stellvertretend für alle. »Sie machen wohl Scherze.«

Bob bekam mit, dass sich Unzufriedenheit breitgemacht hatte. »Gibt es ein Problem?«, fragte er.

»Wir haben zwölf Stunden geracker! Die Arbeiter ganz vorn in der Schlange haben dieselbe Summe für eine Stunde Arbeit bekommen.«

Bob steckte die Hände in den Bund seiner Jeans, blickte einen Moment lang zu Boden und sah dann unter seinen buschigen Augenbrauen hervor. »Sagen Sie mir, mein Freund, haben wir uns nicht auf hundert Dollar für einen Zwölfstundentag geeinigt?«

»Ja, schon, aber ...«

»Und Sie haben das Geld, das ich Ihnen versprochen habe, bekommen, stimmt's?«

»Ja, schon. Das ist natürlich richtig, aber ...«

Bob hob die Hände, um den Sprecher der Gruppe zu unterbrechen. »Dann sind wir quitt. Gibt es irgendeine Regel, die mir verbietet, Leuten mit meinem eigenen Geld die Summe zu bezahlen, die ich möchte?«

Wenn Sie in der Versuchung stehen, Partei für die Arbeiter in dieser Geschichte zu ergreifen, sind Sie nicht allein. Dieses leicht verfremdete Gleichnis Jesu – ursprünglich von Matthäus aufgeschrieben (vgl. 20,1-16) – fordert seine Leser nun schon seit bald zweitausend Jahren heraus. Die Lohntabelle des Grundbesitzers verletzt unseren Gerechtigkeitssinn. Uns stört das, was Philip Yancey die »ungeheuerliche Gnadenmathematik«[1] nennt. Doch selbst dann können wir kaum gegen die Logik des Vorarbeiters argumentieren.

Eltern wissen, dass es nicht einfach ist, gerecht zu sein. Gerechtigkeit hat immer zwei Seiten. Hätte ich den ganzen Tag gearbeitet, hätte ich es auch als ungerecht empfunden, die gleiche Summe zu bekommen wie die Nachzügler. Doch wenn ich Bob gewesen wäre, hätte ich es als ungerecht empfunden, wenn ich mein eigenes Geld nicht großzügig verteilen dürfte. Wie Philip Yancey es formulierte: Ihre Unzufriedenheit war auf die skandalöse Mathematik der Gnade zurückzuführen.

Hier nun der eigentlich interessante Punkt: Jesus sagte, dass dieses Gleichnis die Verhältnisse im Reich Gottes widerspiegelt (vgl. Matthäus 20,1). Es ist ungerecht. Das Reich Gottes ist ungerecht. Zumindest wenn wir unsere eigenen Maßstäbe zugrunde legen. Wenn sich eines Ihrer Kinder also das nächste Mal beschwert: »Das ist ungerecht«, sagen Sie ihm einfach: »Das Reich Gottes auch.« Vielleicht sollte ich als Nächstes ein Erziehungsbuch schreiben.

Wie gesagt, die Sache mit der Gerechtigkeit ist nicht ganz einfach. Mir ist Folgendes aufgefallen: Ich beschwere mich nur dann über ungerechte Behandlung, wenn ich selbst zu kurz komme. Wenn ich dagegen besser wegkomme, bezeichne ich das als Gebetserhörung. Wie reagieren Sie, wenn Sie von etwas Gutem einen größeren Anteil bekommen, als Ihnen zusteht? Lehnen Sie dann dankend ab? Natürlich nicht. Sie sind genauso wie ich. Sie danken Gott und greifen zu, bevor es sich jemand anders überlegt. Noch nie haben Sie gesagt: »Das ist unfair! Mein

Stück ist größer als das der anderen!« Und ich habe noch nie eines meiner Kinder sagen hören: »Das ist unfair! Ich habe schon letztes Mal auf dem Beifahrersitz gesessen! Heute ist jemand anderes dran.« Wenn es um Gerechtigkeit geht, haben wir alle eine selektive Wahrnehmung.

Glücklicherweise gründet sich das Reich Gottes nicht auf das Prinzip der Gerechtigkeit. Zumindest nicht auf Gerechtigkeit, wie wir sie verstehen. Wenn ich darüber nachdenke, was ich schon alles falsch gemacht habe, wie oft ich Gott versprochen habe, eine bestimmte Sache nicht zu tun, und sie dann doch getan habe, dann komme ich zu dem Schluss, dass ich im Grunde gar nicht will, dass Gott im buchstäblichen Sinn gerecht ist. Wenn »gerecht« bedeutet, dass ich bekomme, was ich verdiene, will ich lieber keine Gerechtigkeit. Stattdessen wünsche ich mir Gnade. Ich wette, Sie empfinden das genauso.

Das Reich Gottes ist nicht gerecht in dem Sinn, dass jeder das bekommt, was er verdient. Es ist nicht in dem Sinn gerecht, wie die Männer, die den ganzen Tag gearbeitet hatten, Gerechtigkeit verstanden. Das Reich Gottes ist auf die Art gerecht, wie Bob Gerechtigkeit verstand. Gott gibt jedem, dem er will, so viel, wie er will. Er verzichtet auf Gerechtigkeit im eigentlichen Wortsinn (dass also jeder das bekommt, was er verdient). Er ist gerecht, indem er Menschen Gnade und Barmherzigkeit erweist, wenn er das möchte. Doch wie wir noch sehen werden, vereinfachen wir den Sachverhalt damit ein wenig.

Glücklicherweise gründet sich das Reich Gottes nicht auf das Prinzip der Gerechtigkeit.

Ein Gleichnis über die Gerechtigkeit im Reich Gottes ist eine Sache. Wie dieses ungewöhnliche Wertesystem im wirklichen Leben Gestalt gewinnt, dagegen eine völlig andere. Darüber reden wir jetzt.

Wenn Sie mit dem Neuen Testament vertraut sind, haben Sie vermutlich schon einmal von Stephanus, dem ersten Märtyrer des Christentums gehört. Die Gemeinde war noch jung, als Stephanus zum Glauben kam. Die christliche Gemeinschaft in Jerusalem war von Vielfalt geprägt, und dennoch herrschte ein wunderbarer Geist der Einheit. Die überwiegende Mehrheit der ersten Christen waren Juden. Am Sabbat nahmen sie am Tempelgottesdienst teil, in der Woche kamen sie bei sich zu Hause zu gemeinsamen Mahlzeiten und zum Gebet zusammen. Manche waren von Geburt Juden, andere hatten sich zum Judentum bekehrt. Doch sie betrachteten sich als Familie und redeten sich mit Bruder und Schwester an.

Doch alles Gute hat einmal ein Ende. Lukas schreibt: »Als die Zahl der Gläubigen immer größer wurde, kam es auch zu Auseinandersetzungen. Diejenigen aus den griechischsprachigen Gebieten beschwerten sich bei den Hebräern, weil sie glaubten, dass ihre Witwen bei der täglichen Versorgung benachteiligt würden« (Apostelgeschichte 6,1). Interessant. In der ersten Auseinandersetzung der Kirchengeschichte ging es ums Essen. Die jüdischen Konvertiten, die nicht aus Palästina stammten, hatte man weniger im Blick als diejenigen, die aus der Gegend kamen.

Die Jünger Jesu forderten die Gemeinde daraufhin auf, sieben geeignete Männer zu wählen, die die Verteilung der Nahrungsmittel überwachen sollten. Stephanus' Name kam zuerst auf die Liste. Auch er war nicht von Geburt an Jude, sondern später übergetreten. Dann kam er zum Glauben an Jesus, den Messias, und von allen Seiten wurde ihm in der Gemeinde Vertrauen entgegengebracht.

Er erwies sich als treuer Mitarbeiter in der Gemeinde, und im Widerstreit mit der Opposition von draußen kannte man ihn als eine Stimme der Vernunft. Die führenden Köpfe der Synagoge forderten die junge Kirche immer wieder heraus, doch Stephanus war ihnen als brillanter Diskussionsgegner und mit seiner Kenntnis der Heiligen Schrift mehr als gewachsen. »Aber keiner von ihnen hatte der Weisheit und dem Geist des Stephanus etwas entgegenzusetzen« (Apostelgeschichte 6,10). Weil die Feinde der Kirche ihn nicht mit den Waffen des Verstandes schlagen konnten, griffen sie zum Verrat.

Seine Gegner bezichtigten Stephanus, Mose gelästert zu haben, und klagten ihn formell beim jüdischen Gerichtshof, dem Sanhedrin, an. Sie gewannen falsche Zeugen, die bereit waren, einen Meineid zu schwören: »Dieser Mann redet ständig abfällig über den Tempel und über das Gesetz Moses. Wir haben gehört, dass er gesagt hat, dieser Jesus von Nazareth werde den Tempel zerstören und die Ordnungen ändern, die Mose uns überliefert hat« (Apostelgeschichte 6,13-14).

Angesichts der Macht des Sanhedrins hätten die meisten Menschen ihren Mut verloren. Vergessen Sie nicht, hier handelte es sich um dasselbe Organ, das Jesus verurteilt und die Römer überzeugt hatte, ihn zu kreuzigen. Und doch versuchte Stephanus nicht, sein Leben zu retten, sondern stellte seinen Standpunkt klar dar. Am Ende seiner aufrüttelnden Rede, in der er mit bestechender Logik darlegte, dass es einen Menschen zum Götzendiener macht, wenn er Jesus ablehnt und sich nur an das Gesetz hält, hielt er den Leuten mutig den Spiegel vor: »Starrköpfig seid ihr! Im Herzen seid ihr wie die Menschen, die Gott nicht kennen, und taub für die Wahrheit. Könnt ihr nicht endlich aufhören, euch dem Heiligen Geist zu widersetzen? Eure Vorfahren taten es, und ihr macht es genauso! Nennt mir nur einen einzigen Propheten, den eure Vorfahren nicht verfolgt haben! Sie gingen sogar so weit, diejenigen umzubringen, die das Kommen des Gerechten prophezeiten, den ihr nun verraten und ermordet habt. Ihr habt Gottes Gesetz mit Absicht missachtet, obwohl ihr es durch die Hand von Engeln empfangen habt« (Apostelgeschichte 7,51-53).

Die Versammlung der einflussreichsten Würdenträger, die Israel aufzubieten hatte, verwandelte sich plötzlich in einen wütenden Mob. Sie ergriffen Stephanus, schleppten ihn vor die Stadt und begannen, ihn zu steinigen. Als das Leben aus ihm wich, rief der junge Mann aus: »Herr, rechne ihnen diese Sünde nicht an!« (Apostelgeschichte 7,60).

Er war der erste Märtyrer der jungen Kirche und starb als Glaubensheld. Wenn irgendjemand verdiente, in den Himmel zu kommen, dann Stephanus. Er führte ein beispielhaftes Leben und starb als Kämpfer für seinen Glauben.

Saulus, der später als Apostel Paulus bekannt wurde, stand in krassem Gegensatz dazu. Einmal schilderte er, wie er vor seiner Bekehrung gewesen war: »Dabei könnte ich weit größeres Selbstvertrauen haben als alle anderen. Wenn andere Grund haben, auf ihre eigenen Anstrengungen zu vertrauen, gilt das für mich erst recht! Denn ich bin das Kind einer rein jüdischen Familie, die zum Stamm Benjamin gehört, und wurde mit acht Tagen beschnitten. Wenn es also je einen wahren Juden gab, so bin ich einer! Und nicht nur das: Ich gehörte zu den Pharisäern, die den strengsten Gehorsam gegen das jüdische Gesetz fordern. Die Gemeinde habe ich unerbittlich verfolgt. Und ich habe das jüdische Gesetz so streng befolgt, dass mir nie jemand etwas nachsagen konnte« (Philipper 3,4-6). Nach jedem nur vorstellbaren jüdischen Maßstab gehörte Paulus zu den Besten. Er war in das erwählte Volk Israel hineingeboren worden, das Gottes besonderen Segen empfangen hatte und durch das die ganze Welt gesegnet werden sollte. Saulus hatte Gottes Gesetz konsequenter befolgt als irgendeiner seiner gesetzestreuen Mitstreiter. Und niemand übertraf ihn an Ernsthaftigkeit oder Eifer. Trotzdem machten ihn seine Liebe zum Gesetz und die Leidenschaft seiner Überzeugungen zum Mörder.

Freimütig bekannte er: »Ihr wisst sicher noch, wie ich als strenggläubiger Jude war – wie fanatisch ich die Gemeinde Gottes verfolgt habe. Ich tat alles, um sie zu vernichten. In meinem Volk war ich einer der Allerfrömmsten und bemühte mich nach Kräften, die überlieferten Satzungen meiner Väter zu befolgen« (Galater 1,13-14). Saulus war mit dabei, als die aufgestachelte Menge Stephanus steinigte. Voller Genugtuung sah er mit an, wie ein wahrhaft rechtschaffener Mann sein Leben für seinen Glauben hingab. Viele Jahre später räumte Saulus, der sich mittlerweile Paulus nannte, einem Freund gegenüber ein: »Wie dankbar bin ich Christus Jesus, unserem Herrn, der mich [...] zu seinem Dienst berufen hat, obwohl ich ihn früher verachtet habe! Ich habe die Gläubigen verfolgt und ihnen geschadet, wo ich nur konnte« (1. Timotheus 1,12-13).

Als er wieder einmal Christen jagte, um sie ins Gefängnis zu werfen, hatte er ein Erlebnis, das sein Leben verändern sollte. Eine direkte Begegnung mit dem Sohn Gottes brachte ihn zu der Erkenntnis, dass all seine guten Taten in Wirklichkeit schreckliche Sünden waren. Noch am selben Tag gab Paulus den Versuch auf, auf seine eigene Gerechtigkeit zu vertrauen, und empfing Gottes Gnade und Vergebung sowie einen neuen Namen. Er erkannte Christus als Messias und Erretter an und schloss sich den Christen an, die er bisher verfolgt hatte.

Aus Paulus wurde ein rastloser Missionar. Fünfzehn Jahre lang reiste er durch die Osthälfte des Römischen Reichs. Dabei legte er mehr als dreißigtausend Kilometer zurück, predigte, lehrte, gründete Gemeinden und schrieb fast ein Drittel dessen, was einmal das Neue Testament werden sollte. Er nahm Schwierigkeiten auf sich, um das Evangelium zu verbreiten. Er wurde verfolgt, zu Unrecht angeklagt, gesteinigt, gegeißelt und eingekerkert, alles im Dienst für Jesus Christus. Vor seinem Märtyrertod in Rom trug Paulus mehr als jeder andere Mensch im ersten Jahrhundert dazu bei, das Evangelium zu verbreiten.

Im Gegensatz zu Stephanus' recht behüteter Jugend kennzeichneten schon früh Gewalt und Hass Paulus' Leben. Glücklicherweise lebte er so lange und arbeitete so viel, dass die meisten Menschen sich irgendwann nicht mehr an seine Vergangenheit erinnerten. Er wurde in die Gemeinschaft der Christen aufgenommen und wurde wie Stephanus zu einem Glaubenshelden. Die zweite Hälfte seines Lebens verbrachte er in der Gewissheit, dass er nach dem Tod in der Gegenwart Christi leben würde, trotz seiner dunklen Vergangenheit (vgl. 2. Korinther 5,8).

Doch noch bevor Stephanus oder Paulus auf der Bildfläche erschienen, gab es einen anderen Mann, dessen Glaube an Christus ihn in gewisser Hinsicht berühmt machte. Ganz gewiss ist er kein Glaubensheld, und doch erzählt man sich seine Geschichte überall, wo das Evangelium gepredigt wird. Seinen Namen kennen wir nicht. Aber wir wissen manches über seine Persönlichkeit, und die war offenbar ziemlich ausgeprägt. Über seine Vergangenheit ist uns kaum etwas bekannt, abgesehen von der Tatsache, dass er uns als Verbrecher vorgestellt wird. Wir lernen ihn in seinen letzten Lebensstunden kennen: Er hing an einem Kreuz direkt neben Christus.

Die Tatsache, dass er uns als Krimineller und nicht als Zelot oder Sklave vorgestellt wird, deutet auf ein so schreckliches Verbrechen hin, dass man ihm nicht einmal die Aufgabe anvertrauen wollte, am Ruder einer römischen Galeere zu sitzen. Die Römer opferten einen potenziellen Ruderer nur dann, wenn er außergewöhnlich gewalttätig oder nicht zu bändigen war. Das war das Wesen dieses Mannes. Lukas schildert diese Szene folgendermaßen:

> Auch zwei andere Männer, beides Verbrecher, wurden abgeführt, um mit ihm hingerichtet zu werden. Schließlich kamen sie an einen Ort, der Schädelstätte heißt. Dort wurden alle drei gekreuzigt – Jesus in der Mitte und die zwei Verbrecher rechts und links von ihm (Lukas 23,32-33).

Schaulustige standen in einiger Entfernung und gafften. Die Religionsführer schnaubten verächtlich: »Er hat andere gerettet [...] Soll er sich jetzt doch selbst retten, wenn er wirklich Gottes Auserwählter, der Christus, ist« (Lukas 23,35). Die Soldaten verspotteten ihn: »Wenn du der König der Juden bist, rette dich doch selbst!« (Vers 37). Auch einer der beiden Männer, die man neben Jesus gekreuzigt hatte, stimmte ein: »Du bist also der Christus? Beweise es, indem du dich rettest – und uns mit!« (Vers 39).

Ganz unerwartet stand jemand Jesus bei. Jemand, von dem man es nicht erwartet hätte. Der andere Verbrecher. Schon seltsam, wenn man darüber nachdenkt. Er war der Einzige, der Jesus verteidigte. Den Strom von Flüchen und Beschimpfungen unterbrach er mit einer Frage und einem Bekenntnis: »Hast du nicht einmal jetzt Ehrfurcht vor Gott, da du den Tod vor Augen hast? Wir haben für unsere Vergehen den Tod verdient, aber dieser Mann hat nichts Unrechtes getan« (Lukas 23,40-41).

Dieser Verbrecher glaubte eindeutig an Gott. Er erkannte seine eigene Schuld und räumte ein, dass er den Tod verdiente. Im nächsten Leben hatte er nichts Gutes verdient, darüber machte er sich keine Illusionen. Wenn es ein Leben nach dem Tod gab, dann konnte er sich nicht darauf freuen. Das wusste er. Seine einzige Hoffnung, wenn es denn überhaupt eine Hoffnung gab, lag in dem, was er am wenigsten verdiente und in seinem elenden Leben auch anderen kaum jemals gewährt hatte: Barmherzigkeit und Gnade. Verzweifelt rief er aus: »Jesus, denk an mich, wenn du in dein Reich kommst« (Lukas 23,42).

Wenn das Himmelreich nur den guten Menschen vorbehalten wäre, hätte dieser Mann keine Chance gehabt. Wenn ein Mensch, der am Kreuz hängt, Reue zeigt, ist das bedeutungslos. Seinem Leben eine neue Richtung zu geben, wenn man nur noch zwei Stunden zu leben hat, zählt nicht. Jedem von uns tut es leid, wenn wir erst einmal mit der Strafe für unsere Verfehlungen konfrontiert werden. Nichts konnte er mehr versprechen. Nichts hatte er anzubieten. Seine Verbrechen konnte er nicht wiedergutmachen. Er hatte nichts in der Hand, mit dem er handeln konnte. Das Kreuz hatte er verdient, und verdient hatte er auch, in alle Ewigkeit von allem getrennt zu sein, was gut war. Er war auf dem besten Weg, genau das zu bekommen, was er verdient hatte.

Aber Jesus unterbrach den gewohnten Lauf der Dinge. Er griff in das Schicksal dieses Mannes ein. Er übertraf die Gerechtigkeit, wie man sie bisher verstand. Er entschloss sich, verschwenderisch unfair zu sein.

»Da antwortete Jesus« (Lukas 23,43).

Wie bitte? Jesus antwortete ihm? Ich liebe diese drei Wörter. Warum sich die Mühe machen? Warum diesen Mann überhaupt zur Kenntnis nehmen? Warum wahrnehmen, dass so ein Mensch überhaupt existiert? Jedes Wort, das Jesus am Kreuz sprach, kostete ihn körperlich viel Kraft. Jeder Atemzug verursachte unvorstellbare Schmerzen, wenn er sich an den durchbohrten Handgelenken hochzog und wieder sinken ließ. Doch Jesus antwortet ihm trotzdem: »Ich versichere dir: Heute noch wirst du mit mir im Paradies sein« (Lukas 23,43).

Ich weiß, dass Sie diese Geschichte vermutlich schon kennen, aber wir sollten nicht zu schnell über sie hinweggehen. Jesus, der Mensch gewordene Gott, die Vollkommenheit in Person, ein wahrer Heiliger, versprach einem Mann, der in allem das genaue Gegenteil war: »Wo ich hingehe, gehst du auch hin.« Wie konnte das sein? Jesus versprach einem Mann, der sich sozusagen um fünf vor zwölf bekehrt hatte, die gleiche Belohnung wie Stephanus. Das ist nicht gerecht. Stephanus wurde hingerichtet, weil er rechtschaffen war. Dieser Mann hingegen wurde für seine Verbrechen hingerichtet. Einige Jahre später sollte ihnen der Apostel Paulus folgen – Paulus, den man eingekerkert und gesteinigt hatte, der Schiffbruch erlitten hatte, von einer Schlange gebissen, geschlagen und schließlich geköpft worden war, weil er unermüdlich bestrebt war, die Botschaft von Jesus in der gesamten damals bekannten Welt zu verkündigen. Warum also sollte einem Verbrecher zusammen mit Stephanus und Paulus der Zugang zum Reich Gottes gewährt werden? Das ist wirklich nicht gerecht.

Er übertraf die Gerechtigkeit, wie man sie bisher verstand. Er entschloss sich, verschwenderisch unfair zu sein.

Im Grunde ist es viel mehr als gerecht.

Es ist Gnade.

Ich weiß, es ist naiv, aber ich verstehe wirklich nicht, warum sich manche Leute so gegen das Evangelium sträuben. Mir ist klar, dass es im Lauf der Jahrhunderte immer wieder verzerrt wurde. Manche Christen verhalten sich auch nicht entsprechend, und das ist unserer Sache nicht dienlich. Aber wenn jemand über *unser* menschliches Versagen hinwegblicken kann und auf das Angebot der Gnade stößt, ist es doch viel zu gut, um es einfach abzulehnen. Wenn man einmal darüber nachdenkt, was man aus diesem Gespräch zwischen Jesus und dem Verbrecher für Schlüsse ziehen kann, kommt man zu erstaunlichen Ergebnissen. Warum sollte sich jemand für ein religiöses System entscheiden, das auf Leistung beruht? Wer glaubt wirklich von sich, er sei gut genug, um sich den Himmel zu verdienen? Was zu der Frage führt: Auf welcher Grundlage soll man sich ihn verdienen können? Es gibt ja keinen einheitlichen Verhaltensmaßstab, nach dem man sich richten könnte. Amerikaner betrachten gern die Zehn Gebote als Standard. Doch wie wir bereits gesehen haben, stand ursprünglich eine völlig andere Absicht dahinter. Wonach können wir uns also richten, wenn wir herausfinden wollen, wie gut man sein muss?

Christen, Juden, Muslime, Hindus … – sie alle kennen die Goldene Regel – behandele andere so, wie du selbst behandelt werden willst – in der einen oder anderen Fassung. Doch das ist ein ziemlich hoher Maßstab, wenn man konsequent danach handeln will. Was ein weiteres Thema aufwirft, über das man nicht gerne redet: Reicht eine Quote von siebzig Prozent aus, um in den Himmel zu kommen? Wenn ich in siebzig Prozent der Fälle andere so behandle, wie ich von ihnen behandelt werden möchte, habe ich es dann geschafft? Sechzig Prozent vielleicht? Und wie steht es mit der Familie? Gilt dieselbe Quote auch für den Umgang mit meinen Angehörigen, oder reichen da ein paar Prozentpunkte weniger?

So albern das langsam wird, ich glaube, dass das wichtige Fragen für jemanden sind, der sich Gottes Gnade zu erarbeiten versucht. Wenn Gott nach guten Menschen Ausschau hält, müssen wir wissen, was eigentlich gut ist, wann man bestanden hat und ab welcher Punktzahl man durchfällt. In seinem Buch *Die Abschaffung des Menschen* führt C. S. Lewis acht Verhaltensregeln auf, die man in der religiösen Literatur der amerikanischen Ureinwohner, der alten Griechen, der alten Chinesen, des Judentums und des Christentums findet. Meiner Meinung nach tut man gut daran, neben der Goldenen Regel auch diese Gebote zu befolgen:

- Du sollst andere Menschen nicht in Wort oder Tat verletzen.
- Du sollst deine Eltern ehren.
- Du sollst mit deinen Geschwistern und älteren Leuten freundlich umgehen.
- Sei ehrlich in allem, was du tust.
- Du sollst nicht lügen.
- Du sollst nicht mit dem Ehepartner eines anderen Menschen schlafen.
- Du sollst dich um Menschen kümmern, die schwächer sind als du.
- Du sollst andere Menschen höher achten als dich selbst.[2]

Noch eins haben diese Religionen gemeinsam: Sie gehen alle davon aus, dass die Menschen es nicht schaffen, sich an diese acht Regeln zu halten. Jeder Anhänger einer jeden Religion wird früher oder später an einem dieser Punkte scheitern. Wir wissen, dass das der Fall ist, weil alle diese Systeme Ratschläge für den Fall geben, dass jemand es nicht schafft. Doch hier enden die Gemeinsamkeiten auch schon. Ab diesem Punkt verfolgt jede Religion ihren eigenen Ansatz, wie man es wiedergutmacht, wenn man gegen die Regeln verstoßen hat. Um einmal zusammenzufassen:

- Es gibt einen Gott.
- Gott gibt uns einen Maßstab, nach dem wir leben sollen.
- Doch das schaffen wir nicht.
- Viel Glück!
- Wir sehen uns dann im Jenseits … vielleicht.

Religion betont unsere Unfähigkeit, nach einem göttlichen Maßstab zu leben, und schafft so einen Abgrund. Doch unsere Erfahrung ebenfalls.

Wir werden unseren eigenen Erwartungen nicht gerecht; wir brauchen keine Religion, um zu wissen, dass wir im Grunde nicht gut sind. Jeder von uns musste schon einmal sagen: »Tut mir leid«, oder: »Das war falsch von mir.« Wenn wir scheitern, treibt uns irgendetwas in unserem Innern an, unser Versagen wiedergutzumachen, indem wir uns besser verhalten, großzügig sind oder Versprechen abgeben. Zwar können wir uns in Zukunft besser verhalten, doch an der Vergangenheit können wir nichts mehr ändern. Wir können die Zeit nicht zurückdrehen und bessere Eltern sein, ein besserer Ehemann, eine bessere Ehefrau. Wir können nicht zurückgehen und Lügen, Betrug und Süchte ungeschehen machen. Selbst wenn wir heute vollkommen sein sollten, können wir die Vergangenheit nicht auslöschen.

Genau das macht das Christentum so einzigartig. Genau das macht die Gnade so stark und mächtig. Jesus kam in diese Welt und tat das, was niemand sonst tun konnte. Er bekräftigte die Liste mit Verhaltensregeln. Er erklärte, dass Gottes Gesetz gut sei. Doch dann bot er sich selbst als Antwort auf die Frage an, die niemand sonst beantworten konnte: »Was kann ich tun, wenn ich alles vermasselt habe?« Was die Regeln und diejenigen, die diese Regeln erließen, nicht zu tun vermochten, vermochte Jesus, indem er sein Leben als vollkommenes und endgültiges Sündopfer hingab. Der Tod und die Auferstehung Christi signalisierten der Welt, dass das Reich Gottes nicht den guten Menschen vorbehalten ist. Es ist den Menschen vorbehalten, denen vergeben wurde.

Wir werden unseren eigenen Erwartungen nicht gerecht; wir brauchen keine Religion, um zu wissen, dass wir im Grunde nicht gut sind.

Guten Menschen, denen vergeben wurde. Ziemlich guten Menschen, denen vergeben wurde. Nicht sonderlich guten Menschen, denen vergeben wurde. Und Menschen wie dem Verbrecher am Kreuz, der gar nichts vorweisen konnte.

Das bringt uns wieder auf das Thema *Gerechtigkeit*.

Das Evangelium ist im Grund das gerechteste System, das man sich vorstellen kann. Denken Sie einmal darüber nach:

- Jeder ist eingeladen.
- Jeder kommt durch die gleiche Tür hinein.
- Jeder kann die Anforderungen erfüllen.

Jeder ist eingeladen. Juda wurde ebenso eingeladen wie Rahab, David und Nikodemus. Jeder kommt durch die gleiche Tür hinein – durch Christus. Mit seinem Tod bezahlte er für die Sünden der Welt, eingeschlossen die Sünden der Menschen aus dem Alten Testament, die Gott einzig und allein aus Gnade erwählt hatte. Jeder kann die Anforderungen erfüllen, nämlich an Christus zu glauben. Durch seinen Glauben stand Abraham vor Gott gerecht da. An ihrem Glauben lag es, dass die Frau aus Sychar das ewige Leben bekam.

Der Tod und die Auferstehung Christi signalisierten der Welt, dass das Reich Gottes nicht den guten Menschen vorbehalten ist. Es ist den Menschen vorbehalten, denen vergeben wurde.

Doch diese Art von Gerechtigkeit hatte ihren Preis. Jesus litt und starb, um die Tür zum Reich Gottes so weit aufzustoßen, dass alle guten und nicht so guten Menschen eintreten können. Diese Gnade hat etwas gekostet. Doch nicht wir mussten den Preis aufbringen. Der Opfertod Jesu gab Gott die Möglichkeit, den Stephanussen und Saulussen dieser Welt und allen, die sich in letzter Minute bekehrten, dieselbe ewige Heimat zu bieten. Und es war der Tod Christi am Kreuz, der auch Ihnen und mir das Reich Gottes öffnet. Ist das gerecht?

Nein. Es ist noch viel mehr als gerecht.

Es ist Gnade.

Kapitel 13:

Beauftragt zur Gnade

Gnade plus irgendetwas ist irgendetwas, aber keine Gnade.

Schon als Kind bin ich immer zur Kirche gegangen. Mein Vater war Pastor und hat über vierzig Jahre in ein und derselben Gemeinde in Atlanta gewirkt. Nach dem College studierte ich Theologie. Nach meinem Abschluss bekam ich eine Stelle in der Gemeinde meines Vaters. Sie brauchten jemand, der mit Jugendlichen arbeitete. Ich benahm mich noch wie einer, es passte also perfekt. Zehn Jahre lang arbeitete ich unter der Ägide meines Vaters, bis ich mit einer Gruppe von Freunden die *North Point Community Church* gründete. Jetzt bin ich schon über fünfundzwanzig Jahre Pastor. Ich liebe die Gemeinde. Wenn ich auf meine Jahre als Pastorensohn, Gottesdienstbesucher, Mitarbeiter und Gemeindegründer zurückblicke, komme ich zu dem Schluss: Die Kirche ist dann am attraktivsten, wenn die Botschaft der Gnade ganz deutlich wird. Ähnlich gilt auch: Die Kirche ist am effektivsten, wenn die Botschaft der Gnade verstanden wird.

Die Kirche ist dann am attraktivsten, wenn die Botschaft der Gnade ganz deutlich wird.

Wenn ich jemandem begegne, der nicht zur Kirche geht, frage ich fast immer, warum. Nur selten bekomme ich eine theologische Antwort zu hören. Niemand hat mir jemals erklärt: »Weil ich nicht glaube, dass die Bibel wahr ist«, obwohl das bei vielen Menschen zutrifft. Ich kenne sogar Leute, die zur Kirche gehen, obwohl sie nicht die ganze Bibel für wahr halten.

Normalerweise bekomme ich Sachen zu hören wie: »Ich habe keine Zeit«, oder: »Wir haben noch keine Gemeinde gefunden, die zu uns passt«, oder: »Ich sollte eigentlich, aber ...« Meine Lieblingsantwort stammt von einem Arzt. Ich fragte ihn: »Gehen Sie irgendwo zur Kirche?« Er entgegnete: »Das habe ich schon hinter mir. Jetzt nicht mehr.« Neugierig hakte ich nach, was er meinte. Er sagte: »Achtundzwanzig Jahre bin ich jeden Sonntag aufgestanden und zur Kirche gegangen. Ich habe die Jungen in der Sonntagsschule unterrichtet. Ich war Diakon. Eines Morgens wachte ich auf und dachte mir: *Damit bin ich durch.* Ich sagte zu meiner Frau: *Damit sind wir durch*, und dann ging ich Golf spielen. Seitdem spiele ich jeden Sonntagmorgen Golf.«

Darauf wusste ich nicht viel zu entgegnen. Er hatte sich eine Zeit lang in seiner Gemeinde engagiert, war ausgestiegen und blickte danach niemals mehr zurück. Schon seltsam, wenn man sich das einmal durch den Kopf gehen lässt. Die meisten Amerikaner, die nicht zur Kirche gehen, tun das nicht aus Gründen, die irgendetwas mit Gott zu tun haben. Die meisten Menschen, mit denen ich rede, haben überhaupt kein Problem mit Gott. Sie gehen einfach nicht in den Gottesdienst.

Zu Weihnachten und Ostern sind die Kirchen voll, so als ob die Leute dorthin strömen würden, um zu sehen, ob sich etwas verändert hat. Wenn sie sehen, dass alles beim Alten ist, kommen sie nicht wieder. Aus Respekt vor Gott lassen sie sich zu den hohen Feiertagen sehen. Doch damit hat es sich auch schon. Natürlich gibt es Ausnahmen. Persönliche oder auch nationale Tragödien bringen die Leute zurück in die Kirche. Als Präsident Roosevelt 1944 verkündete, dass amerikanische Soldaten an der Invasion in der Normandie beteiligt waren, ließen Tausende von Amerikanern alles stehen und liegen und eilten mitten in der Woche in die Kirche. In praktisch jeder Gemeinde wurden besondere Gottesdienste abgehalten. Die Bänke waren voll.

Am Morgen des 11. September 2001, nachdem das ganze Ausmaß und die Bedeutung der Geschehnisse deutlich geworden waren, rief ich meine Mitarbeiter zusammen und sagte: »Wir müssen vorbereitet sein. Am nächsten Sonntag werden mehr Leute kommen als zu Ostern.« So war es dann auch. Die Kirchen in ganz Amerika platzten aus allen Nähten. Die Menschen brauchten Zuspruch und strömten in den Gottesdienst. Doch zwei Wochen später hatte sich alles wieder auf den Normalzustand eingependelt. Ich vermute, die Leute haben bekommen, was sie suchten. Andere wurden daran erinnert, warum sie der Kirche überhaupt den Rücken gekehrt hatten. Für sie gab es offenbar keinen zwingenden Grund, weiterhin zu kommen.

Gemeindeleiter und Pastoren führen mangelnden Gottesdienstbesuch oft vorschnell auf mangelndes Engagement ihrer Schäfchen und der Gesellschaft im Allgemeinen zurück. Wenn aber den Nachfolgern vorgeworfen wird, dass sie nicht folgen, ist das im Grunde eine Bankrotterklärung der Leiterschaft. Wenn die Menschen nicht folgen, liegt das daran, dass jemand seine Leitungsfunktion nicht wahrnimmt. Außerdem haben Menschen kein Problem damit, sich zu etwas zu verpflichten. Sie verpflichten sich zu allen möglichen Dingen, nur eben nicht zu denen der Kirche. Jemand hat mir einmal gesagt: »Die Kirche ist für kirchlich orientierte Leute da. Ich bin nicht kirchlich orientiert.«

So seltsam das auch für »kirchlich orientierte« Leute klingen mag, ich denke, dass das ein ziemlich verbreiteter Standpunkt ist. Und es ist sehr logisch. Die Kirche ist für kirchlich orientierte Leute da wie Golf für Golfspieler, Jagd für Jäger, Münzensammeln für Münzsammler und Bridge … nun ja, für Leute, die Bridge spielen. Sie verstehen, was ich meine. Aus dem Blickwinkel der Allgemeinheit ist die Kirche eine von vielen Beschäftigungsmöglichkeiten für einen Sonntagmorgen, wobei sich noch jede Menge anderer Dinge anbieten.

Wenn die Menschen nicht folgen, liegt das daran, dass jemand seine Leitungsfunktion nicht wahrnimmt.

Manche führen diesen Gedanken noch weiter. Wenn Kirche etwas für kirchlich orientierte Menschen ist, dann auch die Botschaft von Jesus. Und wenn die Botschaft von Jesus ausschließlich kirchlich orientierten Menschen gilt, dann auch die Botschaft der Gnade. Doch nichts könnte weiter von der Wahrheit entfernt sein. Wie wir gesehen haben, scheute Jesus keine Mühe, um Menschen, die Gott fernstanden und vom religiösen Leben ausgeschlossen waren, von der Gnade Gottes zu erzählen. Als hätte sein Vorbild nicht ausgereicht, *befahl* er der kleinen Schar seiner Nachfolger am Tag der Himmelfahrt, jedem Volk diese Botschaft der Gnade zu bringen (vgl. Matthäus 28,19). Der engste Kreis seiner Nachfolger hätte auf solch einen Auftrag vorbereitet sein müssen, und doch waren sie überrascht, und zwar aus folgendem Grund:

Als Jesus in der Öffentlichkeit wirkte, sprach er häufig vom Reich Gottes und vom Himmelreich. Daher erwarteten seine Nachfolger von ihm, dass er ein Königreich begründen würde. Doch Jesus hatte etwas anderes im Sinn. Statt ein Reich zu begründen, gründete er die Kirche. Der griechische Begriff, der in unserer Bibel mit *Kirche* bzw. eher *Gemeinde* übersetzt wird, bedeutet schlicht und einfach »Versammlung«. In diesem Fall handelte es sich um eine Versammlung, hinter der eine ganz besondere Absicht stand. Sie sollte die Botschaft zu allen Völkern tragen. Lukas gibt eine der letzten Anweisungen Jesu so wieder: »Aber wenn der Heilige Geist über euch gekommen ist, werdet ihr seine Kraft empfangen. Dann werdet ihr den Menschen auf der ganzen Welt von mir erzählen – in Jerusalem, in ganz Judäa, in Samarien, ja bis an die Enden der Erde« (Apostelgeschichte 1,8). Diese neue Versammlung – später als Gemeinde oder Kirche bezeichnet – wurde von Jesus begründet, um die Botschaft der Gnade »bis an die Enden der Erde« zu tragen.

Denken Sie einmal einen Augenblick darüber nach. Jesus forderte seine Nachfolger auf, seine Botschaft ganz bewusst auch nichtreligiösen Menschen zu bringen und solchen, die einer anderen Religion angehörten. Er glaubte, sie überschreite kulturelle und Generationsgrenzen. Deshalb war es für ihn kein Problem, Menschen verschiedenen Glaubens und verschiedener Weltanschauungen zu bitten, seine Botschaft der Vergebung und Gnade in Erwägung zu ziehen. Das ist wenig überraschend, denn wie wir im letzten Kapitel entdeckt haben, hatte er die Lösung für das Problem, das jede Religion kannte und mit dem sie rang: Sünde. Der gescheiterte Versuch, sich an die Regeln zu halten. Seine Botschaft galt allen Menschen aller Völker, ganz gleich, welcher Religion sie anhingen oder nicht. So wurde erfüllt, was Gott Abraham Hunderte von Jahren zuvor versprochen hatte: Durch ihn würden alle Völker der Welt gesegnet werden.

Wenn die Kirche das wichtigste Instrument Gottes ist, um die Botschaft der Gnade zu verbreiten, ist die Ortsgemeinde eindeutig nicht nur für Christen da, sondern für alle.

Wenn die Kirche das wichtigste Instrument Gottes ist, um die Botschaft der Gnade zu verbreiten, ist die Ortsgemeinde eindeutig nicht nur für Christen da, sondern für alle. Wenn in unserer Kultur stattdessen die Ansicht vorherrscht, dass die Kirche nur für kirchlich orientierte

Menschen da ist, hat die Gemeinde in ihrem Auftrag versagt. Das Bedürfnis nach Gnade hat ganz gewiss nicht abgenommen. Jeder Mensch braucht Vergebung. Jeder fragt sich von Zeit zu Zeit, wie er vor Gott dasteht und ob er das überhaupt wissen kann. Die Ortsgemeinde mag ihre Anziehungskraft verloren haben, doch für die Gnade gilt das mit Sicherheit nicht.

Wenn die Menschen glauben, dass die Kirche nur für kirchlich orientierte Menschen da ist, müssen wir kirchlich orientierten Menschen unsere Botschaft überdenken. Wenn Gnade nicht mehr das Herzstück unserer Predigten und Programme ist, nimmt irgendetwas anderes ihren Platz ein. Irgendetwas, das weniger wert ist als Gnade. Und wie die Geschichte immer wieder gezeigt hat, kann die Kirche zu einem gnadenlosen Ort werden.

Die Menschen fühlten sich von Jesus angezogen. Wie wir am Beispiel von Matthäus entdeckten, wurde Jesus von Menschen gemocht, die ihm überhaupt nicht ähnelten. Wir sind seine Hände und Füße, wir sind seine Repräsentanten auf diesem Planeten, und deshalb sollte für uns dasselbe gelten. Für manche Gemeinden mag das zutreffen, aber nicht für die Mehrheit. Doch das ist kein neues Problem. Die gnadenlose Kirche erhob ihr hässliches Antlitz etwa eine Viertelstunde, nachdem Jesus seine Abschiedsworte gesprochen hatte.

Na gut, vielleicht war es mehr als eine Viertelstunde später. Aber eher, als man erwarten würde.

Die Apostelgeschichte im Neuen Testament erzählt uns von der Gründung und Entwicklung der frühen Kirche. Am Anfang geschahen unglaubliche Dinge. Innerhalb der ersten Tage bekehrten sich Tausende von Männern und Frauen zu Christus, dem Erlöser und Messias. In der ganzen Region erzählte man sich Geschichten von Wundern und Menschen, die sich von Grund auf verändert hatten. Bald schon reisten Evangelisten von Jerusalem aus in die umliegenden Städte und Dörfer, um die Botschaft vom Tod und der Auferstehung Jesu weiterzusagen.

Doch dann geschah etwas Unerwartetes. Auch Nichtjuden kamen zum Glauben. Sie wollten sich der Gemeinde anschließen – einer in erster Linie jüdischen Gemeinde. Die Mehrheit der Judenchristen war dazu allerdings noch nicht bereit. Jesus war *ihr* Messias. Schließlich war er Jude gewesen. Die meisten seiner Lehren drehten sich um das Reich Gottes, und jeder gute Jude wusste, dass das mit dem Königreich Israel gleichzusetzen war.

Dann geriet die Situation wirklich außer Kontrolle. Einige der ursprünglichen Apostel missionierten ganz bewusst unter den Heiden. Sie reisten in vorwiegend von Nichtjuden bewohnte Gebiete und verkündeten dort die Auferstehung Jesu. Praktisch überall kamen Menschen zum Glauben. Sie fanden sich und gründeten neue Ortsgemeinden. Man wählte Leiter. Doch traditionell denkenden Juden, die zum Glauben an Christus gekommen waren, war das ein Dorn im Auge. Und das ist auch verständlich.

Außenstehende betrachteten das Christentum als Sekte innerhalb des Judentums. Messianische Juden sahen sich im ersten Jahrhundert nicht als Konvertiten, die eine neue Religion angenommen hatten. Jesus war ihr jüdischer Messias. Wenn jemand ein Konvertit war, dann die Nichtjuden. Sie wollten bei der Party mitfeiern, ohne eingeladen worden zu sein.

In Wahrheit hat sich das Christentum aus dem Judentum heraus entwickelt. Wie wir gesehen haben, weisen weite Teile des Alten Testaments auf den Messias hin. David wurde ein Erbe versprochen, der für immer regieren würde. Jesaja schrieb vom leidenden Gottesknecht, der die Sünden der Welt auf sich nimmt. Sogar Johannes bezeichnete seinen Cousin Jesus als Lamm Gottes, womit eine klare Verbindung zum jüdischen Opfersystem hergestellt war. Es ist also nicht schwer zu verstehen, warum die Judenchristen des ersten Jahrhunderts sich von diesem plötzlichen Zustrom von Außenseitern, die keine praktizierenden Juden waren, bedroht fühlten.

Um die Sache noch komplizierter zu machen, brachten die Heiden auch ihre Sitten, Gebräuche und Werte mit. Das Problem war, dass die Juden an deren Lebensstil Anstoß nahmen. Und nicht nur das; einige ihrer Verhaltensweisen waren geradezu ein Sakrileg. Vor allem, was ihre Essgewohnheiten betraf. Die Situation verschärfte sich noch dadurch, dass sich die meisten der ersten Christen, die ja einen jüdischen

Hintergrund hatten, in den Synagogen am Ort trafen. Mit einem Mal tauchten nun Nichtjuden auf und wollten dazukommen. Doch sie wussten nichts über die Sabbatheiligung. Sie wussten nichts über die rituellen Reinheitsvorschriften. Die ganze Situation entwickelte sich zu einem einzigen Chaos.

Es gab nur eine plausible Lösung: Man musste von den Heidenchristen fordern, dass sie zum Judentum übertraten. Das war der erste Schritt, wenn man ein Nachfolger Christi werden oder, wie man damals sagte, sich »dem Weg« anschließen wollte (Apostelgeschichte 19,23). Wenn jüdisch zu werden einfach bedeutet hätte, sich in den jüdischen Schriften und in hebräischer Theologie unterweisen zu lassen, wäre das vermutlich keine große Sache gewesen. Für die Männer bedeutete es jedoch leider mehr. Sehr viel mehr. Wer Jude werden wollte, musste sich einer Operation unterziehen. Wenn Sie glauben, dass in Ihrer Gemeinde hohe Anforderungen gestellt werden, wenn man Mitglied werden möchte, denken Sie noch einmal nach! Die eifrigsten Vertreter dieser Richtung lehrten: »Wenn ihr den jüdischen Brauch der Beschneidung nach der Lehre des Mose nicht einhaltet, könnt ihr nicht gerettet werden« (Apostelgeschichte 15,1). Unterm Strich: In den Kursen zur Mitgliedschaft drängten sich Frauen und Kinder, während die Männer draußen im Auto warteten.

Doch die Beschneidung war nur der Anfang.

Neben der Beschneidung verlangte man von Heiden, die zum Judentum übertreten wollten, das ganze mosaische Gesetz zu halten. Für den Durchschnittsjuden war das schon schwer genug, obwohl er damit aufgewachsen war. Für einen erwachsenen Nichtjuden, dessen Lebensstil vor allem von griechischen und römischen Werten und Traditionen geprägt war, war es ein Ding der Unmöglichkeit. Allein das Gesetz zu studieren, konnte Jahre dauern. Wenn all das eine Voraussetzung dafür war, Jesus nachzufolgen, wer konnte es dann?

Während dieser neue Maßstab für die Mitgliedschaft in einigen Gegenden gefordert wurde, blühte die Kirche praktisch überall auf, wo die Botschaft von Jesus verkündigt wurde. Das galt besonders für die heidnische Stadt Antiochia, etwa fünfhundert Kilometer nördlich von Jerusalem gelegen. Der Apostel Paulus hatte sich dort mit einem anderen Lehrer namens Barnabas niedergelassen. Gemeinsam predigten sie dort das Evangelium, und viele Nichtjuden nahmen das Angebot der Errettung an. In Antiochia wurden die Nachfolger Jesu übrigens zum ersten Mal als Christen bezeichnet (vgl. Apostelgeschichte 11,26).

Schließlich drangen Berichte nach Jerusalem, dass viele Nichtjuden in Antiochia Christen wurden, ohne auch nur in Erwägung zu ziehen, zum Judentum überzutreten. Die Traditionalisten unter den Judenchristen stießen sich daran, weshalb sie einen Ausschuss einsetzten und ihn nach Antiochia schickten, um dort alles wieder in die richtigen Bahnen zu lenken. Das machte natürlich alles nur noch schlimmer.

So beunruhigend es auch war, dass sie die Beschneidung forderten – etwas anderes wirkte noch viel zerstörerischer. Indem sie darauf bestanden, dass Nichtjuden sich zum Judentum bekehren mussten, verwässerten sie die Botschaft Jesu. Die Erlösung war kein Geschenk mehr, sondern musste erarbeitet und verdient werden. Niemand wusste daher mehr, wie er eigentlich vor Gott dastand. Das Christentum war auf dem besten Weg, zu einer weiteren gnadenlosen Religion zu werden.

Um diesen Konflikt zu lösen, schickten die Leiter der Gemeinde in Antiochia Barnabas, Paulus und einige andere Männer nach Jerusalem, in der Hoffnung, die Apostel würden dort ein offizielles klärendes Wort sprechen. Zu dieser Zeit gab es noch keinen Papst oder Bischöfe, an die man sich wenden konnte. Es gab überhaupt keine formelle Hierarchie. Die Ortsgemeinden waren autonom. Als jedoch überall im Römischen Reich neue Gemeinden entstanden, erkannte man die Autorität der Apostel auch in Leitungsfragen an. Schließlich hatten diese Männer Jesus drei Jahre lang begleitet und ihm zugehört. Wenn irgendjemand wusste, was man mit diesem Zustrom von Heiden tun sollte, dann sie.

Als die Gruppe aus Antiochia in Jerusalem eintraf, wurden sie herzlich aufgenommen. Barnabas und Paulus erzählten vom außergewöhnlichen Wachstum der Gemeinde. Insbesondere betonten sie die große Zahl der Heiden, die sich zu Christus bekehrt hatten. Als sie ihren Bericht beendet hatten, standen ihre Gegner auf und »erklärten, die Nichtjuden müssten beschnitten werden und sich an das mosaische

Gesetz halten« (Apostelgeschichte 15,5). Lukas schreibt, dass viele unter denen, die gegen Paulus und Barnabas Stellung bezogen, Pharisäer waren, die sich zum Christentum bekehrt hatten. Weil sie stets eifrig darum bemüht gewesen waren, das Gesetz zu halten, konnten sie diese Haltung nicht einfach ablegen. Offenbar waren diese christlichen Pharisäer erst nach der Auferstehung zum Glauben gekommen. Daher waren sie mit den Lehren Jesu nicht so vertraut wie die anderen.

Nach einer längeren Debatte richtete Petrus das Wort an die Gruppe. Zunächst erinnerte er sie an seine eigenen Erfahrungen mit den Heiden und dem Evangelium. Gott hatte Petrus eindeutig klargemacht, dass er jedem Menschen das Heil zu denselben Bedingungen anbot: Glauben an Christus. Petrus argumentierte: »Er hat keinen Unterschied gemacht zwischen uns und ihnen [Heiden], nachdem er ihre Herzen gereinigt hatte durch den Glauben. Warum versucht ihr denn nun Gott dadurch, dass ihr ein Joch auf den Nacken der Jünger legt, das weder unsre Väter noch wir haben tragen können?« (Apostelgeschichte 15,9-10). Auf gut Deutsch: »Meine jüdischen Freunde, machen wir uns nichts vor. Nicht einmal *wir* halten das Gesetz richtig. Dieses Joch würden wir doch liebend gerne abschütteln. Warum sollten wir es dann den Heidenchristen auflegen?« Ein sehr überzeugendes Argument. Petrus fuhr fort: »Vielmehr glauben wir, durch die *Gnade* des Herrn Jesus selig zu werden, ebenso wie auch sie« (Vers 11; Hervorhebung des Autors). Hier wurde ein regelrechter Kampf um die Gnade geführt. Petrus wusste: Wenn man von der Gnade auch nur eine dünne Schicht abkratzt, ist es keine Gnade mehr. Und wenn man zur Gnade etwas hinzufügt, ist es auch keine Gnade mehr.

Petrus wusste: Wenn man von der Gnade auch nur eine dünne Schicht abkratzt, ist es keine Gnade mehr. Und wenn man zur Gnade etwas hinzufügt, ist es auch keine Gnade mehr.

Als Petrus fertig war, wandten sich alle an Jakobus. Der Bruder Jesu war der einflussreichste Leiter der Gemeinde in Jerusalem. Er stand auf, um zu der Gruppe zu sprechen. Seine Worte hatten immenses Gewicht. Wie die Pharisäer war auch Jakobus erst spät zum Glauben gekommen. Offenbar hatte er sich ebenfalls erst nach der Auferstehung von der wahren Identität Jesu überzeugen lassen. Ebenso wenig wie Petrus glaubte er, dass man Nichtjuden erst in die Gemeinschaft des Glaubens aufnehmen sollte, wenn sie zuvor zum Judentum übergetreten waren. Nachdem er einige Verse aus dem Propheten Amos zitiert hatte, die seine Ansicht stützten, meinte er: »Deshalb bin ich der Überzeugung, dass wir den Nichtjuden, die sich zu Gott bekehren, das Leben nicht unnötig erschweren sollten« (Apostelgeschichte 15,19).

Ich liebe diese Aussage über alles. Ich habe sie mir ausgedruckt und in meinem Arbeitszimmer an die Wand gehängt, damit ich sie jeden Tag anschauen kann. Von Anfang an neigte die Kirche dazu, es Menschen schwer zu machen, wenn sie sich Gott zuwenden wollten. Es war schwierig für sie, allein die Gnade gelten zu lassen. Vielen reichte das einfach nicht aus. Religiöse Menschen wollen anscheinend alles immer komplizierter machen. Doch Jesus kam, um es uns einfach zu machen. Wir sollten also auf Jakobus hören. Die Kirche sollte es Menschen nicht schwer machen, die sich Gott zuwenden wollen.

Die Kirche sollte es Menschen nicht schwer machen, die sich Gott zuwenden wollen.

Petrus und Jakobus bezogen eindeutig Stellung dagegen, das Evangelium komplizierter zu machen. Dabei begriffen sie durchaus, dass die Juden in ihren Traditionen gefühlsmäßig tief verwurzelt waren. Schließlich waren die meisten ihrer Riten und Rituale von Gott eingesetzt worden und hatten mehr als eintausend Jahre lang ihre religiöse und nationale Identität geprägt. Doch die Gemeindeleiter sahen auch, dass Gott zweifelsohne unter den Heidenchristen gewirkt hatte. Obwohl sie also den Heiden, die zu Gott kamen, keine zusätzlichen Hindernisse in den Weg legen wollten, hielten sie es doch für weise, ihnen um der Einheit willen drei Verhaltensregeln nahezulegen. Daher sandten sie den Heidenchristen folgenden Brief:

> Diesen Brief schreiben die Apostel und Ältesten, eure Brüder in Jerusalem, an die nichtjüdischen Gläubigen im syrischen Antiochia und in Zilizien.
> Wir grüßen euch!
> Wir haben erfahren, dass einige Männer aus unserem Kreis euch beunruhigt und mit ihren Aussagen verunsichert haben, doch sie

waren nicht von uns beauftragt. Nachdem wir einstimmig zu einer Entscheidung gekommen waren, hielten wir es für das Beste, euch diese Männer zu schicken mit unseren beiden lieben Brüdern Barnabas und Paulus, die für Jesus Christus, unseren Herrn, ihr Leben aufs Spiel gesetzt haben. Wir schicken euch Judas und Silas, die euch mitteilen sollen, was wir zu eurer Frage beschlossen haben. Denn durch den Heiligen Geist haben wir beschlossen, euch keine größeren Lasten aufzuladen als diese: Esst kein Fleisch, das Götzen geopfert wurde, und weder das Blut noch das Fleisch nicht ausgebluteter Tiere, und meidet alle Unzucht. Wenn ihr euch daran haltet, handelt ihr richtig.

Lebt wohl (Apostelgeschichte 15,23-29).

Sie vereinfachten, was unnötig kompliziert geworden war. Damit retteten sie die Gnade.

Als die Delegation aus Jerusalem in Antiochia eintraf, wurde der Brief vor der versammelten Gemeinde verlesen. Wie man sich vorstellen kann, wurde er positiv aufgenommen. Vor allen Dingen von den Männern. Niemand musste mehr zum Judentum übertreten, um Christ zu werden. Die Heidenchristen konnten einfach zusammen mit ihren jüdischen Brüdern und Schwestern an den auferstandenen Messias glauben. So einfach war das.

Doch leider blieb es nicht so.

Im zweiten Jahrhundert war die Botschaft wieder kompliziert geworden. Dutzende von miteinander konkurrierenden Irrlehren und falschen Evangelien gaukelten den Menschen vor, dass Erlösung ein praktisch unerreichbares Ziel sei. Im vierten Jahrhundert wurde das Christentum zur offiziellen Religion im Römischen Reich, was zwar der Verfolgung durch die Regierung ein Ende setzte, andererseits für eine außergewöhnliche Komplexität sorgte.

Im elften Jahrhundert versprach Papst Urban II. allen, die sich bereit erklärten, in das Heilige Land einzumarschieren und Jerusalem zu belagern, einen sofort wirksamen Ablass, was bedeutete, dass sich die

Zeit, die man im Fegefeuer verbringen musste, beträchtlich verringerte. Zehntausende von europäischen »Christen« ließen sich auf dieses Angebot ein. Unterwegs metzelten sie wahllos Muslime und Juden nieder. All das wurde durch ein komplexes theologisches System möglich, das Werte vertrat, die in direktem Gegensatz zur Lehre Jesu standen. Männer marschierten in den Tod, in der Überzeugung, dass sie sich mit ihrem Einsatz im Namen der Kirche einen Platz im Himmel verdienten.

All das wiederholte sich im fünfzehnten Jahrhundert in einer Phase, die später als Spanische Inquisition bezeichnet wurde. Kirchenführer bereicherten sich und die Krone, indem sie Grundbesitz und Vermögen von Menschen beschlagnahmten, die sie als Ketzer betrachteten. Inquisitoren wurden von der Kirche beauftragt, all jene aufzuspüren, die ihre Religion in einer Weise praktizierten, die von den Religionsführern nicht genehmigt worden war. Tausende wurden gefoltert, damit sie »Sünden« bekannten, die sie niemals begangen hatten. Während dieser Terrorherrschaft verschwanden Lehre und Predigt fast völlig und wurden durch Folter und Hinrichtung ersetzt. Die Kirche verfolgte Juden und Muslime systematisch. Angehörige beider Gruppen wurden ins Exil geschickt, ihr Besitz beschlagnahmt. Man konnte verhaftet werden, weil man bei der Eucharistie die falsche Oblate benutzt oder versäumt hatte, an einem bestimmten Feiertag zur Kirche zu gehen.

Das sechzehnte Jahrhundert war das Zeitalter der Reformation, die die Kirche zur ursprünglichen, einfachen Wahrheit der Errettung allein durch Gnade, allein durch Christus zurückführen wollte. Die Reformatoren verwandten viel Mühe darauf, die Botschaft des Evangeliums jedem Menschen zugänglich zu machen. Gottesdienste wurden nun in der Volkssprache und nicht mehr in Latein abgehalten. Die Bibel, einst an die Kanzel gekettet und dem Klerus vorbehalten, wurde in eine Vielzahl von Sprachen übersetzt und in vielen Exemplaren verbreitet. Doch aus den Kirchen der Reformation entstanden Dutzende von Denominationen. Im Laufe der Zeit spalteten sie sich, und es entstanden Splittergruppen. Manche vereinigten sich wieder, nur um sich dann noch einmal zu trennen. Andere Gruppierungen betrachteten sich als überkonfessionell, feilten jedoch sorgfältig an ihrem Glaubensbekenntnis, um sich von ähnlichen Gruppen abzusetzen.

Man kann nur staunen, wie die einfache Botschaft von der Gnade Gottes so komplex werden konnte, dass einem ganz schwindlig wird. Kein Wunder, dass die Menschen der Kirche in Scharen fernbleiben. Wir haben genau das getan, wovon Jakobus der Gemeinde im ersten Jahrhundert abriet. Wir haben es schwer gemacht – schwer für diejenigen, die zu Gott kommen wollen.

So sollte es nicht sein.

Aber so muss es auch nicht sein.

Wie ich bereits zu Beginn dieses Kapitels sagte, *ist die Kirche dann am attraktivsten, wenn die Botschaft der Gnade am deutlichsten wird.* Als wir 1995 die *North Point Community Church* gründeten, hatten wir eine ganz konkrete Vision. Wir wollten eine Gemeinde, in die kirchenferne Menschen gerne kommen. Wir hatten diese verrückte Vorstellung, dass die Kirche nicht nur für Christen da ist, sondern genau wie die Gnade für *alle.* Für jeden.

Wir wussten nicht genau, was wir taten. Wir wussten nicht, ob es funktionieren würde. Was wir wussten, war, dass man uns kritisieren würde. Wir wussten, dass wir Fehler machen würden. Wir wussten, dass es chaotisch zugehen würde. Aber wir wussten auch, dass wir es einfach versuchen mussten. Niemals werde ich unser erstes Organisationstreffen vergessen. Mir war klar, was den Leuten durch den Kopf ging. *Warum um alles in der Welt gründest du eine weitere Gemeinde in einer Stadt, in der es bereits unzählige Kirchen gibt, die halb leer sind?* Die Frage beantwortete sich fast von selbst. Atlanta brauchte nicht noch eine Gemeinde, sondern eine andere Art von Gemeinde – eine Gemeinde, die sich an kirchenferne Menschen wandte.

Atlanta war und ist voller Kirchen. Doch die meisten richten sich an Christen. Und das ist auch in Ordnung. Christen brauchen einen Ort, an dem sie zur Kirche gehen können. Doch wenn sie in unserem Stadtviertel kirchenferne Freunde oder Verwandte zum Gottesdienst mitnehmen wollen, ist es nicht ungewöhnlich, dass sie sie in unsere Gemeinde mitnehmen. Mir gefällt das ausgesprochen gut. Ich glaube, schon *das* allein macht unsere Gemeinde anders. Damit meine ich nicht die Predigten, sondern Folgendes: Wenn jemand fragt: »Welche Gemeinde passt am besten zu meinem ungläubigen, kirchenfernen Freund?«, kommen wir ihnen als Erstes in den Sinn.

Ich weiß nicht, ob es Zufall oder Vorsehung ist, dass ich dieses Kapitel an einem Sonntagnachmittag schreibe. Aber heute Morgen saß ich in der ersten Reihe, wo ich immer sitze, freute mich an der Musik, als mir jemand, der direkt hinter mir saß, auf die Schulter klopfte und mir den Bekanntmachungszettel mit einer handgeschriebenen Notiz darauf reichte. Er stammte von einem Ehepaar, das ihn mir durch die Reihen reichen ließ. Das war mir noch nie in einem Gottesdienst passiert. Darauf stand:

> Andy,
> danke, dass du eine Gemeinde gegründet hast, zu der wir unsere kirchenfernen Freunde mitbringen können, ohne dass wir uns unbehaglich fühlen.
> Don & Nikki

Ich bekam einen Kloß im Hals, sodass ich nicht weitersingen konnte. Ehrlich gesagt kann ich sowieso nicht singen, aber das tut hier nichts zur Sache.

Heute haben wir sieben Menschen in einem unserer drei Vormittagsgottesdienste getauft. Wer sich in unserer Gemeinde taufen lassen will, muss ein drei- bis vierminütiges Video von sich aufnehmen lassen, in dem er seinen Glaubensweg beschreibt. Vier der sieben waren Erwachsene, die in einer Gemeinde aufgewachsen waren, aber nach der Schule oder dem College andere Wege gegangen waren. Vom Leben gebeutelt, wurden sie dann von irgendjemandem in unsere Gemeinde eingeladen. Hier saßen sie nun, in den meisten Fällen einige Monate oder ein Jahr nach ihrem ersten Besuch, vor mehreren Tausend Menschen und bekannten, dass Jesus Christus nun ihr Herr und Erlöser sei. Ein Mann hatte überhaupt keinen christlichen Hintergrund. Sein Kollege hatte ihn in unsere Gemeinde eingeladen. Er hatte ihm daraufhin zu verstehen gegeben, dass er überhaupt nichts mit Kirche am Hut habe. Sein Freund versicherte ihm jedoch, dass wir alles andere als eine typische Kirche seien. Also kam er mit. Dann kam er wieder. Dann nahm er an einer Bibelgruppe für Einsteiger teil. Nach acht Wochen übergab er Christus sein Leben. Und nun wollte er seinen Glauben öffentlich bekennen.

Die anderen beiden waren Vater und Tochter. Sie ist fünfzehn, er in den Fünfzigern. Ich musste hemmungslos weinen, als er schilderte, wie seine Tochter in einer unserer Schülergruppen zum lebendigen Glauben gekommen war. Die Veränderungen, die er bei ihr wahrnahm, führten dazu, dass er sie fragte, ob er sie zu ihrer Gemeinde begleiten dürfe. Hier saß er nun, sechs Monate später, ein neuer Mann, der sich öffentlich zum Glauben bekannte.

Falls Sie einmal zu uns zu Besuch kommen, sollten Sie wissen, dass wir jubeln, wenn jemand aus dem Taufwasser steigt. Wir feiern. Es ist nicht ungewöhnlich, dass die Freunde ein Transparent mit dem Namen des Täuflings in großen, dicken Buchstaben hochhalten. Jesus hat einmal etwas gesagt, das uns in unserem etwas ungewöhnlichen Verhalten bestärkt. »Genauso ist im Himmel die Freude über einen verlorenen Sünder, der zu Gott zurückkehrt, größer als über neunundneunzig andere, die gerecht sind und gar nicht erst vom Weg abirrten!« (Lukas 15,7). Wir denken, wenn der Himmel feiert, sollten wir mitmachen.

Das war heute. Nur ein Sonntag im Leben einer Kirche, die hart daran arbeitet, es Leuten, die sich Gott zuwenden, nicht unnötig schwer zu machen. Wir machen das nicht immer richtig. Aber es ärgert uns fürchterlich, wenn das der Fall ist.

Wie jede Gemeinde müssen wir manchmal gegen die natürliche Neigung ankämpfen, eine Kirche allein für Christen zu werden. Doch es lohnt, sich diesem Kampf zu stellen. Immer mehr Gemeinden führen ihn. Ich verstehe jedoch nicht, warum sich nicht jede einzelne Gemeinde zum Ziel setzt, eine Gemeinde für kirchenferne Menschen zu sein. Verzeihen Sie mir meine Naivität, Kühnheit, Arroganz oder wie immer Sie es interpretieren möchten, aber ich glaube, dass das, was wir heute hier erlebt haben, die Norm in jeder Versammlung sein sollte, die sich Gemeinde nennt. Es ist schade, dass ein Ehepaar seinem Pastor dafür danken musste, eine Gemeinde gegründet zu haben, zu der man seine ungläubigen Freunde mitbringen kann. Warum sollte das die Ausnahme sein und nicht die Regel?

Es ist schade, dass die meisten Gemeinden sich einer Kultur »von Christen für Christen« verschrieben haben. Einer Kultur, in der sie über den Missionsbefehl reden, Lieder über den Missionsbefehl singen, sich jedoch weigern, ihre Gemeinde wirklich um den Missionsbefehl herum zu organisieren. Auch redet man in Gemeinden über Gnade und singt »Amazing Grace«. Gleichzeitig aber schafft man gnadenlose Gemeinschaften, wo nur die willkommen sind, die sich an die Regeln halten. Es besteht ein großer Unterschied darin, über Gnade zu predigen oder eine Gemeinschaft der Gnade ins Leben zu rufen. Doch Jesus kam, um genau so eine Gemeinschaft zu schaffen – eine Gemeinschaft, die das feiert, was auch der Vater feiert: wenn Sünder die Gnade Gottes kennenlernen und sich verändern.

Sie hat die Aufgabe, unsere Stadtviertel, Städte, Staaten und die ganze Welt der Gnade Gottes auszusetzen. Das ist unser Auftrag. Dafür sind wir verantwortlich. Es gibt keinen Plan B. Wir sind am Zug.

Die Gemeinde ist Gottes Instrument, um seine Gnade in der Welt bekannt zu machen, zu verdeutlichen und beispielhaft vorzuleben. Die Gemeinde ist die Verwalterin seiner Gnade. Sie hat die Aufgabe, unsere Stadtviertel, Städte, Staaten und die ganze Welt der Gnade Gottes auszusetzen. Das ist unser Auftrag. Dafür sind wir verantwortlich. Es gibt keinen Plan B. Wir sind am Zug. Und wir müssen es richtig machen.

Warum? Warum sollte sich jede Ortsgemeinde neu erfinden, um die Botschaft und das Angebot der Gnade wieder in den Mittelpunkt zu rücken? Reuben Morgan und Ben Fielding haben das sehr eindrücklich gesagt:

Everyone *needs compassion,*
Love that's never failing; [...]
Everyone *needs forgiveness,*
The kindness of a Saviour;
The hope of nations.[1]

(»Jeder Mensch *braucht Erbarmen,*
unfehlbare Liebe; [...]
jeder Mensch *braucht Vergebung,*
die Güte des Erretters;
der Völker Hoffnung.«)

Denken Sie einmal darüber nach. Wir sind die Verwalter derselben Gnade, die im Garten Eden ausgegossen wurde, nachdem die Sünde alles Geschaffene befleckt hatte. Die Gnade, die Gott bewog, einen Neubeginn mit einem Mann zu wagen, dessen Nachkommen zu einem Volk werden würden, durch das alle Nationen gesegnet werden sollten. Es ist die Gnade, die Rahab und Juda erfuhren. Die Gnade, die Jona so verwirrte und David tröstete. Es ist die Gnade, die einen Verräter wie Matthäus und einen gerechten Mann wie Nikodemus in ihrem Innersten packte. Es ist die Gnade, die einem sterbenden Verbrecher versicherte, dass er innerhalb weniger Stunden in der Gegenwart Gottes sein würde, und das, obwohl er keine seiner Verfehlungen wiedergutmachen konnte.

Tun wir also das, was Jesus durch seinen Tod möglich machte. Befolgen wir den Ratschlag, den sein Bruder Jakobus der ersten Gemeinde gab. Hören wir auf, denen das Leben schwer zu machen, die sich Gott zuwenden. Wir wollen dafür sorgen, dass jeder Mensch Zugang zu Gottes Gnade hat.

Schließlich ist es nicht Ihre Gnade.
Es ist nicht meine Gnade.
Es ist Gottes Gnade.
Und sie gilt jedem.

Amazing Grace

Während ich dieses Buch schrieb, versuchte mir eine leise Stimme im Hinterkopf einzuflüstern: »Aber was ist mit ...?«

»Was ist mit Gehorsam?«

»Was ist mit Ungehorsam?«

»Mit wiederholtem Fehlverhalten?«

»Mit schlechten Gewohnheiten?«

»Mit Gerechtigkeit?«

»Mit Buße?«

Ich stand in der Versuchung, dieses Buch mit einem Kapitel über den Wert des Gehorsams und die Konsequenzen der Sünde abzuschließen. Schließlich können wir nicht zulassen, dass die Menschen herumlaufen und die Gnade Gottes schamlos ausnutzen.

Doch ich entschied mich dafür, diese leise Stimme zu ignorieren, denn all diese Fragen sind völlig irrelevant, wenn ich etwas über die Gnade sagen will. Es besteht überhaupt keine Verbindung. Wenn ich ein solches Kapitel in ein Buch über Gnade einfügte, wäre es ein Buch über ein anderes Thema. Ich bin nicht sicher, ob es dafür ein Wort gibt. Vielleicht *fast Gnade.* Aber »fast Gnade« ist so ähnlich wie »fast wahr«. Wenn etwas nur fast wahr ist, ist es nicht wahr.

Diese Spannung ist dafür verantwortlich, dass wir Gnade manchmal so schlecht fassen können. Vielleicht haben aus diesem Grund Kirchen und Christen im Laufe der Jahrhunderte immer wieder etwas zur Gnade hinzugefügt oder von ihr weggenommen. Etwas in uns schreit: *Es kann doch nicht so einfach sein!* Doch so sehr wir uns auch bemühen, die Gnade irgendwie einzuschränken: Sie lässt sich nicht einschränken. Das ist frustrierend, ich weiß. Die Spannung zwischen Gesetz und Gnade, Gerechtigkeit und Gnade, Fairness und Gnade prägte die Auseinandersetzung mit der Botschaft Jesu bereits im ersten Jahrhundert. Doch Jesus selbst hatte damit keine Probleme. Deshalb konnte er zu der beim Ehebruch ertappten Frau sagen: »Dann verurteile ich dich auch nicht. [...] Geh und sündige nicht mehr« (Johannes 8,11). Übersetzt: »Du bist eine Sünderin. Aber ich verurteile dich nicht; ich werde dir nicht das geben, was du verdienst. Ich erweise dir genau das, was du nicht verdienst: Gnade.« Jesus versuchte nicht, Gnade und Wahrheit sorgfältig auszubalancieren. Er gab ihr die volle Dosis von beidem.

Das ist von ganz entscheidender Bedeutung. Wenn Sie das nicht verstehen, werden Sie automatisch auf eine verwässerte Form der Gnade zusteuern, die überhaupt keine Gnade mehr ist. Mit diesem Gedanken im Hinterkopf habe ich mich entschlossen, dieses Buch mit einer der bekanntesten Predigten Jesu abzuschließen. Nirgendwo erklärt er deutlicher, wie Gottes Gnade aussieht, obwohl der Begriff selbst nicht auftaucht. Jesus lehrte hier in Form eines Gleichnisses – heute das bekannteste Gleichnis überhaupt. Doch vielleicht wurde es auch am meisten missverstanden. In Ihrer Bibel heißt es wahrscheinlich das »Gleichnis vom verlorenen Sohn«. Doch dieser Titel führt in die Irre. Es ist kein Gleichnis über einen Sohn. Es ist ein Gleichnis über zwei Söhne. Jesus machte das in der Einleitung deutlich. Diese Geschichte handelt von zwei Söhnen, die zu einer Party eingeladen waren, doch keiner von beiden fühlte sich frei, hinzugehen. So verschieden diese beiden Jungen auch waren, beide sträubten sich gegen die Feier, weil sie ihren Vater missverstanden hatten. Missverstanden im Hinblick auf die Gnade.

Die Situation, der dieses Gleichnis entspringt, ist der Filter, durch den wir es auslegen sollten. Die guten Menschen konnten nicht verstehen, warum Jesus so viel Zeit mit den nicht so guten Menschen verbrachte, ohne zuerst von ihnen zu verlangen, sich zu ändern. »Die Pharisäer und Schriftgelehrten nahmen Anstoß daran, dass er sich mit so verrufenen Leuten abgab und sogar mit ihnen aß!« (Lukas 15,2).

Auch die nicht so guten Menschen waren vermutlich ein wenig verwirrt, denn Gott hatte man ihnen bisher immer ganz anders dargestellt. Warum sollte sich ein Rabbi mit ihnen abgeben?

Die ganze Geschichte kann man in Lukas 15 nachlesen. Aber wie Sie sich wahrscheinlich erinnern, läuft die Geschichte auf ihren Höhepunkt zu, als der jüngere, rebellische Sohn, der verlorene eben, sich endlich besinnt und nach Hause gehen will. Er erwartet nicht, dass man ihn herzlich willkommen heißt. Und ganz bestimmt erwartet er keine

Party. Allenfalls hofft er auf eine Arbeit zusammen mit den anderen Knechten. Als sein Vater auf ihn zuläuft, hält der Sohn also den Vortrag, den er schon vorbereitet hat. Diese Rede wiederholte Jesus sogar zweimal, als er das Gleichnis erzählte, um sie besonders zu betonen: »Vater, ich habe gesündigt, gegen den Himmel und auch gegen dich, und bin es nicht mehr wert, dein Sohn zu heißen« (Lukas 15,21).

Mit dieser Einschätzung lag der Sohn absolut richtig. Doch im Gleichnis ignoriert der Vater seine Worte völlig und reagiert, als wäre sein Sohn als Kriegsheld heimgekehrt. »Aber sein Vater sagte zu den Dienern: ›Schnell! Bringt die besten Kleider im Haus und zieht sie ihm an. Holt einen Ring für seinen Finger und Sandalen für seine Füße. Und schlachtet das Kalb, das wir im Stall gemästet haben, denn mein Sohn hier war tot und ist ins Leben zurückgekehrt. Er war verloren, aber nun ist er wieder gefunden.‹ Und ein Freudenfest begann« (Lukas 15,22-23).

Auch wenn Sie wissen, wie die Geschichte schließt, möchte ich Sie einladen, an dieser Stelle einmal innezuhalten und über einen Punkt nachzudenken, der Ihnen früher entgangen sein mag. Eigentlich werden hier zwei verschiedene Geschichten erzählt. In mancher Hinsicht gibt es nicht einmal eine Verbindung zwischen ihnen. Geschichte A: Einem aufsässigen Jungen geht das Geld aus und ihm bleibt nichts anderes übrig, als wieder nach Hause zu kommen. Als er darüber nachdenkt, was er angerichtet hat, kommt er zu dem Schluss, dass er es höchstens verdient hat, ein Knecht zu sein, und daher bittet er seinen Vater, bei ihm arbeiten zu dürfen. Geschichte B: Ein Vater hat seinen Sohn lange nicht gesehen. Plötzlich bemerkt er ihn – noch weit entfernt – auf der Straße. Er läuft ihm entgegen und organisiert eine Party, um seine Rückkehr zu feiern.

Wenn man den Sohn bäte, seine Geschichte zu erzählen, würde er berichten, was er alles falsch gemacht hat. Was für ein Dummkopf er gewesen ist. Wenn man den Vater bäte, seine Geschichte zu erzählen, würde er sagen: »Mein Sohn ist wieder da! Ich mache eine Party!«

Merken Sie, dass diese beiden Geschichten eigentlich nichts miteinander zu tun haben? Versuchen wir es einmal so: Angenommen, der Vater wäre ein Freund von Ihnen, den die Drogensucht seines Sohnes schon Tausende von Dollar für Therapien gekostet hat. Nachdem er der Familie jahrelang Sorgen gemacht und sie in Schulden gestürzt hat, bricht er die Therapie vorzeitig ab, bricht in das Haus seiner Eltern ein, stiehlt den Schmuck seiner Mutter und verschwindet für zwei Jahre. An einem Donnerstagnachmittag ruft Sie Ihr Freund an und lädt Sie zu einer Party für denselben Abend ein. Sein Sohn hat gerade an der Haustür geklingelt. Und jetzt organisiert er auf die Schnelle eine Feier, um die Wiederkehr des Jungen zu feiern.

Da hätten Sie doch ein paar Fragen, oder? Und zwar von der Sorte: *Was ist mit …?* Sie würden wissen wollen, ob er sich wirklich geändert hat. Sie würden wissen wollen, ob er jetzt für immer zu Hause bleibt. Sie stünden in der Versuchung, Ihrem Freund vorzuschlagen, noch ein paar Wochen zu warten. Für eine Party sei es doch noch viel zu früh, oder? Und das wäre es tatsächlich, wenn Sie sich auf die Vergangenheit des Jungen konzentrierten.

Behalten Sie diesen Gedanken im Hinterkopf, wenn wir nun zum Schluss dieses Gleichnisses kommen.

Der älteste Sohn hielt sich immer an die Regeln. Alles machte er richtig. In der damaligen Kultur verkörperte er alles, worauf ein Vater hoffen konnte. Doch als er hört, dass sein Vater eine Party für seinen verantwortungslosen Bruder organisiert, wird er so zornig, dass er nicht einmal ins Haus kommen möchte (vgl. Lukas 15,28). Von seinem Vater nach dem Grund gefragt, wählt der ältere Sohn Worte, die sehr an die seines jüngeren Bruders erinnern. Es geht um das, was der Jüngere alles falsch gemacht hat, gefolgt davon, was er seiner Meinung nach für die Treue dem Vater gegenüber eigentlich verdienen würde: »All die Jahre habe ich schwer für dich gearbeitet und dir nicht ein einziges Mal widersprochen, wenn du mir etwas aufgetragen hast. Und in dieser ganzen Zeit hast du mir nicht einmal eine junge Ziege gegeben, um mit meinen Freunden ein Fest zu feiern« (Vers 29).

Was nun folgt, ist sehr eindrücklich. Es ist der springende Punkt des Gleichnisses. Hier sehen wir Gnade in ihrer reinsten Form. Der ältere Bruder fährt fort: »Doch jetzt, wenn dein Sohn daherkommt, nachdem er dein Geld mit Huren durchgebracht hat, feierst du und schlachtest unser bestes Kalb« (Vers 30).

Der Vater gibt dem jüngeren Sohn genau das, was er nicht verdient hat. Beide Jungen verwirrt das. Das Gleichnis legt nahe, dass der Vater gleichermaßen verwirrt ist, dass sie nicht feiern wollen. Es sind zwei verschiedene Geschichten über zwei unterschiedliche Themen. Die eine handelt von den beiden Jungen, die versuchen, das zu bekommen, was sie verdienen. Die andere handelt von einem Vater, dessen Sohn nach Hause gekommen ist.

Beide Jungen glauben, in der Reaktion ihres Vaters müsse sich widerspiegeln, was sie verdienen. Beide glauben, er müsse ihr *Verhalten* in Betracht ziehen. Doch in der Geschichte des Vaters geht es nicht um Verhalten, sondern um etwas völlig anderes. Der Vater fragt nicht: *»Und was ist mit …?«* Was die Jungen getan oder nicht getan haben, ist für ihn irrelevant. Das wissen wir aus den Worten, die Jesus dem Vater zum Ende des Gleichnisses in den Mund legte: »Wir mussten diesen Freudentag feiern, denn …« (Vers 32).

> Gott feiert vor allem geheilte Beziehungen.

Denn was? Jesus, erkläre uns einmal, warum du in dieser Geschichte den Vater so reagieren lässt, nachdem sich der jüngere Sohn so viel hat zuschulden kommen lassen. Warum sollte er denn feiern und warum schon so bald? Und warum wird nicht erwähnt, dass der Sohn das Erbe verschleudert und Schande über die Familie gebracht hat? Warum? Warum das alles?

»Wir mussten diesen Freudentag feiern, denn dein Bruder war tot und ist ins Leben zurückgekehrt! Er war verloren, aber jetzt ist er wiedergefunden!« (Vers 32). Das ist der Grund. Ende des Gleichnisses. Das ist die Antwort auf die Frage, warum Jesus Sünder willkommen hieß und mit ihnen aß, ohne erst Forderungen zu stellen: Gott feiert vor allem geheilte Beziehungen. Wir denken über Wiedergutmachung nach, Gott über Wiederherstellung. Wenn ein Mensch Gottes bedingungsloses Angebot der Vergebung annimmt, geht die Party sofort los. Der Bruch mit der Menschheit im Garten Eden brach auch Gottes Herz. Warum sollte es uns also überraschen, dass er wiederhergestellte Beziehungen feiert?

Vielleicht ähnelt Ihre eigene Geschichte der des jüngeren Bruders. Möglicherweise haben Sie sich bei der Lektüre dieses Buchs die ganze Zeit gedacht: *Ja, aber Sie wissen nicht, was ich getan habe. Sie wissen überhaupt nicht, was für ein Mensch ich bin.* Vielleicht ähnelt Ihre Geschichte auch der des älteren Bruders. Vielleicht haben Sie sich mit mir in Gedanken gestritten und das Buch einige Male zur Seite gelegt, ohne die Absicht, es bis zu Ende durchzulesen. Sie haben das Gefühl, ich würde alle viel zu leicht davonkommen lassen. Sie möchten, dass ich ausgewogener argumentiere. Das verstehe ich. Das verstehe ich viel besser, als Sie sich vorstellen können.

In Gottes Geschichte stehen Sie im Mittelpunkt der Feier. Nicht was Sie getan haben, sondern Sie selbst.

Doch es gibt noch eine dritte Geschichte. Die Geschichte des Vaters. Die Geschichte Gottes. In seiner Geschichte ist er weder beeindruckt davon noch traurig darüber, was Sie getan haben oder was Ihrer Meinung nach andere Leute tun sollten. In seiner Geschichte sind solche Fragen völlig irrelevant.

In Gottes Geschichte stehen *Sie* im Mittelpunkt der Feier. Nicht was Sie getan haben, sondern *Sie selbst.*

Sie waren verloren und wurden gefunden. Sie waren tot, und nun sind Sie wieder lebendig. Sie waren blind, doch jetzt können Sie wieder sehen. Sie haben sein Angebot der Gnade angenommen. Das ist die beste Nachricht, die Gott jemals von Ihnen hören wird.

In Ihrer Geschichte suchen Sie immer weiter nach Gründen, warum Gott Sie lieben sollte. In Ihrer Geschichte werden Sie immer wieder auf Gründe stoßen, warum er das nicht tun kann. Hier also mein Vorschlag: Geben Sie Ihre Fassung der Geschichte auf und nehmen Sie seine an.

In seiner Geschichte liebt er Sie, ganz egal, was Sie getan haben.
In seiner Geschichte liebt er Sie nicht aufgrund Ihrer Leistung.
In seiner Geschichte könnte er Sie nicht mehr lieben,
und er wird Sie auch niemals weniger lieben.
Es ist eine bessere Geschichte.
Es ist eine wahre Geschichte.
Es ist die Geschichte der Gnade.
Der Gnade Gottes!

Anmerkungen

Kapitel 1: Am Anfang war die Gnade

1. Richard Dawkins, *Der Gotteswahn* (Berlin: Ullstein, 2007), S. 45.
2. Übersetzt nach Merriam-Webster's Collegiate Dictionary, 11th edition (Springfield, MA, 2003), siehe »mercy«.

Kapitel 5: Regiert von der Gnade

1. Übersetzt nach: Benjamin Franklin, *The Writings of Benjamin Franklin*, vol. 9, Hg. Albert Henry Smith (New York: Macmillan, 1907), S. 569.

Kapitel 6: Befreit von der Gnade

1. »Joshua Fought the Battle of Jericho«, traditionelles Spiritual

Kapitel 7: Getragen von der Gnade

1. Übersetzt nach »Grace Greater Than Our Sin«, Text: Julia H. Johnston

Kapitel 10: Neugeboren aus Gnade

1. Übersetzt nach: Alfred Edersheim, *The Life and Times of Jesus the Messiah,* vol. 2 (Grand Rapids: Eerdmans, 1962), S. 11.
2. *Babylonischer Talmud*, Traktat Sabbat 31a.

Kapitel 12: Errettet aus Gnade

1. Philip Yancey, *Gnade ist nicht nur ein Wort* (Wuppertal: SCM R. Brockhaus, 1999), S. 57.
2. C. S. Lewis, *Die Abschaffung des Menschen* (Freiburg: Johannes Verlag Einsiedeln, [6]2007).

Kapitel 13: Beauftragt zur Gnade

1. »Mighty to Save«, Text: Ben Fielding und Reuben Morgan, Copyright 2006 Hillsong Publishing. Deutscher Text von Martin Janke. Hervorhebung durch den Autor.

Danksagung

Die meisten Bücher wurden zwar von einem einzelnen Autor verfasst, doch kein Buch ist das Ergebnis individueller Bemühungen. Schon die Idee zu diesem Buch stammt nicht von mir. Matt Baugher, Vizepräsident und Verleger bei Thomas Nelson, schlug mir dieses Thema vor. Ihm war aufgefallen, dass ich häufig über Gnade predigte, jedoch noch nie ausführlich darüber geschrieben hatte. Als ich ihn an all die großartigen Bücher erinnerte, die es schon zu diesem Thema gab, rief er mir ins Gedächtnis, dass sie schon vor langer Zeit veröffentlicht worden waren. Damit hatte er recht. Also machten wir uns an die Arbeit. Danke, Matt.

Matts zweiter Beitrag zu diesem Projekt bestand darin, dass er mich mit jemandem bekannt machte. Ich hatte Matt gegenüber erwähnt, dass ich Hilfe brauchte, um mein Material zu ordnen und eine überzeugende erste Fassung zu schreiben. Er meinte, dass er genau den richtigen Mann kenne. Dann stellte er mich Mark Gaither vor. Mark ist ein freiberuflicher Schriftsteller aus Dallas, der selbst eine Reihe von Büchern veröffentlicht hat. Ich schickte ihm meine MP3-Dateien und Rohfassungen, und er schickte mir die fertigen Kapitel zurück. Mark versteht es, biblische Zusammenhänge zu erkennen, nimmt die Arbeit am Bibeltext ernst und setzt sich leidenschaftlich für Qualität ein. All das stellte sicher, dass dieses Projekt besser wurde, als mein Beitrag allein es zugelassen hätte. Danke, Mark.

Noch zwei andere Menschen waren entscheidend daran beteiligt, dass dieses Projekt die Ziellinie überqueren konnte: Suzy Gray und Diane Grant. Suzy ist meine Literaturagentin, Diane meine Assistentin in meinem Pastoraldienst. Suzy, ich danke dir, dass du auf den Details herumgeritten bist. Danke, dass du alles gelesen und noch einmal gelesen und noch ein letztes Mal gelesen hast. Dass du kompromisslos auf Qualität achtest, spiegelt sich im fertigen Buch wider. Als ich wollte, dass das Buch endlich fertig würde, wolltest du, dass es noch besser würde. Danke, dass du mich angetrieben hast.

Ich erzähle Leitern immer wieder, dass der Schlüssel zum Erfolg darin liegt, allein das zu tun, was nur sie tun können. Damit das geschehen kann, muss ein Leiter jemanden haben, der ihm den Rücken von unnötigen Ablenkungen freihält. Für mich ist dieser Jemand Diane Grant. Schon über zwölf Jahre arbeite ich mit ihr zusammen. Direkt oder indirekt ist sie an allem beteiligt, was ich beruflich auf die Beine stelle. Dieses Buch ist keine Ausnahme. Diane, danke, dass du eine schier endlose Serie von Entwürfen gesichtet hast. Danke, dass du die Kommunikation zwischen allen Beteiligten gesteuert hast. Danke, dass du die Internetseite Dropbox entdeckt und für uns eingerichtet hast. Und danke für alles, was du erledigt hast, ohne dass ich es mitbekommen habe, weil du der Meinung warst, ich müsste es gar nicht wissen. Das kannst du am besten. Kein Wunder, dass so viele Pastoren ihre Assistenten zu dir schicken, damit sie von dir lernen.

Zum Schluss möchte ich den Mitgliedern und Gottesdienstbesuchern der *North Point Community Church*, der *Browns Brigg Community Church* und der *Buckhead Church* danken. So vieles von dem, was ich über Gottes Gnade gelernt habe, habe ich den letzten fünfzehn Jahren zu verdanken, die ich mit euch verbracht habe. Danke, dass ihr Gemeinden geschaffen habt, die kirchenferne Menschen gerne besuchen, Gemeinden, in denen man nicht nur über Gottes Gnade redet, sondern in denen sie Gestalt gewinnt und gefeiert wird.

Über den Verfasser

Andrew Stanley arbeitet als Pastor, Redner und Autor und gründete die *North Point Ministries, Inc. (NPM).* Seit den Anfängen im Jahr 1995 sind *North Point Ministries* in Atlanta und Umgebung von einem Veranstaltungsort auf drei gewachsen und haben mitgeholfen, achtzehn Partnergemeinden über die ganzen USA verstreut zu gründen. Jeden Sonntag besuchen mehr als zwanzigtausend Erwachsene den Gottesdienst in einer der drei NPM-Gemeinden *North Point Community Church, Browns Bridge Community Church* und *Buckhead Church.* Weitere auf Deutsch erschienene Bücher aus der Feder von Andrew Stanley sind *Kompromisslos leben, Die Monster sind in dir, Wie gut ist gut genug?, Von der Vision zur Wirklichkeit.* Er lebt mit seiner Frau Sandra und seinen drei Kindern in Alpharetta im Bundesstaat Georgia.